放飞心灵（第二版）

——青少年心理健康教育

彭跃红　王浩宇　主编

清华大学出版社
北京

内 容 简 介

本书根据教育部颁发的《青少年心理健康教育指导纲要(2012年修订)》等相关文件精神，结合青少年学生的心理状况和特点而编写，主要包含心理健康知识、自我、人际、情绪、学习、生活、生涯等方面的内容。每一节的内容都由生活链接、心海导航、反观自我、心灵鸡汤、心灵拓展、心灵感悟六部分组成。本书的编写目的是帮助青少年学生树立心理健康意识，适时关注自身心理状态，掌握心理调适方法，养成自信、自律、敬业、乐群的心理品质，最大地发挥学生的潜能。

本书融科学性、可读性和可操作性为一体，既可作为学校心理健康教育教材，也可作为辅导员老师和学生的自学教材。

本书课件可通过网站 http://www.tupwk.com.cn/downpage 免费下载。

本书封面贴有清华大学出版社防伪标签，无标签者不得销售。

版权所有，侵权必究。举报：010-62782989，beiqinquan@tup.tsinghua.edu.cn。

图书在版编目(CIP)数据

放飞心灵：青少年心理健康教育/彭跃红，王浩宇 主编 —2版. —北京：清华大学出版社，2016(2023.9重印)

ISBN 978-7-302-43398-9

Ⅰ. ①放… Ⅱ. ①彭… ②王… Ⅲ. ①青少年—心理健康—健康教育 Ⅳ. ①G479

中国版本图书馆 CIP 数据核字(2016)第 075630 号

责任编辑：王 定 程 琪
封面设计：周晓亮
版式设计：思创景点
责任校对：曹 阳
责任印制：沈 露

出版发行：清华大学出版社
    网　　址：http://www.tup.com.cn，http://www.wqbook.com
    地　　址：北京清华大学学研大厦A座　　邮　编：100084
    社 总 机：010-83470000　　邮　购：010-62786544
    投稿与读者服务：010-62776969，c-service@tup.tsinghua.edu.cn
    质 量 反 馈：010-62772015，zhiliang@tup.tsinghua.edu.cn
    课 件 下 载：http://www.tup.com.cn，010-62781730
印 装 者：三河市铭诚印务有限公司
经　　销：全国新华书店
开　　本：185mm×260mm　　印　张：15.75　　字　数：318千字
版　　次：2012年9月第1版　2016年4月第2版　　印　次：2023年9月第7次印刷
定　　价：59.80元

产品编号：068090-03

编 委 会

主编：

彭跃红(南昌理工学院心理咨询中心)

王浩宇(北京市第二十七中学)

编委：(排名不分先后)

邓公明(重庆市铜梁中学心理咨询中心)

何姗姗(浙江省桐乡市高级中学)

李　梅(江苏省张家港中等专业学校)

李　妮(安徽省合肥市第八中学心理辅导中心)

刘玉平(贵州省六盘水市第一实验中学)

马继昌(陕西省西安市第三中学)

苏明亮(江苏省如东高级中学)

申仙景(河北省唐山市冀东中学)

温　睿(江西省信丰县第二中学)

严加葵(江苏省泰州市姜堰区溱潼第二中学)

杨海雁(浙江省温州市苍南县灵溪中学)

杨镜梅(江苏省如东县新店镇社区教育中心)

姚雪明(张家港开放大学)

俞晓云(安徽省六安市毛坦厂中学)

张金慧(广东省惠州商贸旅游高级职业技术学校)

张美玲(山西省原平市范亭中学)

前 言

中等教育学校开展心理健康教育工作，不仅是深化德育工作的必然，也是中等教育主动适应市场，面向未来培养合格人才的重要举措。近年来心理健康教育在高校发展很迅速，但是在中等教育领域仍然发展缓慢，尤其是针对性和实用性较强的青少年心理健康教育教材更是缺乏。

本书根据教育部颁发的《青少年心理健康教育指导纲要(2012 年修订)》等相关文件精神，结合青少年学生的心理状况和特点而编写，主要包含了心理健康知识、自我、人际、情绪、学习、生活、生涯等方面的主题。每一主题都由生活链接、心海导航、反观自我、心灵鸡汤、心灵拓展、心灵感悟六部分组成。本书的编写目的是帮助青少年学生在轻松愉快的学习中树立心理健康意识，适时关注自身心理状态，掌握心理调适方法，养成自信、自律、敬业、乐群的心理品质，最大地发挥学生的潜能。编者在写作过程中力求做到说理深入浅出，通俗易懂；心理测量和心理素质拓展活动介绍简明清晰，便于操作；突出学生的身心发展特点，密切联系生活实际，便于学生的理解和运用；加大学习内容的弹性，为不同的使用者提供根据需要有所选择地进行学习的空间。

为了更好地贴近实际、贴近生活、贴近学生，本书由多年在一线讲授心理课的老师、大学心理学教授和心理咨询师以及中学心理老师精心编写。

本书由南昌理工学院彭跃红制定写作提纲和编写思路，并对各章节的编写提出了具体要求，最后负责审稿、定稿。北京市第二十七中学王浩宇负责统稿、校对。各章编写具体分工是：第一章彭跃红，第二章张美玲，第三章何姗姗，第四章张金慧，第五章申仙景、邓公明、杨海雁，第六章刘玉平，第七章姚雪明、李梅，第八章温睿，第九章王浩宇，第十章严加葵、苏明亮、杨镜梅、俞晓云、马继昌，第十一章李妮。

本书能够顺利出版，首先要真诚地感谢全国心理俱乐部群，感谢群主袁章奎老师的热心，为大家创造了一个很好的交流平台。更要感谢作者们的辛勤付出，18 位作者尽管来自全国各地，大家从未谋面，但对心理工作的热爱和对青少年心理健康状况关注的心，却是相通的。本书的出版，承载了 18 位心理老师的希望和祝福。希望作者们能够相聚一堂，共诉衷肠，更希望读者能够放飞心灵，度过美好的青少年时光。

在这里还要感谢在本书编写过程中我们参考了的、已经做了注释或来不及做注释的作者们，如果没有他们优秀的成果就不会有本书的出版。

由于编者水平有限，书中不妥之处在所难免，诚请同行专家、使用本书的老师和学生不吝赐教。

编　者

2016 年 1 月

目　　录

第一章　心理健康——通往幸福的阶梯 ………………………………… 1
第一节　心理健康概述 …………… 1
一、生活链接 ……………… 1
二、心海导航 ……………… 2
三、反观自我 ……………… 4
四、心灵鸡汤 ……………… 5
五、心灵拓展 ……………… 6
六、心灵感悟 ……………… 7
第二节　青少年心理发展的特点 ………………………… 7
一、生活链接 ……………… 7
二、心海导航 ……………… 7
三、反观自我 ……………… 10
四、心灵鸡汤 ……………… 11
五、心灵拓展 ……………… 11
六、心灵感悟 ……………… 12
第三节　心理健康的自我调适 … 12
一、生活链接 ……………… 12
二、心海导航 ……………… 13
三、反观自我 ……………… 14
四、心灵鸡汤 ……………… 16
五、心灵拓展 ……………… 16
六、心灵感悟 ……………… 17

第二章　悦纳自我——让心灵健康成长 ………………………………… 19
第一节　发现自我　探索自我 … 19
一、生活链接 ……………… 19
二、心海导航 ……………… 20
三、反观自我 ……………… 23
四、心灵鸡汤 ……………… 26
五、心灵拓展 ……………… 27
六、心灵感悟 ……………… 28
第二节　接纳自我　热爱自己 … 28
一、生活链接 ……………… 28
二、心海导航 ……………… 29
三、反观自我 ……………… 32
四、心灵鸡汤 ……………… 33
五、心灵拓展 ……………… 34
六、心灵感悟 ……………… 36

第三章　生命教育——让生命开满繁花 ………………………………… 37
第一节　树立理想　确立目标 … 37
一、生活链接 ……………… 37
二、心海导航 ……………… 38
三、反观自我 ……………… 38
四、心灵鸡汤 ……………… 38
五、心灵拓展 ……………… 39
六、心灵感悟 ……………… 40
第二节　珍惜生命　学会感恩 … 40
一、生活链接 ……………… 40
二、心海导航 ……………… 42
三、反观自我 ……………… 42
四、心灵鸡汤 ……………… 43
五、心灵拓展 ……………… 43
六、心灵感悟 ……………… 44
第三节　热爱生活　抗拒诱惑——AIDS离我们并不远 …… 44
一、生活链接 ……………… 44
二、心海导航 ……………… 45
三、反观自我 ……………… 45
四、心灵鸡汤 ……………… 46
五、心灵拓展 ……………… 46

　　　　　六、心灵感悟……………… 47
第四节　热爱生活　抗拒诱惑
　　　　——让毒品远离
　　　　我们………………………… 48
　　　　一、生活链接……………… 48
　　　　二、心海导航……………… 48
　　　　三、反观自我……………… 48
　　　　四、心灵鸡汤……………… 49
　　　　五、心灵拓展……………… 50
　　　　六、心灵感悟……………… 50

第四章　和谐关系——让生活充满
　　　　快乐………………………… 51
　　第一节　交友有道　相处有术…… 51
　　　　一、生活链接……………… 51
　　　　二、心海导航……………… 51
　　　　三、反观自我……………… 55
　　　　四、心灵鸡汤……………… 56
　　　　五、心灵拓展……………… 57
　　　　六、心灵感悟……………… 58
　　第二节　良师益友　教学相长…… 58
　　　　一、生活链接……………… 58
　　　　二、心海导航……………… 59
　　　　三、反观自我……………… 60
　　　　四、心灵鸡汤……………… 61
　　　　五、心灵拓展……………… 63
　　　　六、心灵感悟……………… 63
　　第三节　珍惜亲情　学会感恩…… 63
　　　　一、生活链接……………… 63
　　　　二、心海导航……………… 64
　　　　三、反观自我……………… 65
　　　　四、心灵鸡汤……………… 66
　　　　五、心灵拓展……………… 67
　　　　六、心灵感悟……………… 69
　　第四节　同龄友谊　助我成长…… 69
　　　　一、生活链接……………… 69
　　　　二、心海导航……………… 70
　　　　三、反观自我……………… 72
　　　　四、心灵鸡汤……………… 74

　　　　五、心灵拓展……………… 75
　　　　六、心灵感悟……………… 76

第五章　调控情绪——让青春不
　　　　失色………………………… 77
　　第一节　认识情绪　管理情绪…… 77
　　　　一、生活链接……………… 77
　　　　二、心海导航……………… 78
　　　　三、反观自我……………… 79
　　　　四、心灵鸡汤……………… 82
　　　　五、心灵拓展……………… 82
　　　　六、心灵感悟……………… 83
　　第二节　调适不良情绪…………… 83
　　　　一、生活链接……………… 83
　　　　二、心海导航……………… 84
　　　　三、反观自我……………… 88
　　　　四、心灵鸡汤……………… 89
　　　　五、心灵拓展……………… 90
　　　　六、心灵感悟……………… 90

第六章　学会学习——学海无涯
　　　　任你游……………………… 91
　　第一节　树立信心　助你前行…… 91
　　　　一、生活链接……………… 91
　　　　二、心海导航……………… 92
　　　　三、反观自我……………… 92
　　　　四、心灵鸡汤……………… 94
　　　　五、心灵拓展……………… 94
　　　　六、心灵感悟……………… 95
　　第二节　制订计划　走向成功…… 95
　　　　一、生活链接……………… 95
　　　　二、心海导航……………… 96
　　　　三、反观自我……………… 96
　　　　四、心灵鸡汤……………… 97
　　　　五、心灵拓展……………… 99
　　　　六、心灵感悟……………… 100
　　第三节　掌握方法　事半功倍… 100
　　　　一、生活链接……………… 100
　　　　二、心海导航……………… 100

　　　　三、反观自我……………101
　　　　四、心灵鸡汤……………102
　　　　五、心灵拓展……………103
　　　　六、心灵感悟……………105

第七章　恋爱季节——编织爱情的神话……………107
　第一节　问世间情为何物……107
　　　　一、生活链接……………107
　　　　二、心海导航……………108
　　　　三、反观自我……………110
　　　　四、心灵鸡汤……………110
　　　　五、心灵拓展……………111
　　　　六、心灵感悟……………111
　第二节　树立正确的爱情观……112
　　　　一、生活链接……………112
　　　　二、心海导航……………112
　　　　三、反观自我……………112
　　　　四、心灵鸡汤……………113
　　　　五、心灵拓展……………114
　　　　六、心灵感悟……………114
　第三节　性心理和性健康……114
　　　　一、生活链接……………114
　　　　二、心海导航……………115
　　　　三、反观自我……………119
　　　　四、心灵鸡汤……………120
　　　　五、心灵拓展……………121
　　　　六、心灵感悟……………122

第八章　网络时代——别让自己成为网奴……………123
　第一节　网络成瘾……………123
　　　　一、生活链接……………123
　　　　二、心海导航……………124
　　　　三、反观自我……………125
　　　　四、心灵鸡汤……………126
　　　　五、心灵拓展……………126
　　　　六、心灵感悟……………128
　第二节　网络成瘾问题及对策……128

　　　　一、生活链接……………128
　　　　二、心海导航……………130
　　　　三、反观自我……………134
　　　　四、心灵鸡汤……………135
　　　　五、心灵拓展……………136
　　　　六、心灵感悟……………136
　第三节　培养健康的网络心理……136
　　　　一、生活链接……………136
　　　　二、心海导航……………138
　　　　三、反观自我……………139
　　　　四、心灵鸡汤……………140
　　　　五、心灵拓展……………140
　　　　六、心灵感悟……………142

第九章　珍视生活——让生活多姿多彩……………143
　第一节　学做时间的主人……143
　　　　一、生活链接……………143
　　　　二、心海导航……………144
　　　　三、反观自我……………148
　　　　四、心灵鸡汤……………150
　　　　五、心灵拓展……………150
　　　　六、心灵感悟……………152
　第二节　管好自己的收支……152
　　　　一、生活链接……………152
　　　　二、心海导航……………153
　　　　三、反观自我……………156
　　　　四、心灵鸡汤……………158
　　　　五、心灵拓展……………158
　　　　六、心灵感悟……………159
　第三节　注重闲暇的品质……159
　　　　一、生活链接……………159
　　　　二、心海导航……………160
　　　　三、反观自我……………164
　　　　四、心灵鸡汤……………166
　　　　五、心灵拓展……………166
　　　　六、心灵感悟……………167

第十章 职业素质——职场成功的秘诀 ·········169

第一节 什么职业适合你········169
 一、生活链接···········169
 二、心海导航···········170
 三、反观自我···········171
 四、心灵鸡汤···········173
 五、心灵拓展···········173
 六、心灵感悟···········175

第二节 掌握面试技巧········175
 一、生活链接···········175
 二、心海导航···········176
 三、反观自我···········183
 四、心灵鸡汤···········188
 五、心灵拓展···········189
 六、心灵感悟···········190

第三节 提升职业能力········190
 一、生活链接···········190
 二、心海导航···········193
 三、反观自我···········196
 四、心灵鸡汤···········203
 五、心灵拓展···········205
 六、心灵感悟···········206

第四节 面对就业压力········206
 一、生活链接···········206
 二、心海导航···········208
 三、反观自我···········210
 四、心灵鸡汤···········212
 五、心灵拓展···········213
 六、心灵感悟···········215

第五节 创业与创新···········215
 一、生活链接···········215
 二、心海导航···········217
 三、反观自我···········218
 四、心灵鸡汤···········221
 五、心灵拓展···········223
 六、心灵感悟···········224

第十一章 危机干预——未雨绸缪 ·········225

第一节 直面危机 守住阳光···225
 一、生活链接···········225
 二、心海导航···········226
 三、反观自我···········226
 四、心灵鸡汤···········227
 五、心灵拓展···········228
 六、心灵感悟···········228

第二节 危机干预的方法和手段 ·········229
 一、生活链接···········229
 二、心海导航···········229
 三、反观自我···········230
 四、心灵鸡汤···········233
 五、心灵拓展···········234
 六、心灵感悟···········238

参考文献 ·········239

第一章

心理健康——通往幸福的阶梯

第一节 心理健康概述

一、生活链接

青少年暴力事件频发令人关注

新华社太原2014年11月25日专电(记者王菲菲、赵阳) 近日,一则山西娄烦县"4名女生殴打一名女生"的视频在网上流传。短短4分钟时间,一位女孩被年纪相仿的另外4名女孩疯狂掌掴,谩骂声、嬉笑声和哭求声混杂在一起。

视频中被打的女孩名叫李文(化名),是一名初三学生,视频的拍摄时间为2014年11月1日傍晚。当晚李文被一位女孩从家里叫到公园之后,便遭到4名女孩围殴,另外还有2名男孩参与,一人鼓动暴力,另一人负责视频拍摄。

事发后,李文始终没敢向家长透露她的遭遇,只是说脸撞到了马桶上。直到视频在网络扩散后,家长才知道真相。

据了解,这是一起因早恋引发的暴力冲突,并且殴打行为不止发生了一次。目前,李文正在医院接受治疗。据医生介绍,除了听力和腰部受到损伤外,她的情绪也不太稳定,心理留下了阴影。

家长也尝试报案,警方迅速将6名涉案人员抓获,但由于6人都是未成年人,不符合拘留条件,经公安机关批评教育后就被家长领回去了。目前学校对这一事件没有回应。

近年来,青少年暴力事件频频发生。经记者调查,近3个月内,全国各地就发生了多起类似事件。9月,陕西某中学的5名学生在宿舍内被高年级同学持刀威胁脱光衣服拍裸照,多人被殴打和猥亵后引发耳膜穿孔、下身出血;10月,江苏连云港一名初二女生遭同学扒掉上衣群殴；黑龙江一名住校女中学生在半夜被7名同学殴打致昏迷；11月，湖南15名学生因值日打扫引发纠纷，围殴另一名同学……

值得注意的是，不少暴力事件不仅是对受害人进行身体伤害，还将暴力视频传到网络上，给受害人造成精神伤害。

本该是纯真善良的青少年为何变得如此暴戾？

长期关注青少年暴力问题的心理学家王洁认为："这些处于青春期的十几岁少年正处于心理断乳期，情绪不稳定，心理上不够成熟，但自我意识逐渐增强，渴望得到别人认同。受网络和影视中暴力因素的影响，就可能会通过暴力达到目的。"

"另外，很多地方应试教育之风依然盛行，虽然这些孩子身处学校，但学校里的品德教育和心理教育都被其他专业课挤占，成了可有可无的鸡肋。"王洁说，"对孩子德育教育的缺失，是成为校园暴力产生的一个因素。"

有专家认为，校园暴力事件频发，学校难辞其咎。如果学校能够对青少年进行正确引导，加强与学生的沟通和交流，引导他们树立正确的价值观，暴力倾向就不会乘虚而入。

此外，家庭教育的缺位也是造成校园暴力频发的一个原因。王洁说："很多家长忙于工作和生计，忽略了与孩子的沟通和交流。尤其是现在的中小学生，绝大多数都是独生子女，娇生惯养，部分孩子形成了自私、冷酷的性格。"

"孩子走上歧途，说明父母监护不力，因此，也应明确家长在教育子女问题上的法律责任。"山西省12355青少年公共服务平台法律专家向东说。

除了家庭教育和学校教育应进一步加强外，有专家表示，杜绝青少年暴力，也需要全社会共同努力，净化社会风气，弘扬道德正能量，给未成年人树立正确的价值导向。

(资料来源：http://www.sc.xinhuanet.com/content/2014-11/26/c_1113406991.htm)

二、心海导航

人的心理是世界上最复杂、最微妙的现象，恩格斯曾称之为"地球上最美丽的花朵"。一位德高望重的研究了一辈子心理学的心理学家曾说过："心理就像漂浮在大海上的一座冰山，我看见的只是冰山一角，更巨大的部分还在水下面呢！"同时，人的心理也是一个有趣的现象，先来做一个小小的活动：两手平行向前伸开，然后小手臂向上弯曲成90°，轻握拳，伸出食指，保持平行；闭上眼睛，在老师的暗示下努力保持食指平行，然后张开眼睛看一下两个食指的情况。

1. 心理健康对青少年的影响

现在社会，学生面临着的是：梦想和磨砺并存，挑战与机遇同在，希望与绝望相伴，快乐与痛苦并行。加强学生的心理素质教育，提高其心理健康水平，已成为中等教育学校学生身心健康发展的迫切需要，也是学生成人、成才、走向成功的前提和保证。心理健康教育对青少年具有以下意义：

(1) 有利于青少年的身体发展。生理和心理是相互影响、相互作用的。中国有句俗语："笑一笑，十年少；愁一愁，白了头。"同时医学也明确提出"心身疾病"的概念，指的就是心理因素在其发生、发展、治疗和预防方面起着重要作用的一类躯体疾病，主要包括冠心病、原发性高血压、支气管哮喘、溃疡性肠胃炎以及疼痛综合征等。据统计，心身疾病已占人类疾病总量的50%~80%。例如，不良情绪会抑制青少年生长激素的分泌而影响身体生长；紧张焦虑会加大青春期痤疮、粉刺的发生率；神经性厌食会引起女孩子闭经，等等。

(2) 有利于青少年健全人格的发展。一个拥有健康心理的青少年，在人格等方面都将表现出较强的社会适应性，比较容易得到群体和他人的接纳、支持和帮助，比较容易创造出一种和谐环境以充分发挥自己的才华，比较耐受挫折和逆境，比较容易渡过社会变革和应对灾难。例如，自信、大方、开朗、勤奋、诚实、乐观、合作精神等，是我们成才、立业之本。

(3) 有利于青少年成才立业。精神分析大师荣格说："一切财富和成就，都源于杰出的智慧与健康的心理。"著名发明家爱迪生小时候还因"智力低下"而被拒于学校门外，俄国大作家托尔斯泰中学时作文曾不及格。由此可见，人才的成长并不仅仅是智力因素，更重要的是要有积极的心态和高尚的人格因素。

(4) 有利于改善青少年的人际关系。继学习、就业问题之后，人际关系是困扰青少年的又一大问题。青少年一方面要维系与父母、老师等成人的纵向人际关系，另一方面又大大开拓了同龄人的横向人际关系。

2. 心理健康的标准

世界心理卫生联合会提出了心理健康的标志：第一，身体、智力、情绪十分调和；第二，在适应环境时和在人际关系中彼此谦让；第三，有幸福感；第四，在工作和职业中能充分发挥自己的能力，享受高效率的生活。根据青少年学生的年龄特征、心理特征和社会角色特征，心理健康的基本标准可归纳为9个方面：

(1) 智力正常。人群中，智力居中的人最多，智力超常和智力低下的人比例都很小(据统计，智商139以上的人占1%，智商70以下的人占3%)。智力正常是一个人正常生活最基本的心理条件，是心理健康的重要标准。智力是人的观察力、记忆力、想象力、思考力、操作能力等方面的综合反映。一个人智力低下，就难以达到心理健康。智力正常者会对自己有信心，对人生抱有希望，喜欢自己的家庭，对自己的能力、经验及成就有所满足，对人对事有积极的态度，对明天抱有期待，这是心理健康的先决条件。

(2) 认识自我，接纳自我。人贵有自知之明，一个心理健康的学生对自己的认识，应该比较接近现实，对自己的优点感到欣慰，但又不狂妄自大；对自己的弱点既不回避，也不自暴自弃，做到善于接纳自己。

(3) 接受现实，适应环境。在新的环境中，每个人都会产生不同程度的理想与现实之间的落差，心理健康的人能较快地接受现实，并对现实进行合乎常理的认识与反应，顺应潮流，不是逆潮流而行。

(4) 有较强的情绪调节能力。心理健康的人遇到挫折时，会自觉或不自觉地运用一些合理的自我防御方法。心理健康的人具有自制或自控能力，情绪稳定、乐观、愉快、自信、开朗、满意等积极情绪状态总是占优势，身心能处于积极向上、自制自控的稳定状态。

(5) 行为与社会角色相一致。如果个体的行为与其充当的角色的规范基本一致，则说明其心理处于健康状态。一个人在不同场合有不同的身份，例如，青少年学生的身份就有"学生""子女"等角色。

(6) 有和谐的人际关系。和谐的人际关系具体表现为：交往动机端正，乐于与人交往，在交往中具有稳定而广泛的人际关系。

(7) 心理行为符合年龄特征。心理健康的人的状态应该是精力充沛、勤学好问、反应敏捷、乐观敬业，既不能"少年老年"，又不能"成年幼稚"。

(8) 具有健康的人格。心理健康的人，其人格结构是完整而非分裂的；其气质、能力、性格、理想、信念、动机、兴趣、人生观、世界观、价值观等各方面是互相和谐的，能够平衡发展；其人格在人的整体的精神面貌中能够完整、协调、和谐地表现于语言行动；思考问题的方式是适当和合理的；待人接物能采取原则性与灵活性相结合的态度，刚柔相济，有理有节。

(9) 会享受人生。心理健康的人，会使自己的生活过得有意义，不但会工作负责，追求成就，同时也能享受自己的人生。不管做什么，在哪里生活，都会觉得生活是一种享受与乐趣，懂得随时轻松、幽默，以天真无邪的童心去享受人生，也能以认真、慎重的态度使生活变得更加丰富多彩。

三、反观自我

"一个人不可救药了，不是因为他病入膏肓，而是因为他根本不认为自己生病了。"心理问题本身不可怕，可怕的是自己不了解自己的心理状况。下面来简单地测验一下自己的心理状况，如表1-1所示。

表1-1 心理健康测验表

序号	项　　目	无	轻	中	重	很重
1	身体衰弱感					
2	身体刺痛感					

(续表)

序号	项目	无	轻	中	重	很重
3	怕痛					
4	皮肤破了不容易好					
5	动作迟钝					
6	注意力难集中					
7	记忆力不好					
8	丧失兴趣					
9	难摆脱苦恼					
10	为自己的病情烦恼					
11	常为一些小事而着急					
12	平时情绪易紧张					
13	关心身体程度超过了现在身体实际健康程度					
14	遇到紧急的事心跳或出汗					
15	情绪易波动					
16	思维迟钝					
17	想象力贫乏					
18	容易发怒					
19	难控制自己的情绪					
20	精神不能放松					
21	情绪易冲动					
22	难入睡					
23	为自己的病情焦虑					

测验时，在每一项右边的五级标记栏中打√作记，根据测验的结果，可将受测者的心理健康水平分为四类：

第一类，心理健康水平高。表中23个项目基本回答"无"者。

第二类，心理健康水平一般。表中2/3的项目答案为"无"，其余基本上为"轻"者。

第三类，心理健康水平较低。表中半数左右答案为"无"，其他分布于各等级。

第四类，心理不健康。表中答案基本上分布于"中""重""很重"各栏。

四、心灵鸡汤

看一看镜子中的人

查理的工厂宣告破产了，他丧失了所有的财富，成了一个名副其实的穷光蛋，只好四处流浪，像乞丐一样生活着。他无法面对残酷的现实，心里沮丧透了，几乎想自杀。

有一天，他想到要去见牧师。在牧师面前他流着泪，将自己如何破产、如何流浪生活给牧师细细说了一遍，诚恳地请求牧师给予指点，帮助他东山再起！牧师望着他，沉默了一会儿说："我对你的遭遇深表同情，也希望我能对你有所帮助，但事实上，我也没有能力帮助你。"查理的希望像泡沫一样一下子全部破碎了，他脸色苍白，喃喃自语道："难道我真的没有出路了吗？"牧师考虑了一下说："虽然我没办法帮助你，但我可以介绍你去见一个人，他可以协助你东山再起。""这个人会是谁呢？他真的有神奇的力量让我重振雄风吗？"查理满腹狐疑。牧师带领查理来到一面大镜子前，然后用手指着镜子中的查理说："我介绍的就是这个人。在这个世界上，只有这个人能够使你东山再起，首先你必须认识这个人，然后才能下决心如何做。在对这个人做充分的剖析之前，你不过是一个没有任何价值的废物。"查理向前走了几步，怔怔地望着镜子里的自己，用手摸着长满胡须的脸孔，看着自己颓废的神色和迷离无助的双眸，他不由自主地抽噎起来。

第二天，查理又来见牧师，他从头到脚几乎是换了一个人，步伐轻快有力，双目坚定有神。他说："我终于知道我应该怎么做了，是你让我重新认识了自己，把真正的我指点给了我，我已经找了一份不错的工作，我相信，这是我成功的起点。"

(资料来源：作业帮. http://www.zybang.com/question/1b1a4064960fa69233352e8962201621.html)

这个故事告诉我们一个简单的道理：只有自己才能拯救自己。

五、心灵拓展

无 家 可 归

目的

增强新生的互动与了解，尤其体验到集体归属感的重要性，培养新生的团队意识。

操作

(1) 请大家手拉手围成一个圈，指导老师站在中间。听到"开始"指令后，大家拉着手逆时针跑起来。

(2) 指导老师说："马兰花儿开？"同学问："开几瓣？"

(3) 老师答："开 n 瓣！"(n 可以是随意的数字)，所有同学立即自动组成一个正好有 n 个人的小组。

(4) 在任何小组之外，变的"无家可归"的同学表演节目(如可以用屁股在空中写字)。活动可重复进行，变换 n 数字的大小，让更多的人体验到无家可归时的感受。

成长

活动结束后请同学谈体会，分别找无家可归次数最多的同学和总能顺利找到组织的同学分享自己的收获，启发同学认识到在人际互动中要积极主动，不能只是消极被动地等待；同时启发同学认识到集体归属的重要性。

六、心灵感悟

(1) 对照心理健康的标准，分析自己在哪些方面可能存在着不足。
(2) 通过以上的学习、活动你有哪些感悟或体会？请记录下来。

第二节 青少年心理发展的特点

一、生活链接

一个 16 岁女生的自述

我一直以来对自己缺乏自信，譬如小时候，很想参加绘画班，后来发现很多报名者以前都接受过训练，我是一点儿基础都没有的，担心参加后会出丑，就放弃了报名。后来很多事情都是担心会出丑就放弃了。

在现在生活中，我很在意别人的看法，担心别人会不高兴，很多事情都是按照别人的意愿去做，结果，我做得很不舒服。

我发现身边的人自信心特别强，我很想像他们那样，但是总做不到。特别是上了中职学校之后，情绪一直很低落，不愿意见人，也不愿意回家。一想到邻居家的好朋友小丽上了市里的重点中学，以后会考大学，有光明的前途，而自己呢，既不聪明，也没能力，这辈子注定只能碌碌无为了。

(资料来源：http://max.book118.com/html/2015/0310/13146679.shtm)

二、心海导航

青春期是人生的黄金阶段，它是个体发展、发育最富特色、最宝贵的时期，然而这个时期同时也是人生的"危险期"。进入青春期的青少年，身体发育迅速，生理特征具有突变性，他们的形态、形体、内分泌等一系列的生理现象都会发生一个快速而巨大的变化。生理变化是心理变化的物质基础，随着生理上的变化，加之外界环境的各种影响，青春期是个体心理迅速走向成熟而又尚未完全成熟的一个过渡时期。这个时期的青少年心理特征是错综复杂的。

1. 身体的变化及心理的反应

在青春期到来时，青少年要经历身体急剧的生长和变化，肌肉、骨骼等组织全面地急剧成长，身高体重快速增加，并且伴随生殖系统的成熟，第二性征逐渐显露出来，男孩出现胡须，喉结变大，声音变粗，女孩乳房发育变化，身体脂肪增多，变得丰满，胸围、臀部增大，另外，两性均长出阴毛。这些变化经过约两年的时间而达到青春盛期，并以女孩的月经和男孩尿中出现活的精子细胞为标志。

青春期到来的年龄在人与人之间有很大的差异，有些女孩可以早到11岁行经，另一些女孩可能到17岁才行经，平均年龄为12岁零9个月。男孩在同样的年龄范围达到性成熟，但是平均说来，男孩要比女孩晚两年进入发育盛期和成熟阶段。直到11岁之前，男孩和女孩的平均身高和体重都相同；11岁时，女孩在身高和体重两方面都突然超过男孩，女孩保持这一差距大约两年之久，然后男孩超过女孩，并且在以后一直保持领先。这种身体发育速度的差异在初中阶段最显著，常可发现发育相当充分的女孩坐在一群未发育的男孩旁边。

随着身体的发育，青少年必须适应发展中的新自我，同时还必须适应别人对于其新形象所表现出的反应。对发育中的青少年来说，既不像成人，也不像儿童，他们的身体可能是细长的，各部分的比例也可能不相配，这会使有些青少年感到很不舒服，而周围人的一些不良反应亦会加重他们的沮丧，如周围人可能称细长的青少年为"麻竿"，称胡须浓而密的青少年为"大胡子"，把身体发育快而头发育慢的青少年评论为"四肢发达、头脑简单"，或称之为"小头儿"等。

发育的快慢、迟早，也给青少年造成压力，如发育迟的男孩要面对一个特别困难的适应局面，因为在他们同伴的活动中力量和勇猛非常重要。如果他们比同学矮小和瘦弱，则可能在一些竞技中失利，可能永远赶不上发育早、在体力活动中占优势的男孩。研究显示，发育迟的男孩一般不如他们的同学合群，自我概念也较差，常从事一些较不成熟、寻找注意的行为，他们觉得自己被同伴摈弃并受到同伴的压抑。另一方面，发育早的男孩往往更自信和独立。发育早或迟导致的这些个性差异可能持续进入成年期。而发育速度对个性的影响对于女孩较不明显，反而有些早熟的女孩可能处于不利的地位，因为她们在小学后期比同伴更像成年人。但是，在中学早期，早熟的女孩往往在同学中更有威信，在学校的活动中居于领导地位，这个时期，晚熟的女孩像晚熟的男孩一样，可能有不那么适当的自我意识，和父母及同伴的关系也不那么密切。

伴随性成熟而引起的身体上的变化既是自豪的资本也是困惑的原因，青少年对自己崭新的体格和随之而来的冲动是否感到自在，在很大程度上取决于父母对待他们的性发育的态度。父母对于性的隐秘和禁忌态度会引起青少年的焦虑感，这种焦虑感又可能由于同伴具有比较实事求是的观点而逐渐克服。

2. 实现同一性

随着身体迅速的变化，以前对肉体存在和身体功能的信赖受到严重的怀疑，只有通过对自我进行重新评价才能得以重建。青少年努力寻求"我是什么人？"和"我往何处去？"的答案。

在身体的变化及性成熟的过程中，青少年有了一些新的体验，也感到周围人对他们的新的反应，他们将力求发现自己现在的真实情况以及将来自己会成为什么样子。伙伴的来往、新的社会关系的产生，使他们扩大了自我活动、自我探索的空间，同时他们也要弄清"世界是什么样子的？""社会又是什么？""我与他们的关系如何？"等等。

青少年早期对自身特征的意识是从儿童的各种自居作用中发展起来的。年幼孩子的价值和道德标准主要来自父母，他们的自尊感基本上来自父母对他们的看法。当青少年来到中学这个较广阔的世界以后，同伴群体的价值观日益重要，老师和成年人的评价也是如此。他们对原先的道德标准及自己的价值和能力都要做重新评价，并试图把这些价值和评价综合起来形成一个稳定的体系。

当父母的观点和评价明显地与同伴和其他重要人物的评价不同时，产生矛盾的可能性很大。青少年试图扮演一个又一个角色，而把不同的角色综合成一个单一的个性时就遇到了困难，即所谓"角色混乱"。

3. 依恋关系的变化

青春期与父母的感情联系会减轻，他们希望独立，倾向与伙伴交往。他们过去主要是家庭成员，现在既是家庭中的成员又是伙伴集体中的成员，与家庭在一起的时间缩短及交通手段、活动范围的扩展，使依恋和社会关系扩大。他们与其他成人的感情联系可能接近与父母的联系，如与老师、领导、邻居等的关系。从小学到高中，青少年形成大量的伙伴关系，性别的吸引也是同伴关系的重要原因，约会经常开始于集体活动。在伙伴关系中，同伴之间对共同问题的讨论及反面的经验可提供大量的解决问题的技术。

有些青少年被家庭疏远，部分原因是他们离家的时间逐步增多。在青春期，有几个交往模式可能在家庭中发生，其中有两种关系疏远的模式。其一为"放出模式"，这包含忽略或拒绝年轻人，父母放弃他们的照顾角色，不再看管年轻人，鼓励孩子走出去。"放出模式"常被这样的一些父母所采用，他们被自己的生活问题(如婚姻问题)所耗竭，没有精力再管孩子。其二为"替代模式"，青少年被暗示采用这样的一种行为方式，即给父母带来替代性愉快，做父母不能做的事，也包含表现出父母的一些不良习性。

4. 认知改变

青春期由于形式运算的出现而使思维完善，它摆脱了儿童时期的单一的具体运算和简单形象思维，进入了抽象思维阶段。在 16～20 岁的青少年中有 53% 能用抽象思维解决问题，21～30 岁之间为 65%，也有人终生缺乏。但智商并不单靠抽象思维，它受文化、经历的影响。会用抽象思维后，青少年发现他们可以任意地做各种假设，并学会对假设进行检验；他们学会自我批评，各个方面以成年人的标准要求自己，也有能力听取他人意见；他们可以将自身内部主观的经验看作是真实的一部分。抽象思维还能使青少年处理问题时考虑更多的可能性，思维活动的数量和质量都有很大提高。但青少年不能区别他们所想的和别人所想的不同，因为他主要关心自己，他相信别人所想也是他的外表与行为。皮亚杰理论主要解释者艾尔金德称这种现象为青春期自我中心主义，并指出两种后果：假设的观众和个人神化。前者是指青少年将对自己的关注和兴趣投射给他人，认为自己的行为、外表及自我被他人关注，因而他们追求自我表现，追随时装及对传统的反叛。由于认为自己是他人关注的对象，青少年易产生这样的观点，认为自己和自己的情感是独一无二的，即"个人神化"，他们易产生一些宗教的信念，认为自己受到神的指引和支持，期望自己不受自然法则的支配，如相信自己不会死去，未采取避孕措施与男友约会也不会怀孕等。当与伙伴们分享他们的观点、认知和经验后个人神化将会减退，他们会发现自己是一单个的人，并不独特。

三、反观自我

你能接纳自己吗

对下列题目做出"是"或"否"的选择。
(1) 在朋友或家人眼里，你是否显得过于敏感？
(2) 你是否喜欢与别人争论不休？
(3) 你是否总是持批评态度？
(4) 你是否容忍他人有不同观点？
(5) 你是否易动肝火？
(6) 你是否愿意原谅人？
(7) 你是否爱嫉妒？
(8) 你是否能认真听别人讲话？
(9) 你是否不乐于接受恭维？

评分标准

1、2、3、5、7、9 题，回答"是"得 1 分，4、6、8 题回答"否"得 1 分，否

则不计分。将各题分相加，得出总分。

结论
如果总分在 5 分以上，说明你自我否定得太多了，要好好善待自己。

四、心灵鸡汤

升起的黑色气球

　　一天，几个白人小孩在公园里玩。这时，一位卖氢气球的老人推着货车进了公园。白人小孩一窝蜂地跑了上去，每人买了一个气球，兴高采烈地追逐放飞的气球跑开了。白人小孩的身影消失后，一个黑人小孩怯生生地走到老人的货车旁，用略带恳求的语气问道："您能卖给我一个气球吗？"

　　"当然可以，"老人慈祥地打量了他一下，温和地说，"你想要什么颜色的？"他鼓起勇气说："我要一个黑色的。"脸上写满沧桑的老人惊诧地看了看这个黑人孩子，随即递给他一个黑色的气球。他开心地接过气球，小手一松，气球在微风中冉冉升起。老人一边看着上升的气球，一边用手轻轻地拍了拍他的后脑勺，说："记住，气球能不能升起，不是因为它的颜色，而是因为气球内充满了氢气。"气球的升起，与它的颜色无关，只要它里面充满了氢气；一个人的成败，不是因为种族、出身，关键是你的心中有没有自信。俗话说，这个世界是由自信心创造出来的。充分的自信和坚忍不拔的意志，是事业取得成功的一个重要条件。

　　简单道理：成就与出身无关，与信心有关。

(资料来源：作业帮. http://www.zybang.com/question/bd8d0154558ac9aaf031cb195a5702ca.html)

五、心灵拓展

滚　雪　球

目的
认识团队中的每一个人，体验在人际交往中关注和倾听的重要性。

操作
(1) 通过"马兰花开"的形式给同学分组，剩余的无家可归的人可以分散到各组里。

(2) 小组成员站成一个圆，逆时针方向开始"滚雪球"式介绍。第一个人介绍自己的籍贯、宿舍、性格特点、姓名(比如"我是来自××地方的××宿舍的××的×××"，性格特点以一两个词来简要概括即可)；第二个人重复介绍一下第一个人的情况，再介绍自己；第三个人重复介绍前两人，再介绍自己；依此类推，最后一人须复述所有人的情况，最后介绍自己。

(3) 每个小组推举一名成员把本小组的成员介绍给大家。分组可不断变换，交叉认识。

成长

大家在欢快的气氛中通过不断强化，尽快熟悉彼此。最后，指导老师引导大家谈谈活动体会，看哪位同学通过活动准确记住的同伴信息最多。

六、心灵感悟

(1) 结合课文内容，列出自己心理上的优点与缺点，试提出改进措施以使自己的心理更健康。

(2) 通过以上的学习，你有什么感受和体会？请记录下来。

第三节 心理健康的自我调适

一、生活链接

江燕初中毕业参加了中考，成绩不甚理想，情绪低落，干什么都提不起精神。看到有的同学考入较好的中学上高中，她更是觉得没面子——以后人家考上大学、找上好工作、挣好多钱，自己怎么和人家比呢？她心里十分着急，对未来感到失望。正好一所中职学校来县里招生，她了解了有关情况后报了名。秋天，她满怀憧憬地进了新的学校。

新的学校一切都是新的。她认真学习、积极向上。第二年，学校开设了一门新课——心理健康。这是怎样的课？讲些什么内容？能起什么作用？带着好奇，她浏览了课本。原来自己对"心理""心理健康"等词汇只是一知半解，要学的东西很多。她暗暗对自己说：我要学好这门课，比较全面地学习心理健康知识，并在实践中解决实际问题，使自己的心理更健康，满怀信心地迎接未来的挑战，做一个心理健康、朝气蓬勃、为父母争光、对社会有用的人。

(资料来源：百度文库. http://wenku.baidu.com/view/2502435d804d2b160b4ec028.html)

深入了解自己的心理，而后你会发现一切奇迹的创造都靠你自己。

——[英]弗朗西斯·培根

二、心海导航

江燕同学有着一颗积极的心态，所以她赢得了成功，那么怎样才能提高心理健康水平呢？

(1) 学习心理学知识，上好心理健康课，加深对自我的了解，对照书中所讲分析自己在心理方面的长短处，对症下药地克服缺点、弥补不足，有利于提高心理健康水平。除了课堂上有限的学习，还应该多到图书馆借阅或利用网络阅读一些实用性较强的心理学书籍，或自己购买几本学习。例如，卡耐基的书对青少年很有好处，他的书最大的特点是通俗易懂、实用性强。本课后半部分有详细介绍，供同学们参考、选读。

(2) 心中有目标，对自己有较高的要求，拥有积极的人生态度，并能够为了实现目标积极努力、全力以赴、拼搏向上，能够这样做，才算心理健康。有的中职生是被迫来中职学校的，他们入校后仍然没有明确的目标，放松了对自己的要求，心想只要毕业时找个工作就算了。试想，如果不抓紧有限的时间好好学习理论知识、培养较强的动手操作能力，怎么能找到好工作？还是"做一天和尚撞一天钟"的心态，怎能不逃学旷课、看乱七八糟的书、人在课堂心想网络游戏、整天抱怨食宿条件、遇事不冷静挥拳头伤人？要知道，这类表现多是心智水平较低、心理不健康造成的。

(3) 养成良好的学习、工作、生活习惯，有利于提高心理健康水平。早不起、晚不睡的"夜来神"，学习、娱乐、锻炼、休息比例失调的"一头沉"都是些鸡毛蒜皮的生活小事，不值得大惊小怪，这种认识应当扭转。要形成一套合适自己的学习、生活习惯。一个学生，就应当上好每一堂课，认真做好每一次实习，积极参加学校的各项活动，为自己、家长、班级、学校争光。在这一过程中，能培养自己丰富的情感、坚强的意志、良好的品德。什么心也不操，混一天算一天，在活动中往后退，岂能说是心理健康？

(4) 学会处理各种问题。在学习方面，表现出自己是学习的主体；从学习中获得满足感与快乐；在学习中保持与现实环境的积极接触；在学习中排除不必要的忧惧。在人际关系方面，懂得必要的礼仪礼节；能了解彼此的权利和义务；能客观了解他人；关心他人的要求与体验；诚心赞美与善意批评相结合；以积极的方式与他人沟通；保持自身人格的完整性。在对待自我方面，善于正确地评价自我，通过别人认识自己；及时而正确地找出事情的原因，能够达到自我认识的目的；扩展自己的生活经验，积极主动地参加各种活动；根据自身实际情况确立未来的目标；具有自制力，能冷静处理矛盾。

(5) 增加积极的情绪体验。当前学生流行的一句口头语是"郁闷"，因此，学生应当积极参加学校的各种文化娱乐活动，参加各类有益于社会发展和人类进步的活动，寻找自我的价值感，改变消极的归因倾向。

(6) 发展健康的自我意识。要对自己有正确的评价：既不可自轻自贱、自惭形秽，也不可自骄自大，自我中心；要有真诚、理解、信任、体贴、热情、友善、幽默、开朗的个性。

(7) 对照心理健康的标准要求自己。经常反省，努力从一点一滴去做，就会使自己的心理越来越健康。

(8) 多读好书。提高心理健康水平的好书——戴尔·卡耐基八种心理学著作简介。

- 《人性的优点》：这是一本讲述如何克服忧虑的书。主要内容包括如何抗拒忧虑、解开忧虑的方法、改掉忧虑的习惯、怎样保持充沛的活力。对于开阔视野，战胜自身的忧虑，特别是克服封闭式的人性弱点，有着宝贵的启示和借鉴作用。
- 《人性的弱点》：这是一本关于改善人际关系的书。主要内容有两章：第一章是处理人际关系的基本技巧，第二章是怎样使别人喜欢你。它能教人掌握为人处世艺术的基本道理。虽然是外国人写的，但诸多道理中外相通，易于学习对照，能起到拨云见日、一点即通的作用。
- 《美好的人生》：讲述赢得友谊和思考的方式，如何纠正别人的错误，使家庭生活更快乐的原则，如何推销你自己等内容。
- 《快乐的人生》：讲述如何培养快乐的心理，不使批评伤害你，支配你的工作和金钱，我怎么才能快乐等内容。
- 《语言的突破》：这是一本要人们克服畏惧、建立自信、更有效地说话的书。它可以开阔视野，教人顺乎自然地发挥自己的潜在智能，在各种场合下发表恰当的谈话，博得赞誉，获得成功。
- 《写给女孩子的信》：讲述女孩如何在家庭生活中幸福快乐。
- 《伟大的人物》：在搜集、研究和整理世界 15 个古今伟人、名人资料的基础上写成，记述了他们在人生事业上的艰苦跋涉、成就伟业的生动事例和鲜为人知的奇闻轶事，值得学习、思考、借鉴。
- 《智慧的锦囊》：工作+思考=智慧；自信、勇气、热忱；快乐、惜时、信仰；真诚、朋友、爱心；工作、坚韧、成功；诚实、思考、生命。

三、反观自我

性 格 测 试

测试

公园内，有如图 1-1 所示的放射状路。在 E 路上，有一对青年男女正向路的中央走过来。此时，在 A 路上，有一位男性也正向路的中央走过来。如果你是那位男性，要走向哪条路散步呢？

图 1-1　性格测试

判断

选 B 路的人：你的心境不单纯，感情的起伏也很大，个性有点任性，不过你内心仍是单纯且又有爱心的。

选 C 路的人：你是位优雅知性而且个性文静的人，对于事物的判断较为客观，同时待人术为礼让、客气，能够极清楚地认清自己所处的立场，可以说是个性坚定、做事确实的人。

选 D 路的人：你是位具有不可思议之魅力的人，自尊心很强，绝不允许别人看穿你的内心世界。

选 E 路的人：你是位个性非常积极、全身充满活力的人。意志坚强，因而有凡事不认输的强烈性格。性情极为直爽，做起事来更是干脆利落，毫不犹豫。可以说是较倾向男性的人。

选 F 路的人：你具有知性，且是十足的理论家。非常优秀，为人中之杰，很有才能。虽是才能之士，却不会骄傲。

选 G 路的人：你是位非常单纯，但具有新鲜魅力的人。唯美的浪漫主义者，喜于追求梦幻之事物，是位富有幻想力的人。

选 H 路的人：你是位富于社交性，且非常有人缘的人。性情温和柔顺。但常有寂寞感，生怕一个人独处。

四、心灵鸡汤

好人和坏人

老人静静地坐在一个小镇的郊外的马路边。

一位陌生人开车来到这个小镇，看到了老人，停下车打开车门，向老人问道："老先生，请问这个城镇叫什么名字？住在这里的人属于哪类人？我正在寻找新的居住地！"老人抬头看了一眼陌生人，回答说："你能告诉我，你原来居住的那个小镇上的人是什么样的吗？"陌生人说："他们都是一些毫无礼貌、自私自利的人。住在那里简直无法忍受，根本无快乐可言，这正是我想搬离的原因。"听了这话后，老人说："先生，你恐怕又要失望了，这个镇上的人和他们完全一样。"陌生人快快地开车离开了。

过了一段时间，另外一位陌生人来到这个镇上，向老人提出了同样的问题："住在这里的是哪一种人呢？"老人也用同样的问题反问他："你现在居住的镇上的人怎么样？"陌生人回答："哦！住在那里的人非常友好，非常善良。我和家人在那里度过了一段美好的时光，但是，我因为职业的原因不得不离开那里，希望能找到一个和以前一样好的小镇。"老人说："你很幸运，年轻人，居住在这里的人都是跟你们那里完全一样的人，你将会喜欢他们，他们也会喜欢你的。"

如果我们在寻找坏人，那么就真的会遇到坏人，如果我们在寻找好人，就一定会见到好人。

简单道理：对别人的态度就是别人对你的态度。

(资料来源：作业帮. http://www.zybang.com/question/c63dfb8f389a59458dde685718fcb86f.html)

五、心灵拓展

我 们 的 家

目的

培养团队合作意识，甄别团队领导者。

操作

(1) 所有成员围成圈儿，从 1 到 n 报数，"1 2 3……n""1 2 3……n"，……每人记住自己的报数。

(2) 寻找和自己报数一样的人组成小组，比如所有的 1 成为一组，所有的 2 成为一组。每小组可以有 6~8 人，n 数字的大小可依此来定。

(3) 每个小组组成了自己的"家"。每个小组用 15 分钟时间对自己的"家"进行建设，内容包括：给"家"起名、确定口号和"家"歌、每个成员用躯体语言(也可伴以语言补充)表现自己在"家"中的角色或分工。

(4) 各小组分头准备，时间到后每小组现场展示。

(5) 分享体会和经验。

成长

在团队建设过程中，指导老师可以进行观察，选拔团队的领导者，为培养选拔学生干部提供一手资料。

六、心灵感悟

在以上的学习活动中，你得到了哪些启发？请记录下来。

第二章

悦纳自我——让心灵健康成长

第一节 发现自我 探索自我

一、生活链接

心 灵 的 结

不知道为什么，刘明和同学们争论起来了，只见他梗着脖子，瞪着眼："我说的绝对正确，就照我说的做准没错。"同学反驳他："上次听你的就不对，还听你的呀？自以为是。有点自知之明没有？你认为对就对吧。"说完就走了，留下刘明还在原地生气："我没有自知之明？我没有自知之明了？"

(资料来源：郑日昌. 心理健康自助读本. 北京：人民教育出版社，2005)

我脾气怎么暴躁了

有一则笑话：甲从乙的门前经过，听见乙和丙在谈论自己，说甲这个人其他方面都挺好的，就是脾气太暴躁了，听到这里，甲一脚把门踹开大喝："我脾气怎么暴躁了？"

(资料来源：http://max.book118.com/html/2015/0310/13146679.shtm)

驴 的 故 事

《伊索寓言》中有个讽刺驴的故事，一头驴子爬到屋顶上跳舞，结果踏碎了瓦，主人因此追上去立刻把它赶下来，并用大棒痛打它。驴很委屈："为什么要打我呢？我昨天看见猴子也是这样玩的，你们都非常快乐，而且直夸它呢！"其原寓意是不知道自己所处地位的人是可悲的，此处的寓意是不了解自己而盲目尝试的人是会劳而无功的。

很多人的自卑自怜、遇事胆怯退缩,也是没有认识真正的自我。所以,请诚实地、勇敢地直面自己问一句:"我是谁?"

(资料来源:http://max.book118.com/html/2015/0129/11878115.shtm)

二、心海导航

1. 自我意识的概念

谁塑造了我?

我为什么会成为现在的我?

自我意识的发展会告诉你这一切。

自我意识是个体对自我存在的觉察。觉察是一种心理体验。

自我意识的核心是自我,而自我在现实中的表现常常是有复杂性和多样性的,有时还具有文饰性,甚至依赖于某些参照物。

自我意识是一个人对自己的认识和评价,包括对自己心理倾向、个性心理特征和心理过程的认识与评价。正是由于人具有自我意识,才能使人对自己的思想和行为进行自我控制和调节,使自己形成完整的个性。

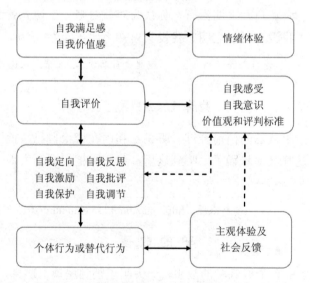

自我意识是人对自己身心状态及对自己同客观世界的关系的意识。自我意识包括三个层次:对自己及其状态的认识;对自己肢体活动状态的认识;对自己思维、情感、意志等心理活动的认识。自我意识不仅是人脑对主体自身的意识与反映,而且人的发展离不开周围环境，特别是受人与人之间关系的制约和影响，所以自我意识也反映人与周围现实之间的关系。自我意识是人类特有的反映形式，是人的心理区别于动物心理的一大特征。

2. 自我意识的作用

自我意识在个体发展中有十分重要的作用。

首先，自我意识是认识外界客观事物的条件。一个人如果还不认识自己，也无法把自己与周围相区别时，他就不可能认识外界客观事物。

其次，自我意识是人的自觉性和自控力的前提，对自我教育有推动作用。人只有意识到自己是谁，应该做什么的时候，才会自觉自律地去行动。一个人意识到自己的长处和不足，就有助于他发扬优点，克服缺点，取得自我教育积极的效果。

再次，自我意识是改造自身主观因素的途径，它使人能不断地自我监督，自我修养，自我完善。可见，自我意识影响着人的道德判断和个性的形成，尤其对人的个体倾向性的形成更为重要。

3. 自我意识的心理成分

自我意识主要包括三种心理成分：

(1) 自我认识。自我认识是主观自我对客观自我的认知与评价。自我认知是自己对自己身心特征的认知，自我评价是在这个基础上对自己做出的某种判断。正确的自我评价，对个人的心理生活及其行为表现有较大影响。如果个体对自身的估计与社会上其他人对自己的评价距离过于悬殊，就会使个体与周围人们之间的关系失去平衡，产生矛盾，长期以来，将会形成稳定的心理特征——自满或自卑，将不利于个人心理上的健康成长。自我认知在自我意识系统中具有基础地位，属于自我意识中"知"的范畴，其内容广泛，涉及自身的方方面面。进行自我认识训练，重点放在三个方面：第一，认识到自己的身体特征和生理状况；第二，认识到自己在集体和社会中的地位及作用；第三，认识到内心的心理活动及其特征。自我评价是自我意识发展的主要成分和主要标志，是在认识自己的行为和活动的基础上产生的，是通过社会比较而实现的。由于青少年自我评价能力不高，往往不是过高就是过低，大多属于过高型。因此，要提高自我评价能力，就应学会与同伴进行比较，通过比较做出评价；还应学会借助别人的评价来评价自己，学会用一分为二的观点评价自己。由于自我评价是自我认识中的核心成分，它直接制约着自我体验和自我监控，所以，进行自我意识训练，核心应放在自我评价能力的提高上。

(2) 自我体验。自我体验是主体对自身的认识而引发的内心的情感体验，是主观的我对客观的我所持有的一种态度，如自信、自卑、自尊、自满、内疚、羞耻等都是自我体验。自我体验往往与自我认知、自我评价有关，也和自己对社会的规范、价值标准的认识有关，良好的自我体验有助于自我监控的发展。进行自我体验训练，就是让自己有自尊感、自信感和自豪感，不自卑、不自傲、不自满，随着年龄增长应懂得做错事感到内疚，做坏事感到羞耻。

(3) 自我监控。自我监控是自己对自身行为与思想言语的控制，具体表现为两个方面：一是发动作用，二是制止作用。也就是支配某一行为，抑制与该行为无关或有碍于该行为进行的行为。进行自我认识、自我体验的训练的目的是进行自我监控，调节自己的行为，使行为符合群体规范，符合社会道德要求，通过自我监控调节自己的认识活动，提高学习效率。为提高自我监控能力，重点应放在促使一个转变上，即由外控制向内控制转变。青少年自我约束能力较低，常常在外界压力和要求下被动地从事实践活动，比如只有教师要求做完作业后要检查，才会进行检查。针对这种现象，应学会如何借助于外部压力，发展自我监控能力。

4. 自我意识的结构

自我意识的结构是从自我意识的三层次，即从知、情、意三方面分析的，是由自我认识、自我体验和自我调节(或自我控制)三个子系统构成。因此，自我意识也叫作自我调节系统。

自我认识是自我意识的认知成分。它是自我意识的首要成分，也是自我调节控制的心理基础，包括自我感觉、自我概念、自我观察、自我分析和自我评价。自我分析是在自我观察的基础上对自身状况的反思。自我评价是对自己能力、品德、行为等方面社会价值的评估，它最能代表一个人自我认识的水平。

自我体验是自我意识在情感方面的表现。自尊心、自信心是自我体验的具体内容。自尊心是指个体在社会比较过程中所获得的有关自我价值的积极的评价与体验。自信心是对自己的能力是否适合所承担的任务而产生的自我体验。自信心与自尊心都是和自我评价紧密联系在一起的。

自我调节是自我意识的意志成分。自我调节主要表现为个人对自己的行为、活动和态度的调控。它包括自我检查、自我监督、自我控制等。自我检查是主体在头脑中将自己的活动结果与活动目的加以比较、对照的过程；自我监督是一个人以其良心或内在的行为准则对自己的言行实行监督的过程；自我控制是主体对自身心理与行为的主动的掌握。自我调节是自我意识中直接作用于个体行为的环节，它是一个人自我教育、自我发展的重要机制，自我调节的实现是自我意识的能动性质的表现。自我意识的调节作用表现为：启动或制止行为，心理活动的转移，心理过程的加速或减速，积极性的加强或减弱，动机的协调，根据所拟订的计划监督检查行动，动作的协调一致等。

5. 自我意识的途径

(1) 正确的自我认知

"人贵有自知之明"，全面而正确的自我认知是培养健全的自我意识的基础。

自我认知是从多方位建立的,既有自己的认识与评价,也有他人的评价。首先,不妨自己认真仔细地想一想,用尽量多的形容词描述自己,要忠实于自己的内心。在此基础上,进行第二步,他观自我的描述,描述父母眼中的我、同学眼中的我、老师眼中的我、兄弟姐妹眼中的我,再寻找这些描述中共同的品质,将其归类。描述的维度越多,越会找到比较正确的自我。

(2) 客观的自我评价

一个人必须建立在正确的自我认知基础上,正确地自我悦纳,积极地自我体验,有效地自我控制。

自我悦纳是自我意识健康发展的关键所在。悦纳自我首先要接纳自己,喜欢自己,欣赏自己,体会自我的独特性,在此基础上体验价值感、幸福感、愉快感与满足感;其次是理智与客观地对待自己的长处与不足,冷静地看待得与失。在生活中注重自我,自我意识是将注意力集中在自我的一种状态。积极的策略是:关注自己的成功,并将优势积累。每个人身上都有无数的闪光点,重点在于寻找自己的闪光点并将其构成亮丽的人生风景线。

(3) 积极的自我提升

自我提升的一条途径是提高自我效能感。自我效能感是个体在一定情境下对自我完成某项工作的期望与预期。当人们期望自己成功时,他必然会尽自己最大的努力,并且当面临挑战性任务时,会表现出更强的坚持力,从而增加了成功的可能性。自我效能感高的人一般学业期望较高,也就是说,自我效能感与成就动机呈正相关性。

另一条途径是克服自我障碍。我们经常会有这样的感觉:体验对自己能力程度的焦虑带来的不安全感,这便是一种自我障碍。我们听说了太多这样的故事:由于考试前身体不好,所以在大考中没有取得好成绩。这便是典型的自我障碍,为自己的考学不成功找到了适当的借口。一个渴望自我发展的人必须主动克服自我障碍,进行积极的自我提升与自我尝试。积极的自我在尝试中会发现自己新的支点。

(4) 关注自我成长

自我的发展需要不断的自我反思、自我监控。但将成长作为一条线索贯穿于人的始终时,整理自己成长的轨迹显得尤为重要。依照过去、现在、未来进行清理,深刻了解与把握自己。要记住:自我体验永远是个体的,当我们在分享他人自我成长的硕果时,也在促进我们自己。

三、反观自我

人格类型测试

阅读以下 40 个命题,将符合您个人情况的命题标出(注意不要在同一个问题上拖延太久，根据自己的第一反应或第一印象做出判断即可，不符合您个人情况的命题不需要标出)。

将符合您个人情况的命题进行同类合并(具体方法：分别将您标出的所有 S、M、C、P 后的数字相加，并将相加后的分数分别填写在测试题下面对应字母处)。

S-1 人们说我非常友好。

M-2 我只有几个朋友，但我们的关系非常密切。

C-3 我是天生的领导者。

P-4 我节省，不乱花钱。

S-5 我享受生活。

M-6 我喜欢每个细节都完美。

M-7 我情绪不定，常在早上起床后不知今天会是什么情绪。

M-8 我发觉自己很容易批评人与事。

C-9 我容易生气。

P-10 我难以做出决定。

P-11 事情很少能使我生气与不安。

S-12 和一群人在一起时我喜欢讲生动的故事。

S-13 有人说我不太靠得住。

M-14 我很自律。

C-15 有人说我冷漠无情。

C-16 我果断。

P-17 我幽默风趣。

P-18 我喜欢闲庭漫步或无所事事。

S-19 我不是很有组织纪律性。

P-20 我更喜欢旁观而不是参与。

C-21 我发现自己难以宽恕别人。

C-22 我在短时间内能做许多事情。

S-23 有人说只要有我的场合就会热闹。

M-24 我容易忧郁和悲观。

P-25 我做什么事都不是特别地积极主动。

P-26 我非常有耐心。

S-27 我爱说话。

M-28 我实在不喜欢大的聚会，只愿意与几个亲密朋友在一起。

S-29 我是个热情的人。

C-30 有人说我是一个非常勇敢的冒险者。

C-31 我对事情有清楚的看法。

P-32 我喜欢睡觉。

C-33 我喜欢掌控局势与事态。

M-34 我不擅长交朋友。

M-35 我非常喜欢艺术，因为艺术能反映我的心灵追求。

S-36 我爱几乎每一个人。

C-37 我非常自信。

M-38 我常感到别人不喜欢我。

S-39 我花钱很大方。

P-40 我常感到很累。

S (乐天型或活泼型)得分：

C (急躁型或力量型)得分：

M (忧郁型或完美型)得分：

P (冷静型或平和型)得分：

S——乐天型或活泼型

定义：乐观型的人们愉快、自信而富于希望，喜欢在淋浴时唱歌，写字时好用叹号，称呼朋友好用绰号，常被当作"活宝"。爱主动寻找朋友，似乎每个人都是他们的朋友；喜欢与人在一起，喜欢张罗聚会的活动。

优势：乐观型的人有能力带给人希望与快乐，使别人显得重要。他们的乐观精神和富于希望使得什么事情都很难长时间地困扰他们。非常有同情心，善良热情；充满点子，有创造性。从不会找不着话说，谈起话来总是没完没了；走到哪里都有一大堆的朋友。他们是很好的推销员，能够说服任何人干任何事。

弱点：乐观型的人缺乏纪律性，不善组织，好夸大其词，经常导致言不属实；夸夸其谈，好打断别人，对什么事好像都有看法，高谈阔论，一遇到别人不感兴趣则有些不安；常失去重点和原计划要做的事，如常常丢钥匙等；由于好表现和强烈希望成为注意力的中心，常常被当作浅薄而过分自我的人。

C——急躁型或力量型

定义：急躁一词来自愤怒。急躁型的人性急易怒，却又特别愿意干事和特别有纪律。他们具有很高的动机，做事主动，工作刻苦，无论在平时还是在艰苦条件下都能够持之以恒。他们常被称为"事情的实现者"。

优势：急躁型的人决断、自信，不畏困难而有勇气，有很强的能力。他们是天生的领导，总喜欢讲出自己的想法。很会设计出多样性的项目，可信而有责任感，从不拖延，表现出力量和恒心，吃苦耐劳。

弱点：急躁型的人好激动，容易生气发火，会很快地由冷淡变得火暴。他们往往是挑剔和霸道的。在压力面前，常常不顾他人且盛气凌人。好讽刺，目标过于明确而不利于他们的交往关系和自身健康。偏好利用别人来达到自己的目的，生活态度积极却又急于求成，经常不顾自己的情感。事实上，在他们的一生中，感情是发展得最不足的。

M——忧郁型或完美型

定义：忧郁一词原指悲伤、阴郁、沮丧之意，它的意思现已经变为"沉思默想"。忧郁型的人以深思为特点，喜欢自己支配时间，需要宁静；非常重感情，其情绪可能达到快乐的顶峰，也可能落到失望的低谷；喜欢用大量的时间思考问题；喜欢社交，却又不愿引人注意，而是希望别人能够先开始谈话。

优势：忧郁型的人富有洞察力，敏感而尽责。由于他们忠心、敏感并且富有交流技巧，因而有能力建立良好的友谊。他们的工作方式可以被描述为精确、细心、善于分析、组织良好而自律。他们是富有自我牺牲精神的人，安静而谨慎，通常有艺术、诗歌和音乐方面的天赋。

弱点：忧郁型的人心情变化不定，经常是沮丧的。由于他们的绝望态度、消极性、不愿参与以及追求完美，容易将自己孤立起来。又由于他们有自我牺牲的特点，他们不愿意拒绝他人，容易屈从，从而导致被人驱使。他们可以变得非常苛求、敏感或好报复。忧郁型的人对新人或新的处境会害怕或怀疑，特别是，如果他们有过失败的经历，他们可能被人们当作不可交往的人对待。

P——冷静型或平和型

定义：冷静型的人具有镇定、沉着的特点，因而经常被看作没有感情的人。很难鼓励他们采取什么行动。他们理解和处理事情犹如解谜一般。他们愉快而放松，总是若无其事地坦然一笑，所奉行的口头禅是"不要担心，快乐行事"。

优势：冷静型的人沉着老练，紧急情况下有他们在身边最好。他们随和而可爱，实际而可靠，容易组织，耐心容忍，幽默风趣，别人并不感到有趣的事情在他们看来可能会很可笑。他们容易与各种类型的人建立关系，是非常好的外交家。有矛盾发生时，他们是最好的协调者和解决者。

弱点：冷静型的人具有缺乏动机、懒惰和无动于衷等弱点。他们犹豫不决而易于自私。他们固有的若无其事的特点使人们认为他们事不关心、冷淡或不友好。他们可能会看大量的电视节目，愿意遇事旁观而不是参与。

如果你希望做成事情，就和 C 型的人合作！

四、心灵鸡汤

人，认识你自己

在古希腊的奥林帕斯山上，有一座神殿，神殿里有一块石碑，上面写着："人，认识你自己。"宙斯众神们觉得人类没有真正地认识自己，就派了"狮身人面"的怪兽斯芬克斯来到人间，她整天守在过往行人必须经过的路上，重复让众人猜一个谜:"什么动物早上用四条腿走路,中午用两条腿走路,而到了晚上则用三条腿走路?"如果行人能够答对谜底,她就放他过去,否则她就把他吃掉,这样时间一天一天地过去,没有人能答出来,所以众多的行人也就成了她的口中之物。终于有一天,一个叫俄狄浦斯的年轻人来到她的面前,说出了这种神奇动物的名字——人,斯芬克斯听到这个回答后就跳崖自杀了,当俄狄浦斯回答出谜底时,我们也就真正了解了人类自身成长、发展、衰老的过程。

五、心灵拓展

画 树 测 验

目的:通过画树测验,分析个人的个性特点、风格、心态与心境,以及近期的心理健康水平。

活动人数:人数不限。

活动时间:大约8分钟,以学生基本自愿停笔为界。

材料:一套彩色笔,一张白纸,你的大脑加想象。

画树测验的基本解释

(1) 树所在的季节代表心情或生命力。如果在春夏,说明心情开朗、生命力旺盛;如果在秋(秋天但没有果实,更关注于落叶)冬季,说明心情压抑,生命力淡薄;如果在秋天(倾向于强调收获、果实),则说明有成就感或者觉得有希望。

(2) 树的对称性代表对过去和未来的关注及内外向区别。通常认为左边代表过去,右边代表未来,如果所画的树左边部分大于右边,说明相对关注过去,反之则关注未来。如果左侧有阴影,说明偏内向;右侧有阴影,则偏外向。

(3) 树冠代表表现力。如果树冠茂盛,说明表现力较强;否则说明缺乏表现力,有衰竭感。但是,树冠相对于树干而言如果过大,则说明有自恋倾向。

(4) 树干代表生命力、能量。两端大中间窄的花瓶状,是多数人的画法,说明比较擅长具体思维,对真实世界把握较好。如果树干过细,说明体会到不稳定感,生命力弱或缺乏支持;如果树干是曲线,说明活泼;如果线条不连续,说明敏感,易激动;如果是两条平行直线,说明缺乏想象力,重逻辑。

(5) 树根代表控制力。如果没有体现出树根,则说明缺乏控制感;有树根,说明做事执着。但如果地平线下的树根也画出来,说明不成熟,思想有幼稚倾向。

(6) 地平线代表控制力、心理稳定性、与他人关系。没有画地平线,使得整个树悬空,则说明缺乏控制力和现实感。如果地平线水平,说明行动规律有控制力;不水平,说明可能和他人孤立。

(7) 果实代表成就或期望。如果树上没有画出果实,说明没有体会到强的成就感或者目前没有太大的期望；如果有果实但太多，说明期望太高，要注意调整；如果是落下来的果实，则代表过去的创伤经验。

(8) 树叶代表完美意识。如果对每一片叶子都精细描画，说明可能是个完美主义者。如果画的是阔叶，说明可能愿意与人交往；如果是针叶，说明体会不到足够的关爱。

(9) 附加物的意义：如果在树上画了小鸟，说明渴望自由；如果画了鸟巢，说明恋家；如果画了树洞和动物，说明需要保护，需要依赖他人的感觉；如果画了云朵，说明是个浪漫的人；如果画了太阳，在右边说明对未来充满希望，在左边说明对过去有着美好的回忆，如果太阳被云朵遮住了，说明可能遇到了困难。

测验讨论
(1) 你在分析图画的过程中对自己有了哪些新的认识？
(2) 这些认识对你今后的成长有何益处？

(资料来源：豆丁网. http://www.docin.com/p-626125675.html)

六、心灵感悟

(1) 通过本节的学习你对自己有哪些新的认识？
(2) 通过对自己的认识，你觉得在生活中的自己应该有哪些改变？

第二节　接纳自我　热爱自己

一、生活链接

我的身材很难看

每个周一都是刘云最不痛快的一天，因为周一学校要举行升旗仪式，所有的学生一律穿统一的校服。刘云所在的学校有两身校服：一身是蓝色的运动衣；另一身是红色的上衣，白色的裤子。学校规定周一必须穿红上衣白裤子，刘云因为较胖，因此每到周一刘云就会觉得全校人的眼光都在盯着她看，特别不自在。有几次，她穿了蓝色运动裤，并跟老师撒谎说白裤子洗了未干，结果老师批评她使班级在评比中丢分，让她下次必须穿白裤子。看到其他女同学穿红上衣白裤子，苗条、洒脱的样子，刘云也很羡慕，可为什么自己穿上就不好看呢？

(资料来源：郑日昌. 心理健康自助读本. 北京：人民教育出版社，2005)

每个人都是无价之宝

在一次讨论会上,一位著名的演说家没讲一句开场白,手里却高举着20美元的钞票。面对会议室里面的听众,他问:"谁要这20美元?"一只只手举起来。他接着说:"我打算把这20美元送给你们中的一位,但是在这之前,请允许我做一件事。"他说着将钞票揉成了一团,然后问:"谁还要?"仍有人举起手来。他又说:"那么,假如我这么做又会怎么样呢?"他把钞票扔在地上,又踏上一只脚,并且用脚碾它。而后,他拾起钞票,钞票已经变得又脏又破。"现在谁还要?"

仍有人举起手来。

"朋友们,你们已经上了一堂很有意义的课。无论我如何对待那张钞票,你们还是想要它,因为它并没有贬值,它依旧值20美元。人生路上,我们会无数次地被自己的决定或碰到的逆境击倒、欺凌甚至碾得粉身碎骨。我们觉得自己似乎不值一文。但无论发生什么,或将要发生什么,在上帝的眼中,你们永远不会丧失价值,在他看来,无论肮脏或洁净,衣着整齐或不整齐,你们都是无价之宝。"

(资料来源:郑日昌. 心理健康自助读本. 北京:人民教育出版社,2005)

二、心海导航

自我接纳是指个体对自身以及自身所具特征所持的一种积极的态度,即能欣然接受自己现实中的状况,不因自身优点而骄傲,也不因自己的缺点而自卑。

自我接纳是建立在自我认识的基础上的,由于自我认识的发展,伴随着一个人的自我专注越来越强烈。自我接纳是从自我接受到自我负责的心理过程。其特点是,坦然地接受自己的长处和不足,客观地评价和肯定自己的价值,不会过多地抱怨和谴责自己,能自我负责。这是一种健康的自我意识。

此外,自我接纳是人天生就拥有的权利。一个人并非要有突出的优点、成就或做出别人希望的改变才能被接纳。

1. 自我接纳与个人成长的关系

自我接纳是人健康成长的前提。一个人如果不接纳自己,连自己的问题都不敢正视,那他怎么能引导自己向上呢?更何况,在生活中,不接纳自己的人常会把很多能量用在自我否认和排斥上,带着那么多对自己的不满、失望,甚至否认和拒绝,又怎么可能成长?

自我接纳加上能力,这是构成自信的两大基石。

有自我接纳,有不断自我完善的动机和行为,总有一天,就会具备能力,并最终具备自信。

所以,自我接纳是自信的起点。从自我接纳出发,不仅可以让一个青少年早日摆脱自卑这一"青春病",更可以让其早一天走向自信。

进取与自我接纳的关系是怎样的呢?

接纳自己的人未必一定会进取,但是,不接纳自己,也很难有较大的进步。

进取心有两种:一种是追求成长,一种是避免失败。不接纳自己的人,他的进取心更多地用在了避免失败上,因为他不信任自己,所以,很难鼓起勇气对自己提出高要求。结果就是,他无法取得建设性的进展。

2. 自我接纳的方法

(1) 停止与自己对立

停止与自己对立是指停止对自己的不满和批判。不论自认为做了多少不合适的事,有多少不足,从现在起,都停止对自己的挑剔和责备,要学习站在自己这一边,维护自己生命的尊严和价值。

心理暗示:"不论我的现状如何,我选择尊重自己的生命的独特性。"

(2) 停止苛求自己

具体说就是,允许自己犯错误,但在犯错后,一要做出补偿,以弥补自己的错误造成的损失;二要不重复,也就是一个错误不犯两遍。

心理暗示:"不论做错了什么,我选择从中吸取教训,我选择不重复,而不是不断地责备自己。"

(3) 停止否认或逃避自己的负性情绪

如果产生了负性情绪,不要去抑制、否认或掩饰它,更不要责备自己,对自己生气。要先坦然地承认并且接纳自己的负性情绪,不论它是沮丧、愤怒、焦虑还是敌意。

人产生负性情绪是很正常的,它提醒你对现状要有所警觉,是改变现状的先决条件。如果一个人不为自己的成绩差而沮丧,他就不会想努力学习;如果一个人不为和别人的矛盾而苦恼,他就不知道自己的人际交往方式需要调节。

所以,不要怕产生负性情绪,也不要否认或逃避。首先要接纳它,然后再想办法解决引起负性情绪的问题。

心理暗示:"不论我产生什么样的负性情绪,我选择积极地正视、关注和体验它,我将从中了解自己的思想和问题,并给以建设性的解决。"

(4) 无条件地接纳自己

绝大多数人从小就受到种种有条件的关注,或者严格的管束,致使很多人以为只有具备某种条件,如漂亮的外表、优秀的学习成绩、过人的专长、出色的业绩等,才能获得被自己和他人接纳的资格。于是,很多人因此背上了自卑的包袱。由于曾经被挑剔,也就逐渐习惯于用挑剔的目光看待自己,越看越觉得无法接受。所以我们要学习做自己的朋友,站在自己这一边,接受并且关心自己的身体和心理状况,不加任何附加条件地接纳自己的一切。

心理暗示："不论我有什么优点和弱点，我首先选择无条件地接纳自己。"

3. 关于扬长避短和取长补短

能否接纳自己是一个人能否具备自信和追求成长的前提，但是，如果一个人止于接纳，他就很难有发展和成长。

(1) 以建设性的态度和方法对待自己的弱点和错误

如果一个人能够正视并且接纳自己的弱点，那么，弱点也是有意义的。首先，它让我们懂得自己的局限性，使我们不至于狂妄自大，并且使我们懂得尊重有相应长处的人；其次，能正视自己的弱点，不把时间花在自责和沮丧上，集中精力去发掘自己的优势，这样就可以少走弯路。

只要我们能吸取教训，那么，错误就会成为我们的老师。因为，从修正错误中学习经验，是学习的主要方式之一。

(2) 尽可能扬长避短、发挥优势，不到万不得已不必取长补短

如果我们的优势是学文，就不要跟潮流去学理。我们可以尽量发挥文科的优势，而不必强迫自己把理科也学得很棒。

但是，如果是一个必须得学好数学的经济院校的学生，不论我们多么喜欢文科、讨厌数学，我们都要遵守游戏规则，把数学学好。此时，我们不能避短，而且也没有可能避短。

这时，我们就只能取长补短(取别人数学之长补自己数学之短)，同时又要注意扬长补短(扬自己文科之长补自己数学之短)。

4. 学习接纳他人

仅仅对自己的接纳是不够的。个人和社会要想进入良性循环，就需要与他人合作，而一个不能接纳他人的人，无法与他人友好合作。

其实，真正接纳自己的人也会接纳别人，而无法接纳他人的人也不能接纳自己。

一个不接纳自己的人，无法容忍自己的弱点。可是，他内在的生命尊严拒绝接受这一否定。当两者间的冲突导致焦虑后，就会出现投射，即把自己不能接受的东西说成是别人所有的，就成了别人不能接纳他。既然别人不能接纳他，他当然就无法接纳别人。这是在人的无意识中发生的，从不接纳自己到不接纳他人的心理过程。

我们可以从一个人能否自我接纳，来推断出他能否接纳别人；也可以从一个人能否接纳他人，推断出他是否接纳自己。所以，如果我们能够学会真诚地接纳自己，就会很自然地去接纳别人。

当然，我们也可以从学习接纳别人入手，尝试着接纳自己。如果接纳别人，尊重别人，别人通常也会对我们做出积极的回应。久而久之，在别人对我们的接纳里，我们会感到自己的价值与生命的尊严，于是，自我接纳便会产生，其结果殊途同归。

使别人感到被接纳的方式有很多，最主要的有：

(1) 倾听。与人交往时能不加评论地、认真而又耐心地倾听别人的述说。

(2) 尊重别人。即不论对方怎样，都尊重对方生命的尊严。

(3) 假如你想与之交往，一定要主动。让对方首先感受到你的友好与诚意。

(4) 能够发现并且表达对别人优点的欣赏。"每个人都喜欢喜欢自己的人"，真诚地表达欣赏从来都是能迅速地进入他人视野的捷径。

三、反观自我

自我意识训练

寻根，即追寻自己自我意识的发展历程

自制第一个表格，包括如下内容：

(1) 父母眼中的我。

(2) 亲戚长辈眼中的我。

(3) 老师眼中的我。

(4) 同学朋友眼中的我。

(5) 自己理想中的我。

(6) 现实生活中的我。

我是一个独特的人，一个与众不同的人

自制第二个表格，包括以下内容：

(1) 我的长处及其来历。把自己的长处一一列出，并说明每一条长处是怎么来的，主要是受了谁的影响。

(2) 我的欠缺和不足及其来历。把自己的不足之处一一写出，并写明每一条不足是怎么来的，主要是受了谁的影响。

承认自我，接纳自我

自制第三个表格，包括以下内容：

(1) 把自己的长处再次一一列出，并说明这些长处对自己今后发展的好处。

(2) 把自己的不足也再次一一列出，并说明这些不足对自己今后的发展造成什么样的障碍和限制。

进一步认识自我、评价自我

自制第四个表格，包括以下内容：

(1) 身心的我。描述你喜欢自己生理和心理的一面有哪些，再描述你不喜欢自己生理和心理的一面有哪些。其中心理的自我描述必须深刻，要靠自我负责的态度才能有效。

(2) 现实的我。描述现实生活中自己的表现和感受，以及从别人眼中所反映出来的你。

(3) 理想中的我。全方位地描述你希望自己成为一个什么样的人。

(4) 描述"我是谁"。尽量多侧面地描述自我。如果不在老师的指导下能从生理自我、心理自我、社会自我进行深刻的描述，则是一个较好、较全面的认识。

在自愿的基础上同学之间可以互相交流和分享，但不勉强。

四、心灵鸡汤

发现自己的长处

有一次，我的一位同学告诉我："你知道吗？我非常羡慕你的聪明。你总是抢在别的同学之前回答出老师的问题。"我听了之后大吃一惊，因为我是我们班当时公认的"学习机器"。自己不禁飘飘然起来。晚上回到家，我很得意地向家里人宣布了这个令我眉飞色舞的消息。爸爸看了我一会儿，说："我觉得你是很聪明的，但是更重要的是你必须学会怎样利用你的聪明。"

必须感谢我的同学和我的父亲，他们教会了我两件事：

(1) 我们可能忽视了我们自己身上的某些长处。

(2) 必须知道我们所忽视的长处正是我们没有充分利用的。

太多的日子里有太多的人们都在感叹自己没有钱，没有聪明才智，没有刻苦的精神，甚至没有人爱自己。其实，我们都在捧着金饭碗讨日子。

有这样一个故事。

一位少年对一位老年人抱怨自己没有钱，没有地位，也没有人爱他。老年人说："这样吧！我们来做一个交换。你把你的手给我，我给你 100 万美元。"少年吃了一惊："你给我 1000 万美元也不成！"老年人又说："那把你的双脚给我，我让你当州长。"少年摇头说："你让我当总统也不行。"老年人再次建议："把你的双眼给我，我让你娶全国最美丽的女子。"少年毫不犹豫地拒绝了："就是给我一个天仙，也买不了我的眼睛。"老年人奇怪地说："你有一双超过 1000 万美元的手，重要程度超过总统地位的脚，和比天仙还要紧的眼睛，你还缺什么？"少年恍然大悟。原来自己身上有着非常重要的东西，然而自己却从来没有注意过这些，更不用说充分利用自己身上的长处了。

年轻的朋友们，请你们喜欢自己，积极地面对身边发生的事。也许你长得不像影星，歌喉也不优美，而且不懂得旋律，但是我相信，也许你在运动场上是一个运动健将，也许你的学习成绩名列前茅，也许你有一个幸福的家庭。我相信，你一定有属于自己的美丽动人。

对于我们的任何经历,不要斤斤计较其成败得失,关键是我们在经历中学到了什么。每个人都有自己尚未发现的长处,朋友,我们都一样。如果你没有成功,则是你的努力和奋斗的回报还没有到来,千万不要抱怨自己和别人,而要接受失败的教训,了解自己的优势,再做新的打算。如果我们总能在黑暗之中看到光明,那么,相信我们的世界会有一些意想得到和意想不到的精彩。

五、心灵拓展

成功的七个关键因素

七项促使成功的因素是:心灵的平安、健康与动力、爱的关系、不受钱财的困扰、有价值的目标与理想、自我的认识、自我实现的意念。下面是分析你在这七项成功的因素中所拥有的状况:1 代表完全消极的情况,你没有这七项成功的因素;10 代表完全积极的情况,你完全拥有这七项成功的因素。先将你认为能表达自己现状的数字圈起来,再以*表示你期待自己达到的程度。

(1) 我可以完全不受恐惧、压力、焦虑、缺乏以及其他消极因素的影响。
(深受影响)1 2 3 4 5 6 7 8 9 10(完全不受影响)
a. 你曾经在什么样的情况中,不管过去或现在,感觉到能以平和的心面对自己以及外在的环境?
_____

b. 在什么样的环境中,你曾感觉到一点点平安的气氛?
_____

c. 你现在能够有些什么积极的动作,能够使你增加心灵中的平安?
_____

(2) 我有健壮的身体与无穷的生命活力。
(时常生病,常感疲倦)1 2 3 4 5 6 7 8 9 10(无穷活力和健康)
a. 有哪些健康的习惯,能促使你有强壮的身体与无穷的活力?
_____

b. 有哪些生活的习惯,能使你失去健康的身体与生命的活力?
_____

c. 从今天起,你可以采取哪一项改变,来促使你的健康?
_____

(3) 在我的人际关系中,我可以正常地与他人建立起爱的关系。

(常有孤单的感觉)1 2 3 4 5 6 7 8 9 10(建立正常的爱的关系)

a. 你与谁的关系最密切，为什么呢？
_____

b. 你与谁的关系最冷淡，为什么呢？
_____

(4) 我可以完全不受钱财困扰。
(常感觉钱不够用)1 2 3 4 5 6 7 8 9 10(完全不受钱的困扰)

a. 你目前的年收入是多少？
_____

b. 你期待自己的年收入是多少？你希望自己能赚进：

第一年￥_____　　两年后￥_____

五年后￥_____　　十年后￥_____

c. 从今天开始，你可以采取一些什么步骤，以达到不受钱财困扰的目标？
_____

(5) 我有明确的目标及理想，使我的生活充满意义。
(完全没有方向)1 2 3 4 5 6 7 8 9 10(有明确的目标)

a. 在你现在的生活中，什么是你最重要的目标？
_____

b. 你可以采取一些什么步骤，使你达到这个目标？
_____

c. 在你与你的目标间有些什么障碍？
_____

(6) 我完全了解我自己，也知道我为什么做我正在做的事情。
(完全不明白)1 2 3 4 5 6 7 8 9 10(完全了解)

a. 你感觉到是哪一项个人的特质，使你拥有今天成功的形象？
_____

b. 你感觉到是哪一项个人的缺点，使你无法获得成功？
_____

c. 假如你将自己的一生拍成电影，你会取一个什么样的片名？
_____

d. 你希望别人用哪一个字形容你？
_____

(7) 我真诚地相信，我可以实现我设定的任何目标。
(无法达成)1 2 3 4 5 6 7 8 9 10(完全可以实现)
a. 你个人对自我实现所下的定义是什么？
_____

b. 在你生活的哪一方面，你最满意自己的表现？
_____

c. 为了提升你生活的品质，今天开始你可以做哪些改变？
_____

六、心灵感悟

(1) 请你谈谈生活学习中接纳自己、接纳别人的重要性。
(2) 通过本节的学习，你觉得在生活中应怎样悦纳自己、肯定自己？
(3) 通过本节的学习，你觉得在生活中应怎样悦纳他人？

第三章

生命教育——让生命开满繁花

第一节　树立理想　确立目标

一、生活链接

面对长大，你准备好了吗？

今天是小王同学18周岁的生日，从今天起，他不再是个孩子了，从今天起，他就可以做自己的主人了，真是太好了。

"今天我的儿子18岁了，说说看，你准备怎么过这个生日呢？"爸爸笑眯眯地问他。

"如果可以的话，我想自己做一次主？"小王试探性地回答。

"可以，那你准备怎么做这个主呢，可以说给爸爸听吗？"爸爸点头说。

"不行，你既然答应让我自己做主，那我就没必要和你说我的计划，你只要把活动经费给我就可以了。"

"可以。"

于是爸爸走进房间。一会儿爸爸出来了，手里拿了一个封好的信封说："这是你的经费，要用的时候打开它。"

小王拿到信封后，开心地不得了，立刻约了几个好朋友来到一家很有气派的量贩式KTV，准备在这里和朋友一起过这个18岁的生日。当朋友们一通玩乐后，聚会接近尾声，小王叫来服务生："结账！"随后服务生把账单递给小王。小王看过账单，马上掏出爸爸给的信封，准备打开它用来结账。谁知，在信封里只有一张字条并无其他，小王拿起字条仔细一看，原来上面写着一句话："儿子，从今天起，你成人了，生日可以自己做主，费用当然也要自己解决，爸爸！"看着字条，小王傻了，没想到爸爸竟然会如此。

在朋友诧异的眼神下，小王尴尬地拿出手机给爸爸打电话。

不一会儿，爸爸来了，笑眯眯地看着极为尴尬的儿子，缓缓地说："长大，是人生的一种经历；渴望长大，是一种非常正常的现象。可是，你为自己的长大做好准备了吗？"

(资料来源：http://max.book118.com/html/2015/0310/13146679.shtm)

二、心海导航

18岁是标志着成人的一个界限，意味着我们长大了，将作为一个独立的个体立足社会。那么，你认为长大、成年对我们每个人来说意味着什么呢？

成年意味着：_____

成年意味着：_____

成年意味着：_____

三、反观自我

我的人生方向盘

长大，是我们每个人都必经的一个过程，如何把握好自己的未来方向盘，让自己更好地去适应长大，适应生活呢？让我们做一个见证，一起描绘美好的未来！

信心的方向，我应该：_____

生活的方向，我应该：_____

能力的方向，我应该：_____

四、心灵鸡汤

老鹰的蜕变

老鹰是世界上寿命最长的鸟类，可以达到70岁。要活那么长的时间，它在40岁时就不得不做出艰难却重要的决定。

当老鹰活到40岁时，它的爪子开始老化，无法有效地抓住猎物；它的喙变得又长又弯，几乎碰到胸膛；它的翅膀变得十分沉重，因为它的羽毛长得又浓又厚，使得飞翔十分吃力。

对此，老鹰只有两种选择：等死，或经历一个十分痛苦的成长更新过程。

150天漫长的操练，老鹰必须很努力地飞到山顶，在悬崖上筑巢，停留在那里，不得飞翔。

老鹰首先用它的喙打击岩石，直到自己的喙完全脱落，然后，静静地等待新的喙长出来。

它会用新长出的喙把指甲一根一根地拔出来。

当新的指甲长出来后，老鹰便把羽毛一根一根地拔掉。

5个月以后，新的羽毛长出来了，老鹰开始飞翔。

蜕变使得老鹰又长大了。

(资料来源：作业帮．http://www.zybang.com/question/eeb41cac5d817b0ca59119f5e9eaca45.html)

五、心灵拓展

寻找身边的"金点子"

活动所需材料

广告纸若干(随小组数量决定)，彩色笔若干，彩色便贴纸。

活动步骤

热身导入：分小组同时确定组长。

(1) 根据班级人数，每位同学一张碎片(碎片是从大图中剪出来的)。

(2) 每位同学记住自己所拿的碎片，到班级中寻找其他碎片以拼出图。

(3) 每拼出一幅图，所拼图片的同学即组成一个小组(全班可分为8个小组)。

(4) 每组中拿到指定碎片的同学担任本组组长，负责小组内各项工作的协调。

(5) 请每组组长到老师处领取活动所需用品(广告纸1张、彩色笔若干、便贴纸)。

引出主题：你长大了吗？

(1) 请同学们仔细想一想你长大的感受，包括学习及生活，自己在哪些方面已经很好地面对长大了呢？我们有些已经适应了，非常好，还有哪些方面不适应而令我们感到困惑呢？请同学将不适之处写在广告纸上，同时可以用不同颜色或图案表自己的心情与感受。

(2) 看到同学们都将自己的情绪表达出来，也意味着我们在面临长大的过程中，还有很多不适应的地方，还存在着很多需要解决的困难。我们常说，有了困难就要及时去处理解决，否则时间久了，会更加影响同学们的学习与生活。在这些问题中，有的同学已经适应了，而有的同学却还不能更好地解决，那么下面的时间，我们大家就一起来想办法解决。

(3) 将各小组已经写好的广告纸，随机地再和其他小组进行交换，一起去解决纸上所出现的问题，有些问题在某些同学身上也许已经处理好了，那么就请大家真诚地帮助其他同学解决这些困惑，用便贴纸贴在相应的位置，可以用合适的颜色和图案表达鼓励。

(4) 每小组同学解决好问题之后，各小组组长将本组情况进行总结并进行班级汇报交流。

(5) 将各小组典型的发言逐条记录在黑板上。

活动讨论

在聆听了其他人的建议后，同学们继续分小组讨论，体会收获，将身边的"金点子"好好地利用起来。

六、心灵感悟

面对已经长大的自己，你是如何分析未来的你呢？请进行客观的分析和思考，并整理出你认为最能代表你的一些说法。综合一下，你对自己有什么新的认识呢？

遇到未来的自己，我觉得我是个＿＿＿＿的人，因为当＿＿＿＿的时候，我会＿＿＿＿＿＿＿＿。

第二节　珍惜生命　学会感恩

一、生活链接

断臂钢琴师——刘伟(中国达人秀总冠军)

刘伟，北京人，生于 1987 年，10 岁时因触电意外失去双臂，伤愈后加入北京市残疾人游泳队。2002 年，在武汉举行的全国残疾人游泳锦标赛上，一举夺得了两金一银；2005 年和 2006 年连续两年获得全国残疾人游泳锦标赛百米蛙泳项目的冠军；2010年7月，获《中国达人秀》总冠军。

2010年，失去双臂的刘伟来到"吉尼斯中国之夜"发起挑战，当时他带去的"绝活儿"却是用脚打字。当天刘伟坐在电脑前用脚操作键盘，于一分钟内打出231个字母，成为全世界用脚打字速度最快的人。

刘伟坚强语录

我从来没有把自己当什么特殊群体，就是你们用手做的东西，我用脚来做，只是换了一种方式而已，没有不一样。

没有手，用脚一样能弹钢琴。

摆在我面前的只有两条路：要么赶紧去死，要么精彩地活着。

谢谢他能这么歧视我，迟早有一天我会让他来看看。回望过去，他说：刚开始困难简直是一座山，但是后来通过努力拿到全国第一时，再回头看看困难只是一个小小的台阶。

珍爱生命，在生命的世界中，泰戈尔说："让生如夏花之烂漫，让死如秋叶之静美。"

(资料来源：网易新闻中心.http://news.163.com/12/0210/07/7PSS3 QVB00014AED.html)

二、心海导航

刘伟成功了，在他身上我们不仅看到了一种顽强的毅力，更看到一种面对生命的态度和精神。

有一位外科医生，在多年的临床实践中发现了一连串奇怪的现象：患心瓣堵塞症的患者，心脏奇迹般地增大，好像是在努力改变心脏存在的缺陷。另外，耳朵、眼睛和肺等器官，也莫不如此。

用积极的态度对待自己的弱点，有极其重要的作用，就是能产生一种弥补的心理，产生一种开发潜能、超越自我的强大动力。比如世界文化史上的三位怪才就是这方面的卓越典范：文学家弥尔顿是盲人，音乐家贝多芬双耳失聪，天才的小提琴演奏家帕格尼尼是哑巴。

作为一个健康的人，你有什么感想呢？

三、反观自我

人的一生总是充满着许多让我们感到意外的事情，正是因为有了这些意外，我们对人生才有期待，生命对我们来说亦是如此。那么我们人生的价值在哪里？怎么做才是珍爱生命呢？

假设1：当你身患绝症，感到万分痛苦时，你会：
  （　）继续生活下去
  （　）放弃生命

假设2：当你遭遇了让你感到十分绝望的处境时，你会：
  （　）继续生活下去
  （　）放弃生命

假设3：当你遭遇了一系列让你感到无法面对的打击时，你会：
  （　）继续生活下去
  （　）放弃生命

四、心灵鸡汤

"幸福"是什么

　　李老师在一所启智学校工作，教的是一群患有先天残疾的孩子。一次上课，当讲到"幸福"这个词的时候，他忽然顿住了，因为他不知道该怎样向这些不幸的孩子们诠释幸福这个美好的字眼。在常人看来，这些孩子从小到大，似乎根本就没有过关于幸福的体验。

　　好在这位聪明的李老师灵机一动，将孩子们分成面对面的两组，一组是失明的孩子，一组是聋哑的孩子，在他的启发下，失明的孩子们说，最幸福的事情是能见到阳光；聋哑的孩子们打着手语说，最幸福的事情是能听到声音。通过李老师的传递，这两组孩子交换了答案。孩子们感到很惊讶，原来别人渴望而不可得到的幸福我却早就有了呀。于是，这些孩子们明白了幸福的含义，也感受到了幸福的存在。

　　在游戏中，大家都玩得很开心，也听到了很多次幸福这个词。

(资料来源：道客巴巴.http://www.doc88.com/p-6701898672545.html)

五、心灵拓展

生　命　树

活动所需材料

每人一张彩纸、一支彩色画笔、一支胶水、一把剪刀。
舒缓的音乐。

活动步骤

(1) 教师先请学生把彩纸剪成树叶的形状，接着利用彩色画笔在广告纸上画下一棵学生自己心中的生命树。

(2) 教师带领学生讨论生命中哪些是重要的东西，并一一画在树叶形状的彩纸上(一片叶子代表一样学生心中认为的生命中重要的东西)。

(3) 教师请学生把写好的彩色叶子粘贴在自己的生命树上。

(4) 教师请学生将制作完成的生命树相互观摩并交流。

活动讨论

教师引导学生做综合讨论：每个人的生命中最重要的东西都不一样，有多有少，有有形的也有无形的，希望经过这个活动，每个人都能思考在你生命中最重要的东西是什么，然后好好地珍惜爱护，懂得感恩惜福，同时，体谅尊重别人的不足，学会帮助与分享，你和别人的生命树将会更有活力。

六、心灵感悟

在这个世界上，每一个生命都有他存在的价值，对于人，没有什么比他自己的状态更为重要的了。生命是我们对自身存在的思考、追问和反省！

请你想一想：

生命之所以珍贵，是因为它：_____

珍爱生命，我们可以从哪些事情做起：_____

第三节　热爱生活　抗拒诱惑

——AIDS 离我们并不远

一、生活链接

想上学的小夏青

9 岁的小女孩夏青(乳名)被感染上艾滋病病毒，很可能与 7 年前的一场大病有关。

据夏青的爸爸张建启介绍，1995 年农历 5 月 28 日，两岁多的小夏青在睢县某医院因做肠坏死手术而接受输血。血输了不到 25 毫升，医生说血稠，小夏青就改输了妈妈的血。

1999 年年底，小夏青又得了血小板减少症，医生又给孩子输了四个单位的血小板，并连续输了三次血。这次所用的由河南某血站供应的血小板和血液，是经过医生全面检查的。2013 年 4 月份，小夏青发烧长达 50 天，身上开始起疱疹。

小夏青被送到河南省皮肤性病防治研究所检验，最后得出 HIVAb 阳性(初筛)的结论。2013 年 11 月，在好心人的援助下，张建启带着女儿从河南省睢县到北京地坛医院进行治疗。

在医院里，小夏青没有玩的地方，也接触不到其他孩子。有时候被带出医院，面对五彩缤纷的世界时，她会表现得异常兴奋。她睁着那双水汪汪的好奇的大眼睛，脸上挂着灿烂又有些怯生生的笑容，左右顾盼着。

她和其他孩子一样，喜欢去动物园，她能久久地伫立在笼子前，望着她喜爱的小猩猩和金丝猴；她也会撒娇耍赖，坐在地上哭着嚷着不回病房。

来自河南睢县河堤乡的张建启，谈起女儿的病一脸愁容。小夏青现在还没有开始用药，如果用药的话，每月医疗费大概要 5000 元，这相当于张建启在外面打零工一年的收入。

瘦弱而聪明的小夏青对这些事情还不能完全理解。她知道有许多人关心她，也知道自己得的是艾滋病，但她不知道艾滋病对她有什么危害。

因为有病，9岁的小夏青至今没有上学。但她总是微笑着，拿着那本心爱的看图识字书，用她清脆的童音大声朗读，也会拿着铅笔在本子上认真地写着画着。

小夏青对张建启说得最多的一句话是："爸爸，我们回家吧，我想上学。"

爸爸流着泪，什么也说不出。

(资料来源：新浪新闻中心．http://news.sina.com.cn/s/2003-12-01/ 09121223554s.shtml)

二、心海导航

艾滋病是不可治愈的，但是艾滋病是可以预防的。如果每个人的预防工作都做得比较好的话，我们是完全可以杜绝艾滋病的。

青少年在预防艾滋病的队伍中是主力军，青少年参与到预防艾滋病的行动中是非常重要的。青少年在走进成人世界的时候，只有从自我做起有效地预防，艾滋病才会被有效地遏制。

请你积极地参与到预防艾滋病的行动中来！

三、反观自我

你知道吗？

(1) 艾滋病的全称是什么？_____

(2) HIV 是什么？_____

(3) 艾滋病的传播途径有哪些？_____

(4) 世界艾滋病日是哪一天？_____

(5) 怎么做可以预防染上艾滋病？_____

(6) 具有传染性的体液有哪些？_____

(7) 艾滋病感染者与艾滋病病人有何区别？_____

(8) 艾滋病的危害有哪些？

对个人：_____

对家庭：_____

对社会：_____

参考答案：(1) 获得性免疫缺陷综合征；(2) 艾滋病病毒；(3) 性传播、血液传播、母婴传播；(4) 12 月 1 日；(5) 安全性行为、安全注射行为(不发生婚前性行为、不使用毒品、正确使用安全套、不要因为任何原因和他人共用针头或注射器、处理血污时戴乳胶手套);(6) 血液、精液、阴道分泌液、乳汁;(7) 艾滋病感染者免疫系统没有受到破坏,外表看起来和常人一样,无异常症状。艾滋病病人免疫系统受到严重破坏,出现明显的临床症状,最终死于严重感染或肿瘤。两者的共同点是都具有传染性。

四、心灵鸡汤

飘扬的红丝带

1996年1月联合国艾滋病联合规划署成立,将红丝带作为一个重要元素纳入到了该机构的标志之中,同时将红丝带所表示的含义归纳为三个方面:

(1) 关心与关注。红丝带表示人们对艾滋病问题的关心与关注,特别是对那些艾滋病病毒感染者、艾滋病病人、被艾滋病夺去生命的人,以及那些为受到艾滋病直接影响的人提供关怀和帮助的人。

(2) 希望。红丝带象征着希望,希望能够早日成功地研制出预防艾滋病的疫苗和治愈艾滋病的方法,改善艾滋病病毒感染者和艾滋病病人的生活质量。

(3) 支持。红丝带表达的是支持,支持那些艾滋病病毒感染者和艾滋病病人;支持预防艾滋病的宣传教育活动;支持研究有效疫苗和治疗方法的种种努力;支持那些被艾滋病夺去亲人和朋友的人。

(资料来源:39健康网. http://aids.39.net/yf/cs/0910//22/1035340.html)

五、心灵拓展

你处在危险中吗?

活动所需材料

空白卡片若干张,数量视学生人数而定。每张卡片上按次序写有①②③的编号,卡片背面注明编号1,2,3,……。

活动步骤

(1) 把空白卡片发给学生。

(2) 请学生先在卡片上编号①的位置签上自己的名字,然后任意找另外的两个同学依次在编号②和③的位置上签名,签好后回到自己的座位上;每位同学也只能给两个同学签名。注意,不能相互签名。可先做示范。

(3) 在学生中找一名志愿者作为计时员,老师宣布签名后开始计时,记录整个签名过程需要多少时间。

(4) 好的,签名结束了,现在请大家看看卡片背后的号码,我们请编号为7、17、

37、47、57 的同学站起来，假设在签名活动开始前这些同学就已经感染了 HIV，再假设刚才的签名活动是感染 HIV 的高危行为，谁与这些同学发生了高危行为呢？你已经处在危险之中了。请先站起来的同学依次读出给他签了名字的同学名字(也站起来)，直到没有新的被念到名字的同学站起来为止。好的，现在我们来看看有多少个幸存者。

(5) 请计时员报告整个游戏用了多少分钟，用总时间和"被感染"的同学的比例说明艾滋病的传播速度。

(6) 采访 HIV 携带者(最初站起来的几个同学)：如果你事先就知道自己是 HIV 携带者的话，你还会让别的同学给你签名吗？或者你还会去给别的同学签名吗？

(7) 采访后面站起来的同学：你现在知道自己处于危险中了，你的感受如何呢？恨那个让你陷入危险之中的同学吗？你会不会去疾控中心做检测呢？

(8) 请后面站起来的同学抽一个信封，里面是你的检测结果，分别提问检测结果为阴性和阳性的同学有何感想？

活动讨论

现在，你还敢说艾滋病离你很遥远吗？在短短的几分钟里 HIV 感染者由 5 个发展到了 X 个，从刚才的游戏中，大家感受到了艾滋病流行有哪些特点了吗？(速度快，范围广)

从最初的只有几个 HIV 感染者发展到了全班大部分同学都感染了 HIV，打个比喻，人类社会如果是一片森林，那么最初的艾滋病病毒感染者就是森林里的几处火星，如果不及时采取有效的措施，就有可能毁掉整个森林。今天，艾滋病在全球范围内已不再是几处火星了，我想问问大家，七大洲中有没有哪一个洲没有人感染 HIV 呢？只有冰天雪地没有常住人口的南极洲才没有艾滋病病例报告，其他各洲都留下了艾滋病这个恶魔的踪影。

六、心灵感悟

青少年如何预防艾滋病？
做到以下这些：
(1) 不发生婚前性行为。
(2) 不以任何方式吸毒。
(3) 不轻易接受输血和使用血液制品，如必须使用，则要求提供 HIV 病毒检测合格的血液制品。
(4) 不与他人共用针头、针管、纱布、药棉。
(5) 不去消毒不严格的场所打针、拔牙、穿耳孔、纹身、纹眉、针灸或手术。
(6) 避免在日常救护时沾上出血者的血液。

(7) 不与他人共用可能刺破皮肤的工具，如牙刷、剃须刀。

请谈谈学习本节课之后的感受。

第四节　热爱生活　抗拒诱惑

——让毒品远离我们

一、生活链接

盘点近年来明星吸毒的名单明星为什么要吸毒

最近这几年，明星吸毒事件的曝光率越来越高。

2014年：李代沫、张元、宁财神、何盛东、高虎、柯震东、房祖名。

2011年：莫少聪、孙兴、谢东、谢天笑。

2010年：高明骏、李小俊、贾宏声。

以上吸毒者都是明星，他们吸毒缘由大概有以下几点：

(1) 资金待遇不再丰厚，不再走红，精神压力，生活压力，名誉压力。

(2) 时间太充裕，精神空虚，无事可做。

(3) 认为可以激发创作灵感。

(资料来源：中国时尚网.http://www.mshishang.com/a/20151113/43883.html l)

二、心海导航

明星吸毒在全社会引起强烈的反响，明星在公众中的形象大打折扣。更加让人震惊和担忧的是，有关资料显示，在我国吸毒人群中，35岁以下的青少年比例竟高达77%，而且他们初次吸毒的平均年龄还不到20岁，16岁以下的吸毒人数更是数以万计。吸毒人群的低龄化正在成为一个令人忧虑的社会问题。青少年已成为毒品的主要受害者。而青少年吸毒的原因复杂多样，如不健康心理、好奇、同伴和朋友的劝诱、家庭和社会环境的影响等。对毒品无知，是他们误入毒海的一个最常见的原因。

三、反观自我

毒品是什么呢？你了解多少关于毒品的危害呢？看看下面的题目，你知道多少呢？

(1) 毒品是指鸦片、海洛因、冰毒以及( )。
　　A. 农药　　　B. 摇头丸　　　C. 氰化物
(2) "禁绝毒品，功在当代，利在千秋"中的毒品指的是( )。
　　A. 老鼠药　　B. 海洛因等　　C. 砒霜
(3) "国际禁毒日"是每年的6月( )日。
　　A. 22　　　　B. 5　　　　　 C. 26
(4) 吸食、注射毒品是( )。
　　A. 合法行为　B. 犯罪行为　　C. 违法行为
(5) 吸毒能传播艾滋病是因为( )。
　　A. 毒品本身带有艾滋病病毒　　B. 吸毒者共用针具注射毒品
　　C. 吸毒者相互接触
(6) 下列关于戒毒的说法正确的是( )。
　　A. 戒毒有特效药　　　　　　　B. 毒瘾能够轻易戒除
　　C. 戒毒主要靠个人意志力
(7) 对吸毒行为的正确看法应该是( )。
　　A. 个人的目的　B. 违法的　　C. 不影响家庭社会
(以下为多选题)
(8) 吸毒对人体的影响是( )。
　　A. 感染各种疾病　　　　　　　B. 精神障碍
　　C. 缓解精神压力　　　　　　　D. 行为变态
(9) 毒品带来的社会问题有( )。
　　A. 诱发违法犯罪　　　　　　　B. 国民素质下降
　　C. 经济衰退　　　　　　　　　D. 污染环境
(10) 您是通过( )途径了解禁毒知识的。
　　A. 广播、电视、报纸等媒体　　B. 街头宣传活动
　　C. 未接触此方面知识　　　　　D. 报告、讲座等有组织的学习
(参考答案：(1) B　(2) B　(3) C　(4) C　(5) B　(6) C　(7) B　(8) ABD　(9) ABCD
(10) ABD)

四、心灵鸡汤

别　学　我

小南是一个初三年级的学生，为考个好高中，每天学习、复习到很晚，感觉很疲劳。一次偶然，碰到了曾经的小学同学，现在辍学在家，无所事事。小南和同学随意地说现在感觉为了考高中而有些压力。这时，小学同学拿来一小包白色的东西，告诉他："试一试这个，保准你能精神百倍。"小南信以为真就吸了。结果，没有

几天便染上了毒瘾，不仅学习成绩一落千丈，身体也全垮了，最后他没有走进理想的中学，而是进了戒毒所。在戒毒所里，小南痛苦地说："我根本不懂什么是毒品，没有人告诉我毒品有多可怕，我认为吸毒和吸烟一样。"现在留下了永远的遗憾。最后小南流着泪哽咽地说："千万别学我！"

(资料来源：百度文库. http://wenku.baidu.com/view/fd9a70d426fff705cc170ab8.html)

五、心灵拓展

我的禁毒宣言

训练所需材料

广告纸若干，彩色笔若干。

活动步骤

(1) 将学生分组(以扑克牌的花色为分组线索)。

(2) 分组后，小组长领取活动材料。

(3) 每个小组设计一份禁毒宣言的策划，并用彩色笔画在广告纸上。(以校园禁毒宣传为主要背景)

(4) 每个小组设计好之后，请发言人到台上来解释并展示给同学们。

(5) 学生讨论总结。

六、心灵感悟

"珍爱生命，拒绝毒品"，这是全人类共同的呼唤，共同的心声。在即将结束本堂课之际，我们郑重宣誓："禁毒有我。"

请谈谈学习本节课之后的感受。

第四章

和谐关系——让生活充满快乐

第一节 交友有道 相处有术

一、生活链接

孤独的李强

李强是高中二年级的学生,他性格内向,不善言谈,很少与人交往,而且一旦和别人发生冲突,也不知道该怎样解决。自从进入高中以来,他就和班上同学交往甚少,和宿舍其他同学也总是矛盾不断,关系搞得非常紧张。为此,李强曾找到班主任要求调换了一次宿舍,但新的环境并没有让他的生活发生变化,他仍然难以和新的舍友融洽相处。生活中,他总是形单影只,经常感到很孤独。当心情不愉快时,他也找不到一个可以信赖的朋友倾诉。近段时间,李强总是感到心情压抑、烦躁、痛苦至极。长期的苦恼和压抑使他患上了神经衰弱症。

在与人相处过程中,你是否有过类似李强这样的感受?请说出自己与他人相处时遇到的烦恼,你又是如何处理的?

(资料来源:http://max.book118.com/html/2014/1112/10237270.shtm)

二、心海导航

进入学校学习后,每个人都希望拥有令人感到友善、温暖、和谐的人际关系。然而,经过几个月的集体生活,有的同学人际关系和谐,精神振奋;而有的同学人际关系糟糕,心情非常郁闷,影响学习和生活。

1. 人际交往主要存在的问题

在人际交往中,主要存在着以下问题:

(1) 自卑心理。不能正确评价自己,自己瞧不起自己,主要因为外貌、性格、成绩、家庭等因素。具有自卑心理的学生常常自认为"我是平庸之辈",处处不如别人,担心别的同学瞧不起自己,怕与同学交往,变得沉默寡言,走向孤立。

(2) 嫉妒心理。所谓嫉妒,就是别人在某些方面优于自己,由此产生了不平衡的心理状态,即俗话说的"红眼病"。这种心理在青少年中也较普遍,据调查,有这种心理的竟达 48%。引起这种心理的诱因可能是某次考试原来和自己差不多或不如自己的同学突然超过了自己,引起内心的不快;也可以因别的同学朋友多,往来亲热,自己朋友却少,不受人欢迎,较孤单,而产生嫉妒。

(3) 自傲心理。和自卑相反,把自己估计过高,只看到自己的长处,看不到自己的短处。这种学生,往往某一方面取得一点成绩,或家庭条件比别人优越,就自命不凡,夸夸其谈,炫耀于人。这种学生喜欢拿自己的长处与同学的短处比。

(4) 焦虑心理。班级人际关系是一个变量,由于这样那样的原因人际关系经常发生变化,班上"有明显地位"的学生、"被抛弃"或"被孤立"的学生之间的地位差异悬殊。"被抛弃"或"被孤立"的学生,由于自尊心受到威胁而产生焦虑心理,这种心理使得他们害怕他人,对自己可能受到批评和嘲笑,或交往过程中可能出现尴尬处境尽可能地回避、退缩,把自己封闭起来,尽量不与人交往。这种焦虑心理如果引导不当,很可能成为班级和谐人际关系的潜在危机。

(5) 自私心理。有些学生只为自己考虑,强调自己的感受,不关心周围的同学,与同学相处,却只想占点小便宜;在学习上,也不肯帮助别人,生怕别人超过自己;在班级里不肯多做贡献,尽量回避大家的事,唯恐自己多干一点,可是评奖时却争得脸红耳赤。还有一种表现就是别人对我好,是想利用我,占我的便宜,所以对他人怀有敌意。

(6) 报复心理。你让我不爽,我让你更不爽。

这些心理严重影响同学们之间的交往。那么,学生如何建立良好的人际关系呢?

2. 建立良好人际关系的原则

遵循以下原则可以在实际生活中积极促进良好人际关系的建立。

(1) 平等原则。平等就意味着相互尊重,对所有人都要一视同仁。无论总统还是乞丐,在人格上是完全平等的。不管和任何人交往,既不能高高在上,也不要觉得低人一等。苏霍姆林斯基曾经指出,不要去挫伤别人心中最敏感的东西——自尊心,不要因为对方的生理缺陷而歧视对方,也不能因为对方的某一次过错而贬低对方。

(2) 尊重原则。与人交往时不侵犯别人的隐私。每个人都有好奇心,但同时每个人也都有不愿告诉别人的秘密,所以不要为了满足自己的好奇心而步步逼问,应该留给对方空间；即使知道了别人的秘密，也应该为对方保守，千万不能当作新闻一样到处传播。

(3) 真诚原则。人沟通首先要真诚，要让人觉得你是一个可以信赖的人。虚情假意、花言巧语即使能取得一时的效果，也总有被识破的一天，到时候你的所失将远大于所得。

(4) 互惠原则。心理学家指出：人与人之间的行为具有"互酬性"，即"你对我怎么样，我也对你怎么样"，也就是互惠。互惠是交往双方在公平、互利的前提下，互相有"索取"，互相有"付出"。人际交往是一种双向行为，故有"来而不往非礼也"，也就是说只有单方获得好处的人际交往是不能长久的。所以，如果你希望得到别人的关心，你就要首先去关心别人，你愈关心别人，你在他生活中的必要性将因之而得到增加，自然而然他也会转而关心你，一旦彼此之间互相关心，同学关系也就自然密切了。

(5) 信用原则。信用指一个人诚实、不相欺、守诺言，从而取得他人的信任。在人际交往中，与守信用的人交往有一种安全感，与言而无信的人交往内心充满焦虑和怀疑。对每一个立志成才的大人、学生来说，守信用会为你的形象增添光彩。

(6) 相容原则。相容表现在对交往同学的理解、关怀和喜爱方面。人际交往中经常会发生矛盾，有的是因为认识水平不同，有的是因为性格脾气不同，也有的是因为习惯爱好不同等，相互之间会造成一定的误会。双方如果能以容忍的态度对待别人，就可以避免很多冲突。

3. 能够掌握人际交往的小窍门

了解了人际交往中应该把握的基本原则，在此基础上，如果能够掌握人际交往的小窍门，那你将拥有广阔的人际关系网。

(1) 留好第一印象。平时我们接触一个人，或到一个新地方与素不相识的人初次会面，必定会给对方留下某种印象，也就是心理学中所说的"第一印象"。心理学的研究表明：第一印象在社交中的重要性占 93%，而谈话的内容只占 7%；并且初次见面的最初 3 分钟，尤其是交换名片、寒暄直到落座的 30 秒时间内，就可以给人留下一个难忘的第一印象；而且人们总是由于对第一印象的信任，而宁肯忽视后来的形象。怎样表现自己，才能给人留下良好深刻的印象呢？社会心理学家伊根(G. Egan)于 1977 年根据研究发现，同陌生人的初次相遇，按照 SOLER 模式来表现自己，可以明显增加别人对我们的接纳性。这种模式是由五个单词的词头字母拼写起来的专业术语：S 表示"坐(或站)要面对别人"；O 表示"姿势要自然开放"；L 表示"身体微微前倾"；E 表示"目光接触"；R 表示"放松"。当按照 SOLER 模式来表现自己时，会给人一个"我很尊重你，对你很有兴趣，我内心是接纳你的，请随便"的轻松、良好的印象。

(2) 展示魅力微笑。表情自然的微笑会提高自信，并使朋友乐于和自己交往。微笑就像一封介绍信，使你获得朋友。

(3) 学会有效倾听。生活中，我们常常发现，最受欢迎的人不一定是最能说的人，而是最会倾听的人。但是很多人都不善于倾听，总是喜欢在他人面前喋喋不休。心理学研究表明，越是善于倾听的人，人际关系越融洽。认真地倾听，就是告诉对方：你是一个值得我倾听的人。

(4) 保持适当距离。人与人的交往并不是越近越好，"距离产生美"，保留一定的心理距离是非常重要的。既不能太过于重视，否则对方会觉得压力很大，会被你的重视压得喘不过气，也会让自己过得很辛苦；但又不能过于疏忽，否则可能就不会再有联系。

(5) 勇于交往。有的人可能因为自卑，又或者是害怕在他人面前暴露自己，所以产生了一种交往的恐惧心理。这种情况很可能是由于自我期望太高造成的，解决的方法应该是重新去认识自己，给自己定位。凭什么说自己比别人差呢？即使某些方面有所欠缺，那又能说明什么？相信自己，在交往中学会保护自己，有时暴露一些缺点反而会让别人觉得你更加亲切、可爱。

(6) 保持个性。不要尽力讨好迎合。交往是双方的事情，存在着相互适应的问题。单纯是自己去迎合别人或者要求别人对自己千依百顺，都不会获得真正的友谊。我们只能尽力去对别人更好，例如对人热情友好，树立信任感，以己度人，设身处地为别人着想，等等；同时，又要有自己的个性，让人真正感受到你的人格魅力。问题的关键还是在于理解与信任。

(7) 学会赞美别人。人都希望能得到别人的赞美，赞美的词语也是人最易入耳的话语。适时地赞美别人，不代表贬低自己，而是说明你有发现美的能力。赞美要发自内心，不要无原则地恭维，甚至讽刺挖苦对方。

(8) 不卖弄自己。在同学面前夸夸其谈，卖弄自己懂得多、懂得早，过于倨傲、目中无人，开口便是"我如何如何"，下次将没有人再愿意与你交谈。社会心理学家指出，一般人都不喜欢嘴上老挂着"我"字的人。

(9) 宽容别人。"人无完人"，任何人总是有缺点的，也总会做错事的，这些都是正常和不可避免的，对他人的缺点和错误能持一种宽容的态度，不要计较，别人会很感激并愿意与你交流。

人际交往是一门大学问，真诚希望同学们能够运用以上处方，从容地与他人交往，结识更多的良师益友，携手共创美好的明天。

4. 人际交往的心态

心理学家伯恩(Berne)曾把人际交往的心态类型分为四种，它们极大影响着一个人的人际交往状况：

(1) 我不好——你也不好。这种类型的人相当消极负面，看不起自己也看不起别人，更多地体现出妒忌或猜忌的心理。例如，看到别人为了成功而努力，他也会心动，但很快就会觉得：算了，我不是那块料。还会批评他人：也不看看你是什么水平、什么德性，居然想成功！如果别人成功了，他也会说：谁知道是不是走后门得来的，这种小人！这类人的世界只有灰色与黑色，常懊悔、责备自己与他人，快乐和幸福与他无缘，因为他常常害怕开心一点就会失望。看不到自己的优点也看不到别人的亮点，发出来的信息常让人难受，久之少有人愿意与他交往。

(2) 我不好——你好。这种类型的人常对自己消极评价，觉得处处不如人或者对不起别人，只有别人才有权享受幸福，应该牺牲自己成全他人，羡慕他人的才华。与别人在一起，常夸人，同时贬低自己，更多地体现出一种自卑的心态。例如，我怎么能跟你比呢？你的成绩好，体育也好，大家都喜欢你；我却哪方面都不行。刚开始交往时，一般人都很高兴，觉得这人很谦虚。但是长时间后，会厌烦这种过度一面倒的说法，甚至开始怀疑赞赏的真实性。

(3) 我好——你不好。这类人常对自己很满意，觉得自己很棒，但是对别人多半贬低，甚至鄙视，类似我们常说的自傲或自我中心。例如，他算老几呀？凭什么和我比？你看我多受欢迎，根本没有人喜欢他！这种人与别人交流会遇到困难，不自觉地让人觉得他是高人一等，流露出否定他人的信息。久而久之，很少有人能忍受其傲慢。

(4) 我好——你好。这类人对自己和别人都是正向的积极肯定与鼓励信息。即使情况已经很糟，他依然乐观，看到积极的一面，常常发现自己和别人的亮点，态度开放、真诚，生活充满了阳光与欢笑。人们喜欢和他交往，因为非常舒服，彼此肯定，相互学习。这种心态所建立的人际关系往往是健康自然的。

三、反观自我

下面的这个测验可以帮助你考查一下你的人际交往能力。请结合自己的情况考虑下面的问题，并做出"是"和"否"的回答。做完后请对照一下自己的测验结果。

人际交往能力测验
(1) 你常常主动向陌生人做自我介绍吗？
(2) 你喜欢结交各行业的朋友吗？
(3) 你喜欢参加社会活动吗？
(4) 你喜欢发现他人的兴趣吗？
(5) 你与有地方口音的人交流有没有困难？
(6) 你喜欢做大型公共活动的主持吗？
(7) 你愿意做会议主持人吗？

(8) 你在回答有关自己的背景与兴趣的问题时感到为难吗？
(9) 你喜欢在正式场合穿礼服吗？
(10) 你喜欢在宴会上致祝酒词吗？
(11) 你喜欢与不相识的人聊天吗？
(12) 你喜欢成为公司联谊会上的核心人物吗？
(13) 你在公司组织的活动中愿意扮演逗人笑的丑角吗？
(14) 你喜欢在孩子们的联谊会上扮演圣诞老人吗？
(15) 你曾为自己的演讲水平不佳而苦恼吗？
(16) 你与语言不通的人在一起时感到乏味吗？
(17) 你与人谈话时喜欢掌握话题的主动权吗？
(18) 你喜欢倡议共同举杯吗？
(19) 你希望他们对你毕恭毕敬吗？
(20) 你在宴席上是否借机开怀畅饮？
(21) 你是否饮酒过度而失态？
(22) 你与地位低于自己的人谈话时是否轻松自然？

计分方法：在本测试的22题中，只有(5)、(8)、(13)、(15)、(16)、(19)、(20)、(21)题选择"否"得1分，其他测试题选择"是"得1分。再把所有题目的得分相加就是你在这套测验中的总分。

你的总分：_____

结果解释

当你的得分是0~4分时，你是一位孤独的人，不喜欢任何形式的社会活动。你难免被他人视为古怪之人。

当你的得分是5~10分时，也许是由于羞怯或少言寡语的性格，你没有表现出足够的自信。当你应该以轻松热情的面貌出现时，你却常常显得过于局促不安。

当你的得分是11~16分时，你在大多数社交活动中表现出色，只是有时尚缺乏自信，今后要特别注意主动结交朋友。

当你的得分是17~22分时，你在各种各样的社会场合都表现得大方得体，从不拒绝广交朋友的机会。你待人真诚友善，不狂妄虚伪，是社交活动中备受欢迎的人物。

四、心灵鸡汤

学 会 感 恩

有一年，很热的夏天，一队人出去漂流。女孩在玩水的时候，把拖鞋掉下去了，沉底了。到岸边的时候，全是晒得很烫的鹅卵石，他们要走很长的一段路。于是，女孩儿就向别人寻求帮忙，可是谁都只有一双拖鞋。女孩心里很不爽，因为她习惯了向别人求助，而只要撒娇就会得到满意的答复，可是这次却没有。她忽然觉得这些人都不好，都见死不救。

后来，有一个男孩将自己的拖鞋给了她，然后自己赤脚在那晒得滚烫的鹅卵石上走了很久的路，还自嘲说是铁板烧。女孩表示感谢，男孩说，你要记住，没有谁是必须要帮你的，帮你是出于交情，不帮你是应该的。女孩记住了男孩的话，自此以后学会了对施以援手的人铭记在心，并给以更大的回报。

很多时候，我们总是希望得到别人的好。一开始，感激不尽。可是久了，便习惯了。习惯了一个人对你的好，便认为是理所应当的。有一天不对你好了，你便觉得怨怼。其实，不是别人不好了，而是我们的要求变多了。习惯了得到，便忘记了感恩。

(资料来源：百度文库. http://wenku.baidu.com/view/60967cec5ef7ba0d4a733b0d.html)

踢 人 驴 子

大哲学家苏格拉底，有一天和一位老朋友在城里散步，一边走一边聊天。忽然有位愤世嫉俗的青年出现，用棍子打了他一下就跑走了。他的朋友看见了立刻回头要找那个家伙算账。但是苏格拉底拉住他，不要他去报复。朋友觉得很奇怪，就说："难道你怕这个人吗？"苏格拉底说："不，我绝不是怕他。"朋友又问："那么人家打你，你都不还手吗？"此时苏格拉底笑着说："老朋友，你糊涂了，难道一头驴子踢你一脚，你也要踢它一脚吗？"

我们常在抱怨和仇恨中让我们的爱受阻。一个人的涵养来自于他的修养，稍有委屈就想报复，绝不是一个高贵的人所为，要学会原谅他人，才能不让自己的心灵蒙上仇恨的灰尘。

(资料来源：郭成. 一生的启示——一生中不可不读的100个情感故事. 开封：河南大学出版社，2004)

五、心灵拓展

做一个受人欢迎的人
——学会赞美，体验赞扬

赞美是人际交往中必不可少的，威廉·詹姆斯曾精辟地指出："人性中最为根深蒂固的本性就是渴望受到赞赏。"成功的赞美，能给彼此带来愉快，但如果赞美不恰当，则会引起误会和尴尬。

活动目的

(1) 学习发现别人的优点。

(2) 学会用合适的方法表达内心美好的感觉。

(3) 体会被人赞美的快乐。

活动步骤

(1) 4~6 人为一组，每组选出一名同学作为被赞美的对象。

(2) 依据该组对这位同学的认识来赞美他，注意要把握赞美的原则：不能是嘲笑讽刺和打击报复，可用句型"我们很欣赏你，是因为_____"。

(3) 教师将各组所写的活动单收回并选择念出 3~4 份，让其他组的成员猜猜被赞美的人是哪位同学。

(4) 请被赞美的同学谈谈自己的感受。

六、心灵感悟

通过本节课的学习，你的体会和收获是什么？你获得了哪些启发和感悟？

第二节　良师益友　教学相长

一、生活链接

师 生 交 往

期中考试的英语科考试时，由于我把英语课本放在桌洞里被监考老师发现，受到了考试违规纪律处分，并通报全校。考试违纪受到处分，我毫无怨言，这次处分提醒我以后做事时要周到。但班主任在批评我时，有一句话却深深地刺痛了我："别人为什么没有把课本放在桌洞里？你这样做了，这就说明你内心深处仍有作弊的念头。"

如果你是那位学生或老师，你应该怎样做？在你心目中，老师是怎样的人呢？讲一讲你和老师之间发生的让你印象深刻的事，老师到底在我们的成长中发挥着怎样的作用？与老师的关系会对我们的生活产生怎样的影响？

(资料来源：魔方格. http://www.mofangge.com/html/qDetail/08/c1/201205/sxulc10843678.html)

二、心海导航

在日常生活中，师生之间难免会发生一些不愉快的事，这时候有的同学往往不能正确对待，甚至做出一些不尊敬老师的举动来。其实老师在多数情况下是对的，是为了我们更好地进步，我们要理解老师的一番苦心。还记得 2008 年 5 月 12 日汶川地震吗？北川中学初二班主任任老师在地震发生时，正在上课的她也被埋在废墟里，所幸的是她被武警部队解救出来，但头部却受了伤，经过医护人员的简单包扎，任老师又回到现场寻找她的学生。她发现，她的学生和她的女儿都被埋在一个废墟里，看到孩子一个一个地被解救出来，任老师感到无比的欣慰，当女儿被救出来时已经没有了呼吸。女儿走了，悲伤的任老师没有离开现场，她一直坚守着等待救援的学生们。在这场震撼人心的大地震中，很多老师为了挽救自己的学生而失去了自己的生命，他们把对学生的爱发挥到了极致。这些勇敢伟大的老师在发生地震前，在和学生相处的时候，可能和你交往过的老师一样，有时会严厉地批评你、责罚你，偶尔看起来有些不公，可这些并未阻碍他们在灾难来临时用生命去守护自己的学生，你会怀疑他们对学生的爱吗？

当然，老师在工作中也会出现差错，遇到这种情况，我们可以而且应该给老师指出来，这正是爱老师的表现。但是态度要诚恳，方式要恰当，不能不分场合，大吵大闹，也不能对老师不理不睬，甚至在背后议论老师，这样师生关系可能会更进一步。

古人云："亲其师，信其道。"信其道，才能受其教。只有亲近老师，与老师建立融洽的关系，才能相信老师说的话，信任他，愿意接受他的教诲。足见良好的师生关系有助于我们的成长。

首先，与老师建立良好关系，才能学得好，学得多，最终学有所成。

第一次上美术课，小刚就喜欢上刘老师了。为了让老师注意到他，他每次听课都很认真，课外也花很多时间去练习。一个学期下来，小刚的进步很快，还当上了课代表，这样和老师交流的机会更多了，在老师的指导下，他的作品越来越精美，还代表学校参加了市里的绘画大赛，拿了二等奖。

小雨最不喜欢上数学课了。因为之前在课上帮同学传了个纸条，受到数学老师的批评，所以她很不喜欢数学老师，不喜欢看到他，不喜欢听他说话，经常在课下嘲笑数学老师的穿着很土，在校园里遇到数学老师总是假装没看见。结果，小雨的数学成绩越来越差，她对数学也越来越没兴趣了。

从小刚和小雨身上你是否发现了自己的影子？

当你喜欢一个老师的时候，你会亲近他，喜欢他的课，希望老师也喜欢你，你就不想让老师失望，会更加努力学习。可是当你讨厌一个老师，相应地你会讨厌他的课，他对你的要求也会激起你的逆反心，当你把精力都用于否定老师并和他作对时，恐怕你很难从他身上学到些什么。

其次，与老师建立良好关系，赢得老师的关注和期待，有助于你发挥潜力，顺利发展。

美国心理学家罗森塔尔在一所小学做了一个实验。从 1~6 年级中各选三个班，对这些学生进行了所谓的"未来成就测验"。然后，发给了老师一个名单，高度评价了这些学生的发展潜力。一段时间过后，研究者发现，被列入名单的学生成绩进步显著，而且性格格外开朗，求知欲增强，敢于发表意见，与老师关系也特别融洽。其实，名单上的学生是被随便抽取出来的。心理学家的权威角色让老师们相信这些学生有很大的发展潜力，在日常教学中，老师会不知不觉地关注他们；而学生会将老师的这种关注解释为自己认真听讲，努力学习，或者很聪明等，于是在不知不觉中变得更加认真、勤奋、自信，这种积极的反馈会让老师确信这些学生的确值得培养。老师和学生之间就这样形成了双向的积极互动，学生的成绩出现了飞跃。

你现在是否明白了为什么要努力去经营与老师的良好关系了吧？这样做不仅能激发你对学习的兴趣，更重要的是你在与老师的交往中习得的道理、良好的习惯将会使你受益终生，除此之外，你将会收获一段令你一生难忘的师生情谊。

三、反观自我

你和现在的老师相处得怎样呢？下面是关于师生交往状况的描述，看看你和现在的老师之间是否符合下面题目的描述，然后在各题后的括号内填写相应的数字。1 表示完全不符合，2 表示比较不符合，3 表示介于符合和不符合之间，4 表示比较符合，5 表示完全符合。

师生关系小测验

(1) 我的老师理解我。（ ）

(2) 当我需要帮助时，老师能给予我帮助。（ ）

(3) 我经常生老师的气。（ ）

(4) 我找不到能倾诉内心隐秘的老师。（ ）

(5) 我信任我的老师。（ ）

(6) 我的老师管得太严了。（ ）

(7) 长大后在许多方面我会像我的老师那样。（ ）

(8) 当我感觉孤独的时候我会去找我的老师。（ ）

(9) 我经常想换老师。（ ）

(10) 当别人说我与我的老师很像时，我会去找我的老师。（ ）

(11) 当我觉得自己糟糕或需要鼓励时，我会去找我的老师。（ ）

(12) 我的老师让我有安全感。（ ）

(13) 我的老师一直是我的榜样。（ ）

(14) 我喜欢我的老师。（　　）
(15) 当我高兴或有好消息时，我会告诉我的老师。（　　）
(16) 我的老师关心我。（　　）
(17) 我的老师对我冷漠。（　　）
(18) 我的老师尊重我的感受。（　　）
(19) 我很少与老师倾心交谈。（　　）
(20) 我的老师不了解我的想法。（　　）

计分方法

(1)、(2)、(5)、(7)、(8)、(10)、(11)、(12)、(13)、(14)、(15)、(16)、(18)为正向计分题，选择1计1分，选择2计2分，选择3计3分，选择4计4分，选择5计5分；(3)、(4)、(6)、(9)、(17)、(19)、(20)为反向计分题，选择5计1分，选择4计2分，选择3计3分，选择2计4分，选择1计5分。

总分：_____

结果解释

得分在20~100分之间，得分越高，表明你的师生关系越好，越能得到老师的支持。如果得分不理想，请积极改善与老师的关系。

(资料来源：姜立利. 初中生师生关系与其人格交往归因的相关研究. 上海师范大学硕士学位论文，2003)

四、心灵鸡汤

一名教师的自责、道歉与思考

在昨天晚上的选修课上，我把三个学生礼貌、友好地请出了教室。这是我十几年来第一次在自己的课堂上遇到这样的学生，也是第一次把学生请了出去，尽管是礼貌而友好的。

整个晚上直到现在，我的心里都很不好受，有对自己的自责，更多的是深深的思考和沉重的责任感。

这三位学生从上课开始始终在偶有间断地接听手机和相互大声说话，在我友好地提醒了两次后仍然是这样。其他学生都向他们投去了厌恶和无奈的目光，也向我投来了同情和征询的目光。我平静地对他们说，如果有什么事情没处理完，就出去说吧，不要影响讲课和听课。我以为他们会安静下来，但一个学生竟然真得站了起来走出去了，另两名学生在稍稍迟疑后也跟着走了出去。这时候课堂上很静，我反倒突然感到自己的不妥和尴尬。尽管整堂课充满了笑声和掌声，我心底还是多了一丝自责和沉重。在下课前，我当着近300名学生表达了自责和歉意。下课后，几个学生过来对我说："老师，你没有错，他们真是太过分了，也真得影响我们听课了。"

但我想的是更深层的问题。我有很多政府、企业和教育、文化界的朋友，他们对学生的成长、就业等问题很关心，也都在自己的能力范围内做了很多有益的工作，但他们也表达了对学生的一些负面评价和些许失望。

我的一个学生在一家大型药业公司做人力资源总监。他对我说，有的学生在招聘现场站没站样、坐没坐样，还有的学生一副满不在乎、无所谓的样子，甚至有的学生连话都说不明白，这样的学生往往在第一关就被pass(淘汰)了。

另一位大型通信公司的人力资源副经理对我说，现在很多学生找工作很积极，干工作不积极；对别人要求的很多，对自己要求的很少；对将来的事想得不错，对眼前的事干得不踏实。现在学生最缺乏的品质是自我约束能力和责任感。

一位机关的处长给我讲了一个例子。一个有点小背景的学生进入了机关工作，在一次开会时竟然在一位领导讲话时与别人说话和接听手机。会后的一次机会，领导对他的处长看似无意地表达了不满，结果是这个学生调离了机关，现在还只是一个普通的科员。

在这里，我再次郑重地向这三位同学道歉，也把下面这些良言送给你们，送给所有我的学生：

(1) 年轻人犯错误，上帝都可以原谅，何况是一个普通的老师。但请你记住：上帝能够原谅的事，社会不一定会原谅；老师能够原谅的事，老板不一定会原谅。你将生活在现实而复杂的社会，而不是学校和天堂。

(2) 年轻就是资本，但年轻是学习知识和打拼事业的资本，而不是放纵自己和庸碌生活的理由。请你记住：不要以为年轻就一切还来得及，来不及的不是年龄而是在岁月流逝中所积累或错过的一切。

(3) "勿以善小而不为，勿以恶小而为之。"人的品性和素质是一个长期养成的过程，而学习时期的养成往往会影响你的一生。请你记住：上课说话的确不是什么大毛病，但如果养成一种习惯，就会决定你被"请出去"的命运。

(4) 尊重别人是一种美德，它会赢得认同、欣赏和合作。请你记住：不尊重朋友，你将失去快乐；不尊重同事，你将失去合作；不尊重领导，你将失去机会；不尊重长者，你将失去品格；不尊重自己，你将失去自我。

(5) 表达自我是一种本能，挑战权威是一种勇气。但表达自我不能伤害别人，挑战权威不能破坏规则，除非你在进行革命。请你记住：不要试图用带有道德色彩的另类行为去赢得关注，也许在目光关注的背后是心底的离弃。

(6) 无知者无畏并不可怕，真正可怕的是无知者还无所谓。请你记住：不要用无所谓的态度原谅自己、对待一切，那会使一切变得对你无所谓，也会使你成为一个无所谓而又无所成的痛苦的边缘人。

说这些话，源于自责和道歉，但现在已经和这件事没有关系了，更多的是一个老师的良知和认知，希望你们能够理解。

(资料来源：厚德. 一名教师的自责、道歉与思考. 中国青年报，2006-12-08)

五、心灵拓展

今天我来当老师

现在假如你是一名老师，在不同的情境下，你有什么样的心理感受？你希望学生怎么做？为什么？并尝试解决这些冲突。

情境一：同学们在下面比较安静，但却各做各的事情，如看书、画画，就是不关注演讲者。

情境二：我上课没有玩手机，只是看了下时间，但老师竟然当着全班的面骂我，并要没收我的手机。

情境三：课堂上，老师读错了一个字，王刚站起来就说："别误人子弟了……"一句话引得全班哄堂大笑。

情境四：兵兵最近跟一些社会青年交往密切，留恋网吧，学会了抽烟、喝酒。老师对他进行教育，他却说老师干涉了他的交友自由。

情境五："我要上厕所！""后面的同学又打我！""我懂了,你就不要讲了！"……

活动目的

让学生学会换位思考，体验当一名优秀教师的难处，从而理解老师批评学生的良苦用心，认同老师的价值观，尊重老师，促进教学相长。

六、心灵感悟

在学校的学习和生活中，师生关系是重要的关系之一，通过本节课的学习，你有什么收获呢？是不是觉得和老师沟通其实并没有那么难，完全可以和老师建立起融洽和谐的关系？

第三节　珍惜亲情　学会感恩

一、生活链接

父母的恩情有多深

有一位男孩，他跟妈妈吵架了，一气之下，就独自一人离家出走了。他走了很长时间，看到前面有个面摊，香喷喷、热腾腾的，他这才感觉到肚子饿了。可是，他摸遍了身上的口袋，连一个硬币也没有。面摊的主人是一个看上去很和蔼的老婆婆，看到他站在那边，就问："孩子，你是不是要吃面？""可是，可是我忘了带钱。"他有些不好意思地回答。"没关系，我请你吃。"很快，老婆婆端来一碗馄饨和一碟小菜。他满怀感激，刚吃了几口，眼泪忽然就掉下来，纷纷落在碗里。"你怎么了？"老婆婆关切地问。"我没事，我只是很感激！"他忙擦着泪水，对老婆婆说，"我们又不认识，而你就对我这么好，愿意煮馄饨给我吃。可是我自己的妈妈，我跟她吵架，她竟然把我赶出来，……还叫我不要回去！"老婆婆听了，平静地说道："孩子，你怎么会这么想呢？你想想看，我只不过煮一碗馄饨给你吃，你就这么感激我，那你自己的妈妈煮了十多年的饭给你吃，你怎么不会感激她呢？你怎么还要跟她吵架？"男孩愣住了。男孩匆匆吃完馄饨，开始往家里走去。当他走到家附近时，一下就看到疲惫不堪的母亲正在路口四处张望。这时，他的眼泪又开始掉了下来。

为什么故事中的男孩流泪了？你与父母有没有发生过类似的冲突？请说出自己与父母之间相处时遇到的烦恼、冲突，你是怎么对待这些冲突的？又该如何处理？

（资料来源：魔方格. http://www.mofangge.com/html/qDetail/01/c1/201206/562lc10199840.html）

二、心海导航

每个家庭都是一首独特的音乐，它既有快乐的音符，也有不和谐的声音。一项调查表明：当前最让中学生烦恼的因素中，和父母关系不好是非常重要的一条。当你想去看电视的时候，爸爸说："看什么看，还不如多看点书！"当有异性同学打电话给你的时候，妈妈在旁注意地听着，过后还不断地问这问那，一副怀疑的样子。当你告诉妈妈，自己考了 90 分时，妈妈却说："为什么不考 100 分，就这么容易满足！"于是你觉得很扫兴，父母简直不理解自己，根本就是无法沟通。甚至还有女生半夜三点多偷偷外出；在市场上，两父女在大庭广众之下争吵起来；有位男生嫌父亲妨碍自己打游戏机，竟追着父亲打……到底是什么原因导致亲子冲突呢？一个重要因素就是你和父母各自所处的年龄阶段所表现出来的差异。青春期的你，敏感、易怒、任性、容易偏激；而你的父母，此时也正面临或将要面临更年期的生理难关，情绪不稳，容易冲动，这使得你们很难沟通。

如果你希望自己能和父母像朋友一样友好相处，请做下面一些事：

(1) 理解你的父母。父母也是一个凡人，也有平凡人的缺点。大多数父母都是"望子成龙，望女成凤"，对儿女的期望值很高，也许会常常拿你和其他更出色的同学比较，骂你没用，他们可能文化水平不是太高，并不是太懂得如何去表达自己的期望，但是出发点是好的。对于你来说，可以不照着做，但还是要听。

(2) 尊重并关爱自己的父母。在理解了父母的用心良苦之后，还要尊重关爱自己的父母。在抱怨父母的同时，你想没想过自己的做法有什么不当之处呢？虽然父母是长辈，却也非常需要你的关心、体贴，甚至鼓励。在他们生病、疲惫或工作繁忙的时候，你主动地照顾一下；在他们遭遇挫折、情绪低落时你真心鼓励支持一下，都可以使他们真切地体会到孩子的懂事与成熟，反过来会尊重你的一些选择。不要因为他们是父母，而忽视了父母的感受。

(3) 多向父母了解他们的过去。多问问父母："你以前是怎样的？"了解他们小时的趣事，有利于双方沟通。虽然年代不同，但仍有许多感受是相同的，如贪玩、顽皮、恶作剧、叛逆等。父母有时会忘了他们以前这些感受，而用一些他们自认为很对的方式要求你，这样一谈，会使他们想起自己的过去，从而更好地理解你的感受："原来我们当时不也是这样的吗？"很多时候，当父母讲起"想当年，我……"时，不少同学都会感到厌烦甚至反感，其实，你并没有努力从中找出与父母相类似的感受，而是一下子就树立了对抗情绪，阻碍了继续更好地沟通，如果你注意倾听的话，你与父母一定会产生共鸣，把心拉得更近的。

(4) 寻找生活中恰当的机会，表达自己。天下所有的父母都对孩子有着"十全十美"不切实际的幻想，那是因为爱的缘故，所以你可以经常在父母面前说出：自己对自己的期待是什么，你对自己的定位是什么。慢慢地，你的父母会了解：你是有自己想法的，你在渐渐长大，他们对你的期望或许并不那么合适……这样一来，他们也会改变，学会尊重你个人的一些想法和行为。

(5) 赞美父母并虚心请父母提意见。父母也是人，也喜欢赞美，并且人都有一点逆反心理。多些赞扬父母，反而会使他们意识到自己的不足；同样，多些请父母对自己提出批评，并虚心接受正确的意见，也会使他们注意到自己的不足，也可以使双方更为了解。

总之，世界上有很多事情都不是绝对的，有好的方面，也有不够好的方面。爸爸妈妈也一样，要善于发现他们的优点，也要宽容他们的缺点。"人非圣人，孰能无过？"但是再多缺点的父母也是爱自己的儿女的。只要你用心地去发现，就一定可以从父母啰唆、严格、不近人情的表面发现他们爱你的内心。

如果你还不知道如何去理解父母并让父母理解你，那么从今天起，好好听课，好好做作业，好好吃饭，好好睡觉，每周和父母多沟通几次就可以了。

三、反观自我

你是否了解你的父母？请拿出你的笔，回答下面几个小问题吧。
(1) 你知道爸爸妈妈的生日吗？
(2) 你知道爸爸妈妈最喜欢的食品是什么吗？
(3) 你妈妈最喜欢哪套衣服？
(4) 你爸爸的爱好是什么？

(5) 你父母的结婚纪念日是哪一天？
(6) 你父母喜欢的日常消遣活动是什么？
(7) 你爸爸是做什么工作的？月收入是多少？
(8) 你父母年轻时最大的愿望是什么？
(9) 你父母的身高、体重是多少？
(10) 你父母穿几码的鞋？
(11) 你妈妈最大的心愿是什么？

你能准确回答出上面的这些问题吗？是否觉得回答时有些吃力？如果父母对于你的同样的问题，他们回答起来也很吃力吗？

四、心灵鸡汤

孝心无价

我不喜欢一个苦孩子求学的故事。家庭十分困难，父亲逝去，弟妹嗷嗷待哺，可他大学毕业后，还要坚持读研究生，母亲只有去卖血……我以为那是一个自私的学子。求学的路很漫长，一生一世的事业，何必太在意几年蹉跎？况且这时间的分分秒秒都苦涩无比，需用母亲的鲜血灌溉！一个连母亲都无法挚爱的人，还能指望他会爱谁？把自己的利益放在至高无上的位置的人，怎能成为为人类献身的大师？

我也不喜欢父母重病在床，断然离去的游子，无论你有多少理由。地球离了谁都照样转动，不必将个人力量夸大到不可思议的程度。在一位老人行将就木的时候，将他对人世间最后的期冀斩断，以绝望之心在寂寞中远行，那是对生命的大不敬。

我相信每一个赤诚忠厚的孩子，都曾在心底向父母许下"孝"的宏愿，相信来日方长，相信水到渠成，相信自己必有功成名就衣锦还乡的那一天，可以从容尽孝。

可惜人们忘了，忘了时间的残酷，忘了人生的短暂，忘了世上有永远无法报答的恩情，忘了生命本身有不堪一击的脆弱。

父母走了，带着对我们深深的挂念。父母走了，遗留给我们永无偿还的心债。你就永远无以言孝。有一些事情，当我们年轻的时候，无法懂得。当我们懂得的时候，已不再年轻。世上有些东西可以弥补，有些东西永无弥补。

"孝"是稍纵即逝的眷恋，"孝"是无法重现的幸福，"孝"是一失足成千古恨的往事，"孝"是生命与生命交接处的链条，一旦断裂，永无连接。

赶快为你的父母尽一份孝心。也许是一处豪宅，也许是一片砖瓦；也许是大洋彼岸的一只鸿雁，也许是近在咫尺的一个口信；也许是一顶纯黑的博士帽，也许是作业簿上的一个红五分；也许是一桌山珍海味，也许是一个野果一朵小花；也许是花团锦簇的盛世华衣，也许是一双洁净的旧鞋；也许是数以亿万计的金钱，也许只是含着体温的一枚硬币……但在"孝"的天平上，它们等值。

只是，天下的儿女们，一定要抓紧啊！趁你父母健在的光阴。

(资料来源：毕淑敏. 孝心无价. 意空间. http://yispace.net/900.html)

假如爸爸还在

——【美】安·兰德斯

4岁：我爸无所不能。

5岁：我爸无所不知。

6岁：我爸比你爸聪明。

8岁：我爸并不是无所不知。

10岁：我爸成长的那个年代和我们非常不一样。

12岁：哦，很正常，我爸对这件事毫无所知。他已经老了，所以忘记了他自己的童年时代。

14岁：别在意我爸，他是个老古板。

21岁：我爸？天呐，他的迂腐无药可救。

25岁：我爸一点也不了解我，虽然他和我一起生活了这么久。

30岁：也许我们应该问问我爸的想法，毕竟他有丰富的人生经验。

35岁：除非我和我爸商量过，否则我是不会轻易做出决定的。

40岁：我真佩服我爸处理事情的能力，他太聪明了。

50岁：如果我爸还坐在这里和我谈论事情，甚至教训我，我愿意付出一切代价。

(资料来源：豆瓣. http://www.douban.com/group/topic/1058105/?cid=394260)

五、心灵拓展

算笔亲情账　感知父母恩

"谁言寸草心，报得三春晖。"作为儿女的你，想过父母为我们付出了多少心血、汗水和物质？想过究竟要多久才能回报父母的爱呢？很多人在年轻的时候，体会不到父母的恩情，没有珍惜孝敬的机会，等到自己的孩子蹒跚学步，才猛然发现，有些歉疚可能永远没法弥补了。作家毕淑敏写过一段发人深省的话："孝是稍纵即逝的眷恋，孝是无法重现的幸福，孝是一失足成千古恨的往事，孝是生命与生命交接处的链条，一旦断裂，永无连接。"填一份"亲情账单"，也许可以帮助你更多地了解自己的父母，早一点反省自己对父母的亏欠，珍惜尚可回报的有限光阴，避免别人的憾事在自己身上重演。

训练目的

了解父母对自己的付出，体会父母的苦心，学会感恩自己的父母。

训练步骤

算一算自己进入学校后，平均每天学习多少小时，并对自己学习等方面的收获做出自我评价。

再将自己的学费、书杂费、生活费、交通费等支出做出大概的估计，算出家长为自己的投资。

假定自己毕业后的收入，计算自己大致需要多少年才能回报父母。

我的亲情账单

项目	已经支付 (从父母决定要你到现在)	预计支付 (从现在开始一直到完成学业)	小计
学习费用			
生活费用			
交通费用			
医疗费用			
零花钱			
其他费用 (父母抚育我的劳务费)			
合计			

假定我于_____年参加工作，每月收入(3000元以下，3000元，5000元，8000元，10 000元，10 000元以上)，选择括号内一项打"√"，留出自己的个人生活费用、成家费用以及安置房屋费用后，每月可孝敬父母_____元，至少需要_____年才有可能仅仅回报父母经济上的支出。

注意事项

当然，父母对子女的恩情并非一份"亲情账单"可以囊括，"怀胎守护恩，临产受苦恩，咽苦吐甘恩，哺乳养育恩，洗濯不净恩，远行忆念恩"等，也非金钱可以衡量，但是，填写"亲情账单"的做法，毕竟为感恩意识的培养提供了一个很好的切入点。我们不妨都来试试，也许你的心灵会受到一次深深的震撼。对于自己道德情操的健全，也是一件很有意义的事。

这笔亲情账让你大吃一惊吧。尽管我们知道，父母为养育孩子付出了太多太多，但这些数字还是会让我们有点诧异。金钱和时间尚且如此，更何况那从未停止过的无法计量的爱呢？要怎样回报这份亲情呢？与其做一个明天的孝子，不如从今天就行动起来，从点滴小事做起，把真挚的孝心化为无声的行动。

我的感恩行动

父母工作劳累一天回到家中,我会_____;

父母生病了,我会_____;

父母生日时,我会_____;

父母给我提意见时,我会_____;

父母工作上遇到麻烦时,我会_____;

父母给我生活费或买礼物时,我会_____;

做了错事被父母批评时,我会_____;

被父母误解时,我会_____;

为父母,我还会_____。

为父母每做一件事,请你写下自己的感想,对比之前对待父母的态度,看看你用行动表达了自己的孝心之后,你对父母的态度都产生了哪些变化?你与父母之间的关系又有哪些变化?

六、心灵感悟

不知不觉,本节的内容已经学习完了,通过本节的学习,你是不是对父母有了新的理解?你的收获有哪些?

第四节 同龄友谊 助我成长

一、生活链接

闭 锁 心 理

许娜是高中一年级的学生,自从入读高中学校以来,好像变了一个人似的,原本性格开朗的她变得孤僻起来。在家里,有什么心事也不愿对父母讲,常把自己关在屋子里。在学校上课不举手回答问题,集体活动不积极参加,很少主动与老师同学交往,除去上课外,大部分时间独自在家看书,同学们渐渐地疏远了她。为此,许娜非常苦恼,情绪也变得越来越不稳定,开始影响到正常的学习和生活,可是周围却没有熟悉的朋友可以倾诉。

许娜苦恼的原因是什么?长此下去,她会怎么样?你有自己的知心朋友吗?如果有,当你想到你的朋友时,你有什么样的心理感受?如果没有,你会有什么样的心理感受?

(资料来源:魔方格. http://www.mofangge.com/html/qDetail/08/c2/201408/5c5bc208191690.html)

二、心海导航

从许娜的例子可以看出,每个人都有归属的需要,你会将自己归属于一个团体,如一个宿舍、一个班级或一所学校。当你的这种与人交往的需要得到满足后,你就会觉得心情愉悦,对自己充满自信,对生活充满乐观,即使遇到一些不愉快的事情,也可以很容易找到值得信任的人诉说。但当你的与人交往的需要得不到满足时,就会产生焦虑、不安和抑郁等消极的情绪体验,如果这种需要长期得不到满足,就会导致难以化解的心理矛盾。心理矛盾若得不到及时的疏导,则会形成恶性循环,甚至引发一些心因性疾病。所以,英国著名学者培根曾说过:"当你遭遇挫折而感到愤懑郁闷的时候,向知心朋友的一席倾诉可以使你得到疏导,否则,这种压抑郁闷会使人致病。"

心理健康的标准较多,其中重要的一点就是"拥有良好的人际关系"。如果一个人长期缺乏与别人的积极交往,缺乏稳定的良好的人际关系,那么就容易有明显的性格缺陷。不良的人际关系对人的身心健康的伤害莫过于交往剥夺,即剥夺一切交往的获得。知觉剥夺实验表明,所有外界信息都被剥夺,一个人最多能忍受2～3天,这时身心已受到较严重的损害。因此,历史上曾把流放作为对人的最严厉的惩罚。拿破仑就曾两次被流放到孤岛,第二次更是被流放到大西洋的圣赫勒拿岛直至终生,这对他的身心健康影响极大。

著名人际关系学家卡耐基指出:一个人的成功,15%是靠个人专业知识,85%是靠人际关系和处事能力。要想获得成功,必须学会与人交流,学会与人合作。在与他人的交往中,我们才可能获得更多的知识,赢得更多的机会。比如比尔·盖茨,很多人知道他是一位电脑天才,可是很少有人知道他的交往能力也非同寻常,他的成功离不开三位至关重要人物的帮助和支持。

人际交往如此的重要,却往往被我们所忽视。青少年正处于长身体、长知识的关键时期,独立意识和自我意识增强,情绪情感体验丰富,强烈渴望得到他人的尊重,这种渴望受重视、被尊重的心理,在同龄人之间是最能被满足的。许多同学能够成为好朋友,往往就是因为经常上学或放学一起走,经常在一起做作业或者有着共同的兴趣爱好,比如几个爱打篮球、乒乓球的男孩子就互相成为了好朋友等。因此,同学间的友谊成为青少年特别渴求的一种心理需要。一个缺少友谊的人容易产生心理异常。所以,同龄友谊既是中职学生心理健康不可缺少的条件,也是中职学生获得心理健康的重要途径。

一个对500名犯罪青年和500名普通青年的"什么时候结交朋友最多"的调查表明，他们大多数都认为是中学时期(前者58.1%，后者54.4%)。另一项研究是对500名青年工人和学生的交友情况进行了调查，结果表明，认为高中时期交友最多的人为35.4%，排在第一位；认为最要好的朋友是高中时期结交的为45%，也是第一位。可见，高中时期是交友的高峰期和关键期。那么作为正在成长的中职生，如何建立真挚的友谊呢？

(1) 慎重选择朋友。常言道："近朱者赤，近墨者黑"，"与恶人居，如入鲍鱼之肆，久而不闻其臭，亦与之化矣"。也就是说，朋友对我们的成长具有潜移默化的影响。青少年阶段正是性格、行为习惯和人生观、世界观形成的关键阶段，对这样的影响也会更敏感，所以结交朋友需要明智的选择。

俗话说"物以类聚，人以群分"，我们在交朋友的时候，可能更乐于跟自己志同道合的，或者在兴趣、观点方面有相似之处的人交往，能找到彼此之间许多的共同点，有说不完的共同话题，也更容易产生心灵上的共鸣与情感上的支持。但是把交往对象局限在与自己相似的人的范围内其实还不够。

有时候，互补也是挑选朋友的一个标准。某些方面的差异，能使你感受到心与心的碰撞，收获平常未知的体验，拓展自己的视野，更深刻地发掘自我。如果你的朋友在某方面比你强，则能弥补自己的某些不足，帮助自己更好地生活、学习。

当然，我们还需要从人品和道德方面挑选朋友。孔子曾说："益者三友，损者三友。友直，友谅，友多闻，益也；友便辟，友善柔，友便佞，损矣。"也就是说，正直的、宽容的、见识广博的朋友对我们有帮助，而性格暴躁的、优柔寡断的、心怀鬼胎的朋友则会对我们产生不良的影响。孔子的择友观对我们很有启发意义，所以我们在交友的时候，内心要有一个明确的基本标准和明确的鉴别力，对于那些心理阴暗、斤斤计较、性情暴躁的人，保持一定的礼仪就行了，没有必要深入交往；而对于那些心地善良、知识广博的人，则有必要努力成为他们的朋友。

(2) 克服害羞与孤僻。过分的害羞，使人在交往中大大约束自己的言行，不能有效地表达自己的情感和意愿，与人无法沟通，妨碍人际交往。孤僻也会导致与他人的交往无法进行，具体表现为自命清高，与人不合群，孤傲立世；或由于行为习惯上的某种怪异使人难以接受，在心理与行为上与他人有着屏障，自己将自己封闭起来。

(3) 在朋友需要的时候表达对他的关心和支持。好朋友是能够在朋友遇到生活困难时热心帮助，在心情不好时陪伴她聊聊天，在她最需要你的时候，你的一次看望或一次无语的倾听必将加深你们之间的友谊。

(4) 真诚沟通。朋友间的矛盾和误会时常发生，势必导致一方或双方的心理不平衡，或者就像我们常说的"他怎么能这样！""我真的无法接受他"等，但又不愿或不想向对方吐露自己的心声。其实，朋友间的裂缝难免产生，正是因为我们一直都违心地"忍"，没有把内心真实想法说出来，彼此间的裂隙才会越来越大，总有一天便会产生一道不可逾越的鸿沟，再也无法挽回。所以，要诚心诚意地与对方沟通，好让对方做出积极的回应，这样的友情才会和谐。

(5) 学会妥协，平息冲突。朋友之间常常会有不一致的地方，表现在个性、思想、观念上，这些差异可能会导致朋友间的争执，但往往有的同学上纲上线，不针对当前问题，却翻出陈年旧事，上升到个人品质就实在没有必要了。这种把矛盾扩大、冤冤相报的做法，不仅于事无补，还会使矛盾越来越深，对朋友之间感情的伤害也是很难弥补的。所以，有时候你要学会忍耐，学会妥协。那么，在什么情况下应该妥协呢？

第一，事情较为复杂，双方对错难以分清时，可以妥协，将问题暂时搁置。

第二，如果自己的观点、建议原则上被别人接受，就不必强调完美，可以在细节上让步。

第三，当双方的争执偏离了原有主题，愈演愈烈时，不妨首先妥协。

(6) 学会主动承认错误。当与朋友之间的矛盾和冲突确实是由于自己的过失造成的，及时道歉、承认错误，能把矛盾消灭在萌芽状态。道歉和承认错误最重要的是态度真诚，即使是无意的，也应当对后果表示歉意，不要强调客观原因。如果朋友间的矛盾和冲突处理得当，它会让彼此在思想和人格上有更深层的接触、了解和认识，从而促进双方的信赖和友谊。

总之，友情是朋友间最真挚的情感，是一种心灵的交流，是经过岁月洗礼的真金，是精神世界的宝贵财富。生活中充满友情，在你成功的时候，会有人与你同欢乐；在你悲伤的时候，会有人与你分担忧愁。生活在友情中，你会像一滴水溶入大海，一棵禾苗生长在沃土，拥有一种博大的力量。

三、反观自我

朋友之交的任务是平等、独立、互助。你与自己很熟悉的好朋友相处时的表现如何？做完下面的测试题，你心中就比较有数了。来测测吧！

朋友相处能力小测验

(1) 你碰巧知道一个同学的一件隐私之后，你的做法是(　　)。
　　A. 努力不转告别人
　　B. 根本没有想到过将它转告别人
　　C. 很快与别人谈论此事
(2) 你遇到困难的时候(　　)。
　　A. 通常尽量自己解决
　　B. 马上求助于友人
　　C. 只求助于最要好的朋友

(3) 当你的朋友有困难时，你发现( )。

　　A. 他们都乐于求助于你

　　B. 只有好友求你办事

　　C. 朋友们很少求助于你

(4) 你认为作为朋友，应当( )。

　　A. 为人可靠，值得信赖

　　B. 能与自己愉快相处

　　C. 有钱有势

(5) 以下( )情况最符合于你。

　　A. 与朋友常在一起闲聊

　　B. 常能发现朋友的错误

　　C. 使朋友们很愉快

(6) 在与朋友的交往中，你觉得( )。

　　A. 对许多朋友都感到不耐烦

　　B. 大多数朋友都与你相处得很融洽

　　C. 必要时迁就一下朋友也是值得的

(7) 你的做法更符合以下( )情况。

　　A. 喜欢发现朋友的优点

　　B. 常坚持自己的看法

　　C. 从不评论朋友

(8) 对于朋友间的交往，你的观点是( )。

　　A. 应当保持适当距离

　　B. 应当充分信赖

　　C. 应当避免承担责任

记分标准如下表所示。

题 号	A	B	C	题 号	A	B	C
1	2	3	1	5	2	1	3
2	3	1	2	6	1	3	2
3	3	2	1	7	3	1	2
4	2	3	1	8	2	3	1

总分为 24 分，得分越高，意味着与别人友好相处的能力越强，与朋友的人际关系状态也较好；得分越低，表明不太善于与朋友相处，与朋友的人际关系状况也较差，不太受朋友欢迎。如果你的得分较低，可以参照教材中列出的方法好好试一试，

改变自己，才可以改变世界。

(资料来源：金盛华.社会心理学.北京：高等教育出版社，2010)

四、心灵鸡汤

卷羊羊的成长

　　羊村里有一只"卷羊羊"，她个子很小，比其他女羊羊矮得多。她长相很一般，甚至可以说挺丑；她的眼睛高度近视，眼镜上有数不清的圆圈；她的家庭条件很不好，让她读书实属不易。种种原因，形成了她自卑的性格，她生活在一个封闭得极严的自我的世界里，很少与其他的羊儿交往，在她的脸上也很难看到笑容。一个很愿意和别人打交道的同学，在一个学期里和她说话不会超过5句，班里还有很多人甚至根本没有跟她说过话。

　　幸运的是，和她住在一个宿舍里的，是一群活泼、好动、开朗、热情的女羊羊们，有美羊羊、暖羊羊。这些舍友给予了她很多的关心和帮助，她们"逼"着她去参与她们的各种活动，"逼"着她跟别人说话。交往的成功体验逐渐改变了她，她能够主动和别人交往了，她的脸上也不总是愁云密布了，她慢慢地变成了一个开朗、大方、可爱的羊羊了。

　　积极参与人际交往活动，可以增加成功的交往经验。越不与别人交往，就越害怕交往，就越自卑。积极参与交往，即使很小的成功的经验，也会给自卑者带来无比的成功和快乐。

(资料来源：百度文库. http://wenku.baidu.com/view/6e9140b9fd0a79563c1e7250.html)

拔　钉　子

　　从前，有一个脾气很坏的男孩。他的爸爸给了他一袋钉子，告诉他，每次发脾气或者跟人吵架的时候，就在院子的篱笆上钉一根。第一天，男孩钉了37根钉子。后面的几天他学会了控制自己的脾气，每天钉的钉子也逐渐减少了。他发现，控制自己的脾气，实际上比钉钉子要容易得多。

　　终于有一天，他一根钉子都没有钉，他高兴地把这件事告诉了爸爸。爸爸说："从今以后，如果你一天都没有发脾气，就可以在这里拔掉一根钉子。"日子一天一天过去，最后，钉子全被拔光了。爸爸带他来到篱笆边上，对他说："儿子，你做得很好，可是看看篱笆上的钉子洞，这些洞永远也不可能恢复了。就像你和一个人吵架，说了些难听的话，你就在他心里留下了一个伤口，像这个钉子洞一样。插一把刀子在一个人的身体里，再拔出来，伤口就难以愈合了。无论你怎么道歉，伤口总是在那儿。要知道，身体上的伤口和心灵上的伤口一样都难以恢复。你的朋友是你宝贵的财产，他们让你开怀，让你更勇敢，他们总是随时倾听你的忧伤。你需要他们的时候,他们会支持你,向你敞开心扉。"

　　人与人之间常常因为一些无法释怀的坚持,而造成永远的伤害。如果我们都能从自己做起,开始宽容地看待他人,相信你一定能收到许多意想不到的结果。对别人开启一扇窗,也就是让自己看到更完整的天空。

(资料来源:豆丁网.http://www.docin.com/p-593206888.html)

五、心灵拓展

穿越原始小森林

　　有个盲人一直有个梦想,想穿越原始森林,但是凭他一个人的力量肯定不行,森林里有各种危险,也容易迷路。有一天他把自己的愿望和一个好朋友说了,好朋友决定做他的眼睛,帮他实现这个愿望。于是,他们就整装出发了。他们在路上会碰到哪些障碍,会发生什么事情,朋友为盲人做了什么呢?

活动规则

(1) 请四位同学上来,自愿为先,组成两组(最好男女搭档);一人扮演"盲人",另一人扮演他的朋友(即"引路人");朋友要做的就是帮助盲人绕教室的过道安全地走一圈。朋友可以用语言提示,可以用手搀扶,要全心全意保护盲人的安全。

(2) 做完后互换角色继续刚刚的游戏。

(3) 其他同学可以充分发挥想象力,设置各种障碍,但要注意安全,同时也体验一下自己如果是其中一员的话会如何。游戏结束后请大家握握手表示对对方的感谢。(在活动过程中可以播放音乐《爱的奉献》)

活动目的

(1) 通过亲身体验,让学生体会信任与被信任的感觉,作为被牵引的一方,应全身心信赖对方,大胆遵照对方的指引行事;而作为牵引者,应对伙伴的安全负起全部的责任,对一举一动的指令均应保证准确、清楚。另外,万一指令有错,信任受到怀疑后很难重建。

(2) 体验到朋友之间友爱互助的重要性,培养大家相互合作、相互帮助的能力。

讨论分享

(1) 对参与游戏的同学,提问以下问题:

A. 扮演盲人时,是怎样一个心情呢?害怕吗?或者感到安全吗?

B. 信任你的朋友吗?

C. 当你的朋友没有为你提示前面的障碍而让你绊倒时,你会怎么想?

(2) 对不参与游戏的同学，提问以下问题：

A. 为什么设置那么多障碍呢？你认为这些障碍会对这对朋友造成怎样的影响？

B. 如果你是参与者，对于这些障碍你会怎么想？

六、心灵感悟

通过本节的学习，你的收获有哪些？

第五章

调控情绪——让青春不失色

第一节 认识情绪 管理情绪

一、生活链接

控制自己的情绪

在一所初中就读二年级的刘鑫鑫因为在家里和父母吵了架,于是便一个人赌气坐出租车去游戏厅找朋友玩耍。

开车的是一位老人,他看着刘鑫鑫一脸气呼呼的样子,好像知道发生了什么。他一边开车一边给刘鑫鑫讲起小时候自己的故事。他说:"那时候,我最喜欢和小朋友们玩上树爬墙的游戏。记得当时郊区正在盖一幢八层楼高的房子,我和小伙伴们约好周末一起去爬那栋楼房。我的父母知道后,坚决不准我去干这事,他说太危险了。于是,我就和他们大声地争执起来了,并且一气之下我偷偷溜了出来,因为我急于想证明我是对的。也许是因为急躁吧,在爬到第二层楼的时候,我踩空了,结果重重地掉了下去,摔断了左腿。你看,就因为我一时的冲动、生气,我从那以后就成了残疾人,我的所有梦想都只能化作泡影。最后,我只能选择开出租车来养家糊口。"听完老人的故事,刘鑫鑫心里七上八下地难以平静。下车的时候,老人拍拍刘鑫鑫的肩膀说:"小伙子,控制好你的情绪哟!可别像我这样,到时候后悔就来不及了。"

这个故事中讲到一个核心的内容,那就是管理好自己的情绪。如果不能掌控自己的情绪,结果可能就会让我们因为一时的冲动而酿成永远难以弥补的后果。而这正是我们要探讨的话题。

要想成为一个优秀的人,取得巨大的成功和成就,就必须拥有良好的管理情绪的素质和能力。只有能够很好地控制自己的情绪,才能做到心平气和,临危不乱,头脑清醒，行为理智，全面分析问题，从而做出理想的决策，采取有效的行动，获得满意的结果。反之，如果情绪老是波动起伏，一会儿焦虑，一会儿生气，一会儿又兴奋，一会儿又难过，这样的情绪状态，必定会让人屡屡犯错，难以取得真正的成功。

那么，我们今天就一起来走进情绪，认识情绪，管理情绪，做情绪的主人。

(资料来源：http://max.book118.com/html/2015/0724/21881018.shtm)

二、心海导航

什么是情绪呢？

情绪就是人对客观事物与人的需要之间的关系的反映，它是以需要为中介的一种反映形式，只有与人的需要有关的事物，才能引发人的情绪。换句话说，情绪就是一个人的需要是否得到满足后表现出来的一种心理感觉。一般地说，凡满足人的需要的事物，会引起积极的情绪体验，如取得理想的成绩、得到他人的尊重、交到知心的朋友、得到想要的东西时，我们会感到愉快、高兴、快乐等；凡不能满足人的需要的事物，则引起消极的情绪体验，如遇到不幸的事情我们会悲伤，身处危险境地我们会感到害怕或恐惧，考试考差了我们会觉得很失望，等等。此外，情绪是通过体验反映客观事物与人的需要之间的关系的，无论人对客观事物抱什么态度，人自身都能体验到。"体验"是情绪的基本特征，离开体验就谈不到情绪。

那么，情绪有哪些呢？

一般认为，快乐、愤怒、恐惧、悲哀是四种最基本的情绪。下面我们一起来分别看看。

快乐，是指个人目的达成、紧张解除后的情绪体验。比如说，你经过积极准备参加高考，结果考取了心目中的大学，你此时会感到无比的高兴和喜悦。而快乐的程度呢？则是取决于目的的重要性和目的达到的意外程度。如果你追求的目的非常重要，或者目的达到带有突然性，都会引起你异常的快乐，否则只能引起微小的满意。一般把快乐的程度分为由低到高四个层次：满意、愉快、欢乐、狂喜。

愤怒，是指个人目的不能达到或一再受到妨碍，紧张逐步积累起来而产生的情绪。如幼儿的目的性行动受到阻挠或威胁时，就会引起愤怒的情绪，人在愤怒时会引起对阻挠的进攻。一般把愤怒的程度分为由低到高五个层次：不满、生气、愠怒、大怒、暴怒。

恐惧，是指个人企图摆脱、逃避某种情境而无能为力时所产生的情绪。恐惧与快乐、愤怒不同，快乐和愤怒都是使人接近的情绪，恐惧是一种使人企图摆脱危险的逃避情绪。比如遇到地震无力对付时，我们往往会感到恐惧万分；还比如说，别人突然让你看一部很恐怖的电影，你也会感到恐惧。引起恐惧的关键因素是我们缺乏处理可怕情境的力量，此外，熟悉的环境发生了意想不到的变化也会引起我们的恐惧情绪。一般把恐惧的程度分为由低到高六个层次：陌生、不安、担心、惊恐、恐怕、恐惧。

悲哀，是指个人在失去所盼望的、所追求的东西或有价值的东西时所引起的情绪。比如考试失败，由悲哀所带来的紧张释放产生哭泣，哭泣一般不超过15分钟，在这段时间内完全可以减轻过度的紧张。哭泣后会使人精力衰竭，甚至会神志不清，最后使人感到轻松。悲哀的程度取决于失去事物的价值大小，失去的东西价值越大，引起的悲哀程度也就越强烈。一般把悲哀的程度分为由低到高五个层次：遗憾、失望、难过、悲伤、悲痛。

当然，以上只是简单介绍了情绪的最基础的四种。其实，人类的情绪远远不止这四种，而是复杂的、多姿多彩的。但是，其他的情绪几乎都是在这些基本情绪形式的基础上派生出来的，甚至形成一些情绪的复合形式，如惊怒、惊喜、亦喜亦悲、喜忧参半、悲愤交加、百感交集等。这就是说，我们每个人在日常生活中的情绪，并不是单纯的一种或者两种，而是多种类型的情绪相互交叉、相互交织在一起的。

三、反观自我

1. 情绪正常与否的判定

回忆自己的情绪经历，并用自己认为合适的色彩表示自己的情绪。

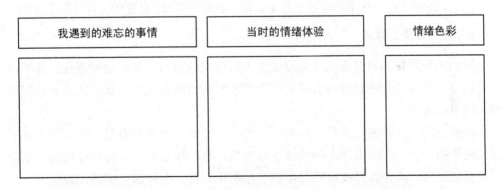

一般来说，情绪有正常和不正常之分。情绪是否正常可从以下几个方面来衡量：

（1）诱因明确。情绪的发生与发展有明确的原因，这是正常情绪的主要标志。如面临考试感到紧张，取得好成绩感到高兴，因为老师、同学、父母的误解而烦恼，这些都是正常的情绪反应；而有的时候，会莫名其妙地暴跳如雷，无缘无故地闷闷不乐，这些都是不正常情绪。

（2）反应适度。情绪的发生不仅诱因明确，而且要反应适度。反应适度就是刺激强弱与反应强弱成正比，即刺激强就反应强，刺激弱就反应弱，这就是正常的情绪；反之，弱刺激反应强，强刺激却反应弱，就是情绪不正常了。比如说，别人不小心踩到你的脚，你就大发脾气，把别人臭骂了一顿，甚至还想动手打对方，这就是一种反应过度的表现，是不正常的情绪状态。

(3) 稳定而灵活。情绪一旦发生，开始反应比较强烈，而后随着时间的推移，反应渐渐减弱，这是正常的情绪。如果情绪发生之后顿时减弱，变化莫测即为情绪不稳；如果情绪发生之后，减弱过缓，甚至"固着"，则情绪变化不灵活，这两种情绪都是不正常的情绪。比如说，因为一件小事，一位同学惹你生气了，结果你一气就气了一个星期，这样的情绪状态，也是不正常的。

(4) 情绪的自制性。正常的情绪可以受自我的调节和控制，所以人们可以情绪转移，可以掩饰情绪，也可以把消极情绪转化为积极情绪，还可以把激化转化为冷静等；不正常的情绪则自我调节能力差，一旦激情爆发，犹如脱缰的野马，不可驾驭，如果是消极情绪还会酿成不良后果。

结合自身经历的情绪变化，分析哪些是正常情绪，哪些是不正常情绪。

	正 常 情 绪	不正常情绪
情绪类型		
产生原因		

那么，情绪对我们有什么作用呢？尤其是不正常的情绪，对我们又有什么危害呢？

2. 情绪与身心健康

情绪的生理机制研究表明，情绪既受大脑皮层的调节，又与边缘系统、脑干网状结构、植物神经系统以及内分泌系统有着非常密切的联系。因此，情绪活动能影响人的身心健康。

消极情绪，如抑郁、忧愁、烦恼、焦虑、沮丧等，一方面引起人的整体心理活动失去平衡，另一方面引起人的整体生理变化，使机体免疫力降低导致疾病。生理学家研究发现，人在恐惧或悲痛时可能引起消化不良；在焦虑、愤怒、怨恨时，常常导致胃溃疡；在惊慌时会感到心跳加快，血压升高，交感神经系统处于兴奋状态。所以，过度的紧张和过分的激动对人体是有害的，甚至可以直接危及一个人的生命。当然，消极情绪有时也有积极的意义，如愤怒和仇恨等消极情绪可以使交感神经兴奋性增加，肾上腺分泌增多，身体的潜在能力得到动员，起到增力的作用，以利于适应当前的环境。

积极情绪，如愉快、轻松、开朗、乐观向上、充满希望等，对身心健康起良好的作用。情绪的活动总伴随着身体的运动活跃，提高人的协调一致，乐观、满意、高兴、欣慰、欢乐的情绪还能使人增强对疾病的抵抗力。当然，积极的情绪也要适度,过分地高兴,达到狂喜的程度,有时也会对身体造成严重的后果。

总而言之,情绪对人的工作、学习、生活有很大的影响。积极的情绪有助于工作和学习,朝气蓬勃,敢于克服困难,促进人的主观能动性发挥,提高人的活动效率;消极情绪使人意志消沉,降低人的活动效率,对工作、学习不感兴趣,妨碍正常的学习、工作和生活。

在你的经历中,哪些是积极情绪?哪些是消极情绪?这些情绪对你的身心健康、学习、生活等方面有什么影响?

	积 极 情 绪	消 极 情 绪
情绪类型		
产生原因		
产生影响		

那么,如果你有消极情绪,该怎么去让它对你产生最小的影响呢?下面就一起来讨论一下,如何管理情绪。

3. 管理自己的情绪

情绪随时随地都在伴随着我们,也影响着我们的身心健康、学习、工作和生活,所以我们要学会管理自己的情绪,做情绪的主人。

(1) 觉察自己的情绪。平时多注意自己的情绪变化,特别是遇到某些事情引起强烈的情绪反应时,要问自己:我现在的情绪是什么?我为什么这么做?我现在有什么感觉?例如,当你三番两次因为朋友约会迟到而对他冷言冷语时,你能够觉察到自己很生气,你就可以对自己的生气做更好的处理。有许多人认为:人不应该有情绪,所以不肯承认自己有负面的情绪,要知道,人一定会有情绪的,压抑情绪反而带来更不好的结果,学着觉察自己的情绪,是情绪管理的第一步。

(2) 适当表达自己的情绪。再以朋友约会迟到的例子来看,你之所以生气可能是因为他让你担心,在这种情况下,你可以婉转地告诉他:你过了约定的时间还没到,我好担心你在路上发生意外。试着把"我好担心"的感觉传达给他,让他了解他的迟到会带给你什么感受。什么是不适当的表达呢?例如,你指责他:"每次约会都迟到,你为什么都不考虑我的感觉?"当你指责对方时,也会引起他负面的情绪,他会变成一只刺猬,忙着防御外来的攻击,没有办法站在你的立场为你着想,他的反应可能是:"路上塞车嘛!有什么办法,你以为我不想准时吗?"如此一来,两人开始吵架,别提什么愉快的约会了。如何适当表达情绪,是一门艺术,需要用心体会、揣摩,更重要的是,要确实用在生活中。

(3) 以适当的方式缓解情绪。缓解情绪的方法很多,有些人会痛哭一场,有些人找三五好友诉苦一番,另一些人会逛街、听音乐、散步或逼自己做其他事情,以免老想起不愉快,比较糟糕的方式是喝酒、飙车,甚至自杀。缓解情绪的目的在于给自己一个理清想法的机会,让自己好过一点,也让自己更有能力去面对未来。如果缓解情绪的方式只是暂时逃避痛苦,之后须承受更多的痛苦,这便不是一个适当的方式。有了不舒服的感觉,要勇敢地面对,仔细想想,为什么这么难过、生气?我可以怎么做,将来才不会再重蹈覆辙?怎么做可以降低我的不愉快?这么做会不会带来更大的伤害?从这几个角度去选择适合自己且能有效缓解情绪的方式,你就能够控制情绪,而不是让情绪控制你。

看了上面介绍的管理情绪的方法,自己静下心来,思考下面的三个问题:
(1) 你能随时觉察自己的情绪变化吗?
(2) 你能适当表达自己的情绪吗?
(3) 你经常用哪些方法缓解自己的情绪?

四、心灵鸡汤

林肯的建议

有一天,陆军部长史坦顿怒气冲冲地来到林肯那里,抱怨一位少校公开指责他偏袒下属。林肯建议史坦顿立即写一封信回敬那位少校。

"可以狠狠地骂他一顿。"林肯说。

史坦顿立刻写了一封措辞激烈的信,然后拿给总统看。

"对了,对了。"林肯高声叫好,"要的就是这个!好好教训他一顿,真写绝了,史坦顿。"

但是当史坦顿把信叠好装入信封里时,林肯却叫住他,问道:"你要干什么?"

"寄出去呀。"史坦顿有些摸不着头脑了。

"不要胡闹。"林肯大声说,"这封信不能发,快把它扔到炉子里去。凡是生气时写的信,我都是这样处理的。这封信写得好,写的时候你已经解气了,现在感觉好多了吧,那么就请你把它烧掉,再写第二封信吧。"

点亮心灯

和别人生气的时候,要注意合理控制自己的情绪,既不要把自己的愤怒压抑在心底,也不要将愤怒直接发泄给别人,而是找出一个缓解愤怒情绪的合理步骤,让自己的情绪缓一缓,等自己的内心平静了再做决定。

(资料来源:张保文,李健. 青少年心理健康教育故事全集. 北京:石油工业出版社,2007)

五、心灵拓展

你能适当地表达自己的情绪吗?你能了解他人的情绪变化吗?同学们都来试试

看吧。

活动

分小组表演一下几种情绪：高兴、着急、愤怒、悲哀、害怕、惊讶。

每个小组选取一种情绪进行表演，可以几个同学合作，也可以一个人表演。其他小组的同学猜一猜他们表演的是哪种情绪。

分享

(1) 参加表演的同学有什么感受？表达自己的情绪需要注意什么？

(2) 你猜对同学表演的情绪了吗？了解他人的情绪对你来说困难吗？你有什么感受？

(3) 表达情绪除了用语言直接说出来之外，还可以用非语言的方式，比如刚才有的同学表演时皱眉、瞪眼等方式。还有哪些表达情绪的方式呢？

六、心灵感悟

情绪构成了我们生活中很重要的一部分，人不会没有情绪，如同人不会没有影子一样。对情绪的认识和觉察、表达和疏解，你有哪些感悟和收获呢？先写下来，再和同学们一起分享和探讨。

(说明：本节部分内容来源于网络，网址不详，在此对所属网站和作者表示感谢)

第二节　调适不良情绪

一、生活链接

陈东的烦恼

陈东是高中一年级的学生。最近，他遇到了不少的烦恼。于是，一个阳光和煦的下午，他来到学校的心理咨询室，心理老师给他填了下面一张表格。

情　境	你的行为和情绪表现	为什么会产生这样的表现
在考场上碰到一些难题	会很紧张，手都要发抖，结果很多题目都没完成	我一想到有题目做不出来就紧张，感觉自己很笨，同时害怕其他同学考得好

(续表)

情 境	你的行为和情绪表现	为什么会产生这样的表现
被要好同学误解	会很气愤，就一直都不理这位同学，除非他先向我道歉	该同学不应该误解我的，我又没做错什么事，为什么偏偏误解我
考试考到班级前十名	很兴奋，很长一段时间内都会想着这事，不时还要在他人面前炫耀一下	好不容易考到前十名，当然要好好炫耀一下
与父母意见不同	很恼怒	与父母有代沟，父母不理解我
受到老师批评	很压抑，低声不语	跟老师解释是无用的
路上，被同学绊了一下，差点摔倒	很生气，如果该同学没跟我道歉，我就与该同学吵闹，甚至打架	真倒霉，走路都不让好好走
上课听不懂	刚开始会很焦虑，后来就干脆不听（自暴自弃）	要学的东西那么多，很难专心听，也听不懂，就干脆不听了
老师让我参加朗诵比赛	害怕，不敢去	我肯定不行的，我什么事都做不好

从上面的表格中可以看出，陈东的烦恼主要是由自己的不良情绪造成的：一是有自卑心理，感觉自己什么都不如其他同学；二是学习压力大，高中学习要求同学们理解力、记忆能力强，由于自己入学时基础差，现阶段学习难度比之前学习大，本身也不是特别喜欢学习，因此对学习有强烈的抵触心理，感觉自己不是学习的料；三是心理负担重，担心未来适合的工作难找，也很难进入一流的大学深造。时间一久，陈东产生了情绪低落、烦躁、焦虑、易怒、压抑等不良情绪，并影响了他的学习、生活。

(资料来源：http://max.book118.com/html/2015/0619/19357020.shtm)

二、心海导航

不良情绪是指个体对客观刺激进行反应后产生的过度体验。一般来讲，消极情绪属于不良情绪范畴，但是偶尔、短暂的消极情绪，一般不会对个人产生不利影响，有些反而是有利的。如适当的考试焦虑有助于个人水平的发挥；长期的消极情绪就会对身心造成不良影响。在积极情绪中，超过一定的度，也会变成不良情绪，使身心受损，如狂喜、过分激动。因此，不良情绪包括两方面：一方面是持久的消极情绪体验，往往引起你消极情绪的事件已经无关紧要了，但当时的情绪却还一直影响着你；另一方面是过分强烈的心理体验。

在日常学习、生活中，每个同学都可能会碰到各种不顺心的事情，从而产生不良情绪。不良情绪会给一个人的身心健康带来不利影响，而善于调整情绪的人，能减轻、消除不良情绪带来的刺激和伤害。学会调整不良情绪的方法也是一个人身心健康的重要保证。

那么，有哪些情绪调节的方法呢？下面介绍五种常见的情绪调节方法。

1. 合理认知法

认知疗法认为，人的情绪来自人对所遭遇的事情的信念、评价、解释，而非来自事情本身。由于对同一件事，不同的人会产生不同的评价，从而影响情绪。即使是同一个人对待同一件事，在不同的时间、环境里也会产生不同的评价。我们对事件的解释与评价、认知与信念，都是我们产生情绪和行为的根源。不合理的认知和信念会引起不良的情绪和行为反应，如困惑、迷茫、伤心，从表面上看是由于某一事件诱发的，实际上是我们对该事件的认知引起的。青少年情绪容易波动的主要原因是还没有形成正确的自我认知，只有通过改变和重建不合理的认知与信念，才能达到消除不良情绪的目的，而不是希望有个好同学、有个好老师或者有个舒适的环境。

引起青少年不良情绪的认知往往是他对自己、对他人、对周围环境和事物的夸大化、绝对化、以偏概全的要求。

(1) 夸大化，即夸大负性事件的影响。如被老师批评，就天天闷闷不乐，担心老师以后会一直对自己有看法。

(2) 过分概括化，这是一种以偏概全、以一概十的不合理思维方式的表现。如一门考试不及格，就对所有科目失去信心，产生自卑感。

(3) 绝对化要求，它通常与"必须""应该""一定"等词连在一起。它指人们以自己的意愿出发，对事件抱着认为其必定会发生或不会发生的信念，如别人必须以我喜欢的方式对待我。

我们要意识到以一件事判断一个人是不理智的，每个人都应该承认和接受自己是可能犯错的，包括他人。我们应尽力做好自己的事而不去与别人计较，注重过程。我们控制不了他人，当受到他人责备时，有则改之，无则加勉。如当受到老师的批评时，虽会觉得有些不爽、有些难受，但应承认这种情绪的存在，还应意识到老师的人生经验、阅历比我们丰富，他这样做可能也是为了我们好，我们可能也有做错的地方，以后要注意自己的行为。这样，我们就能做到不恼怒、不抱怨，且有意识地注意自己的行为方式，这就起到缓解不良情绪的作用，还能变不利为有利。当问题不在我们身上，确定自己没错时，不是采取消极情绪应付，而是积极行动起来尽量阻止他人继续犯错，如果阻止不了，就尽量少受他人的影响。当周围环境、事物无法改变时，就尝试着接受和适应。

2. 积极自我心理暗示法

心理暗示是指用间接、含蓄的方式，对人的心理和行为产生影响。暗示作用往往会使人不自觉地按照一定的方式行动，或者不加批判地接受一定的意见或信念。每个人都存在受暗性，一些不良情绪都是受到消极暗示的影响，如"读书这件事真让我头疼""他这种做法真让我难受"等。生活中，凡是经常说"没劲""难受"

"苦烦"这样的消极字眼的人通常情绪都比较低落，这是受消极的自我暗示影响。消极暗示会对身心造成不利影响，反之，积极心理暗示会缓解不良情绪，还会带来良好的情绪。

在使用积极自我心里暗示法时，要注意以下几点：

(1) 使用积极词语，避免消极词语。请同学们体验，用下列方式暗示自己，哪种效果会更好？

考场上，同学暗示自己。

过悬崖，该生暗示自己。

我们也许有这样的经历，考试时，你不断告诫自己："我现在不紧张，现在不紧张！"你反而会越来越紧张。虽然加上"不"字，但"不"字没有太大效果，反复提醒你的却是"紧张"，"紧张"这个词语强烈地刻入你的意识中，这是负面词语的破坏力。正确的暗示是："我现在很放松，我很有信心。"因此，我们应该把你的暗示性语言如"我理解力不行""我不能失败""我不能考砸了""我不能生病"等改为"我能理解的""我会成功的""我会考好的""我很健康"等积极词语。

(2) 养成重复暗示的习惯。暗示的内容要经常性地重复，时间久了，它会置于潜意识中，成为一种习惯。暗示方式多种多样，有触觉暗示，如将暗示的语句写在纸上；听觉暗示，如将暗示语大声读出来；语言暗示，如将暗示语在心中默念；视觉暗示，如将暗示语贴在醒目位置。依据不同场景，将不同暗示方式结合起来，更能加深印象。

(资料来源：[美]布什.做自己的心理治疗师：利用积极的暗示与自我暗示掌控生活.由锋，吕宪栋，译.北京：中国发展出版社，2007)

3. 注意转移法

人的情绪是对客观外界的一个反应。我们处在一个情境中或想到某情境，情绪才会发生变化。运动会上，你800米决赛第一名，你可能会很兴奋；相反，你获得最后一名，你可能会很失落。因此有客观事物的存在，才会有情绪的变化。当情绪不良时，我们可以用转移法。转移法就是从不良情绪反应的情境中转移到其他事物上，包括环境转移和注意力转移。

(1) 音乐法。生活中，我们碰到的声音，很多时候都被感性地附上一种情绪。当听到节奏轻快的音乐时，会感觉很愉悦；当听到旋律低沉、缓慢的音乐时，会感觉很忧愁。因此，音乐可以调整我们的情绪。当你情绪不佳时，可以通过听一些轻音乐缓解心理，调整情绪。

(2) 幽默法。幽默能使紧张的心情得到放松，压抑的情绪得到释放，从而消除不良情绪的影响。精彩的幽默还能使人从中受到教育。

(3) 环境转移法。你可以去操场跑步，通过跑步把压抑情绪释放出来，不愉悦的心情也会消失大半。你也可以约一群同学出去游玩，在游玩中，感受愉悦的心情。

(4) 哭泣法。哭泣是人类宣泄不良情绪的一种本能行为。大多数同学哭一场后，不良的情绪会缓解很多。

(5) 大声叫喊法。当心情不好想爆发时，还可以找个空旷的地方，大声地叫喊几句。当叫喊累了，恢复平静时，你的不快会少很多。

(6) 倾诉法。有时，不良情绪光靠自己调节还是不够的，需要别人的疏导。当你意识到不良情绪时，可主动找身边的父母、老师或同学、朋友诉说，把闷在心里的苦恼说出来，在倾诉过程中可以得到他人的安慰和疏导。

4. 培养积极情绪

积极情绪和消极情绪都有强化作用。为什么有的学生不爱学习？往往是因为他们在学习中伴随着消极的情绪，对目前的教育制度不认同但又摆脱不了而感到困惑，老师没有恰当理解自己的行为而感到恼怒，达不到父母对自己的期望而感到愧疚，同伴间交往充满矛盾不知该如何处理而感到迷茫。为什么对某种活动感兴趣？往往是因为活动过程中常常伴随着积极的情绪,如学习中获得好成绩而带来的优越感,获得别人肯定而带来的满足感,在游玩中身心彻底放松带来的愉悦感等。因此,在弄清楚积极或消极情绪产生的背景时,要寻找适合的方法和途径来解决。如对考试感到担心,就要积极地把精力放到加强学习上,通过提高学习成绩,克服消极情绪,培养积极情绪。

5. 心理换位法

心理换位法是指人与人之间在心理上互换位置,能设身处地从他人所处的背景、角色、情境中去思考、理解他人的处境、心情。例如,晓生和明明是同桌,两人是挺要好的朋友。可是晓生有段时间不知遇到什么事,总是闷闷不乐,不爱答理他人。下课时,明明像平时一样跟她聊天,她有一句没一句地搭着,心不在焉的样子。一两天过去了,明明有些不耐烦,心想:晓生怎么这样子,还当不当我是朋友啊!她这样子,我不理她好了。于是,两个人开始"生疏"起来。直到有一天,班主任不经意的一句话,让明明恍然大悟,原来那段时间晓生的爸爸生了重病,她很担心,所以才会忧心忡忡。明明知道事情后,她试着运用心理换位法,在心理上扮演晓生的角色,站在晓生的角度上去理解当时的处境,她开始体验到当亲人病重时那种焦急、心痛的感觉。明明理解了晓生的行为,也为当时只简单地从自己的角度看待问题而感不妥。

三、反观自我

特质应对方式问卷

当你遇到平日里的各种困难或不愉快时(也就是遇到各种生活事件时),你往往是如何对待的?请根据具体情况做出分析。(肯定是——肯定不是,5点记分)

(1) 能尽快地将不愉快忘掉。	1 2 3 4 5
(2) 易陷入对事件的回忆和幻想之中不能摆脱。	1 2 3 4 5
(3) 当作事情根本没有发生过。	1 2 3 4 5
(4) 易迁怒于别人而经常发脾气。	1 2 3 4 5
(5) 通常向好的方面想,想开些。	1 2 3 4 5
(6) 不愉快的事很容易引起情绪波动。	1 2 3 4 5
(7) 喜欢将情绪压在心底不让其表现出来,但又忘不掉。	1 2 3 4 5
(8) 通常与类似的人比较,觉得算不了什么。	1 2 3 4 5
(9) 能较快将消极因素化成积极因素,例如参加活动。	1 2 3 4 5
(10) 遇烦恼的事很容易想悄悄地哭一场。	1 2 3 4 5
(11) 旁人很容易使你重新高兴起来。	1 2 3 4 5

(12)	如果与人发生冲突，宁可长期不理对方。	1	2	3	4	5
(13)	对重大困难往往举棋不定，想不出办法。	1	2	3	4	5
(14)	对困难和痛苦能很快适应。	1	2	3	4	5
(15)	相信困难和挫折可以锻炼人。	1	2	3	4	5
(16)	在很长的时间里回忆所遇到的不愉快事。	1	2	3	4	5
(17)	遇到难题往往责怪自己无能而怨恨自己。	1	2	3	4	5
(18)	认为天底下没有什么大不了的事。	1	2	3	4	5
(19)	遇苦恼事喜欢一个人独处。	1	2	3	4	5
(20)	通常以幽默的方式化解尴尬局面。	1	2	3	4	5

记分和结果大致解释：

各项目答案由"肯定是"到"肯定不是"采用 5-1 五级计分法。其中，消极应对分由条目(2)、(4)、(6)、(9)、(10)、(13)、(15)、(17)、(18)、(19)累分后所得，大于 35 分显示"消极应对"活跃；积极应对分由条目(1)、(3)、(5)、(7)、(8)、(11)、(12)、(14)、(16)、(20)累分后所得，大于 40 分显示"积极应对"活跃。

四、心灵鸡汤

塞尔玛的故事

在美国，一位叫塞尔玛的女士随丈夫从军。没想到部队驻扎在沙漠地带，住的是铁皮房，与周围的人语言不通；当地气温奇高，在仙人掌的阴影下都高达 52℃；更糟的是，后来她丈夫奉命远征，只留下她孤身一人。因此她整天愁眉不展，度日如年。无奈中她只得写信给父母，希望回家。不久后，她收到了回信，拆开一看后，她大失所望。信封里只是一张薄薄的信纸，上面写着短短几行字："两个人从监狱的铁窗往外看，一个看到的是地上的泥土，另一个却看到的是天上的星星。"

塞尔玛心里非常失望和生气，心里想着父母怎么这么狠心？但尽管如此，这几行字还是引起了她的兴趣。她反复看，反复琢磨，终于有一天，她忽然灵光一闪，惊喜异常，每天紧皱的眉头一下子舒展开了。

原来从这短短的几行字里，她终于发现了自己的问题所在：她过去总习惯低头看，结果只能看到泥土。自己为什么不抬头看呢？抬头看，那是满天的星星！

(资料来源：新浪博客. http://blog.luohuedu.net/blog/224617.aspx)

其实，面对同样的处境，解释不一样，结果也迥异不同。一个是无限的痛苦，一个是不尽的快乐；一个是阴雨连绵，一个是阳光灿烂。对于塞尔玛来说，改变的不是环境，而是她的视角和心态，这就是合理情绪疗法在生活中的充分运用。

五、心灵拓展

体验紧张

全体同学以圈形站立,伸出左手手心向下,伸出右手食指向上与相邻同学的左手手心接触。主持人随机地喊一些数字,当喊的数字的尾数是 8(如 18、28 等)时,学生就要设法左手抓住相邻同学的手,而右手则要设法逃离,避免被别人抓住,以使得学生体验心理紧张的感觉。

通过多次反复,让学生体验到紧张的情绪。

六、心灵感悟

情绪自我调节表

情绪自我调节表,是指能够认识到自己正在进行的情绪反应,并对自己的情绪反应进行理性的分析,从而调整自己的情绪。情绪的自我调节是一个"意识→调整→行动→收获"的过程。"意识"是指个体意识到不良情绪的出现;"调整"是指对不良情绪和环境刺激进行理性的分析后,进行合适的调整;"行动"是指经过调整之后付诸到行动中;"收获"是指付诸行动后所得到的体验、收获。请同学在接下来的一周内,将自己的情绪体验填写完整。

过　　程	事件一	事件二	事件三	……
意识(什么事让我产生不良情绪)				
调整(我是如何看待这件事)				
行为(我在行动上怎么做)				
收获				

(说明:本节部分内容来源于网络,网址不详,在此对所属网站和作者表示感谢。)

第六章

学会学习——学海无涯任你游

第一节　树立信心　助你前行

一、生活链接

小玲的故事

小玲(化名)："刘老师，我想转回家去读书，来这是个错误，完全的错误……"

这就是小玲与我的开场白，我的心为之一震。在我咨询室的小屋里，她静静地坐在我面前，低着头，一脸的忧伤，但十分肯定。

小玲，在初三时从山东老家转来的，中考后升入我校，刚入校时，她脸上还总挂着灿烂的笑容，上课举手发言踊跃，但她说话带着浓重的家乡口音，每次回答问题总引来同学们的一阵哄笑。开始，她并不在意，可慢慢地，课下有调皮的学生模仿她；慢慢地，她上课沉默了，脸上灿烂的笑容也随之消失，目光呆滞，一副忧伤的样子。

通过与小玲的对话我了解到，这个孩子在短短两个月内所承受的压力。来自乡镇文化和城市文化的冲突，这种极大的落差让她无法适从。现在的她只有摆脱往日的"阴影"，全心投入新的生活与奋斗中，才能重新振作起来，她需要建立新的心理平衡点，只有那样，她才会有足够的勇气和决心去克服当前的困境。

小玲的进步是飞快的，短短两个月，她好像完全变了个人，不再郁郁寡欢，嘴角上时时挂着笑容，整个人神采飞扬，她开始有新朋友了，而且与她们相处得十分融洽。

在这几个月中，我分享了小玲的苦与乐，悲与欢。我看到了她的成长，她的飞跃。我为自己能够帮助她从自卑的旋涡中爬出来，去拥抱自信的阳光而感到无比的欣慰。在她成长的道路上一定还会遇到更多的困难，但我相信有了这次的经历，她一定会应付自如，坚强地面对一切挫折！

(资料来源：http://max.book118.com/html/2015/0609/18713849.shtm)

紧张的小雅

小雅，女，19岁，某校高三补习生，数学基础差，补习后进步不大。特别是近几次的考试成绩都不理想，考前紧张感加剧，脑子里总想："要是再考不上怎么办？"越想越紧张，越紧张越控制不了自己不想。极度的紧张使小雅再在看书复习的时候，经常是大脑一片空白，明明要看的书很多，想做的题也很多，可就是不知道到底要先干什么，总觉得：先弄啥都不对，不知该怎么办……

(资料来源：http://max.book118.com/html/2015/0706/20518543.shtm)

二、心海导航

自信是一个人心理健康的重要标志之一，也是获得成功的重要因素。中学生正值青春期，精力旺盛，心高气傲，情绪不稳定，鉴于自我认识水平有限，有时容易过高或过低地评价自己。他们如果能在成长过程中，有自信这样良好的心理素质基础，能不断体验自信带来的成功和喜悦，获得一种内在的力量，不仅可以促进有效地学习，更能为将来走上社会，信心十足地参与社会竞争打下良好的基础。

现实中，不自信常带给我们许多消极情绪——"不自信的人，没有竞争力，最终是生活的失败者"，"不自信的人不快乐，不可爱"。我们的文化在构建词语时也构建了人的内心真实，因为人是通过语言思考的，语言既帮助人也限制人对问题的分析与描述，不自信这个本身很自然的心境被固化成一种自我挫败的心态，很多人不得不去掩饰，或唯恐避之不及，平添出许多内心焦虑。

我们要正确看待自信与不自信，既要正确树立自信心，也不要忽略不自信带给我们的积极作用。

三、反观自我

心 理 测 评

测试导语

自信是指一个人对自己恰当适度的信心，是心理健康的支柱。请仔细阅读下面的30个小问题，理解题意后，请照你的第一反应，如实回答"是"或"否"。

测试项目

(1) 我想做的事就一定能做到。

(2) 我的观点常与众不同，具有独特性。

(3) 我感到身心不易放松。

(4) 我常认为自己是正确的。

(5) 我常思考别人会用什么方式对待我。

(6) 我是一个有主见的人。

(7) 我的习惯大部分都是好的。

(8) 我是一个有才能的人。

(9) 人定胜天。

(10) 我在许多方面都比别人强。

(11) 我时常自夸。

(12) 求人不如求己。

(13) 我虽有明确的目标但缺乏计划性。

(14) 我常担心别人看不起我。

(15) 我希望别人能多给我一些帮助。

(16) 我非常乐于助人。

(17) 我觉得社会不大需要我做的这种工作。

(18) 我觉得许多人都不怎么喜欢我。

(19) 我对周围缺乏安全感。

(20) 天生我材必有用。

(21) 我从不自责。

(22) 我常不满足于现状。

(23) 我觉得无论别人做什么都比我容易。

(24) 我担心有什么不幸的事会发生在我身上。

(25) 我善于与人交往。

(26) 我觉得自己容易陷入窘境。

(27) 我相信明天会比今天好。

(28) 我生活得很充实。

(29) 我对未来深感忧虑。

(30) 与他人相比，我的精力不足，效率也不高。

记分方法

第(1)、(2)、(4)、(6)、(7)、(8)、(10)、(12)、(16)、(20)、(21)、(22)、(25)、(27)、(28)题答"是"记1分；第(3)、(5)、(9)、(11)、(13)、(14)、(15)、(17)、(18)、(19)、(23)、(24)、(26)、(29)、(30)题答"否"记1分。

我的总分是＿＿＿＿＿＿＿

结果解释

27分及以上，说明你的自信不成问题。你平时给别人的印象是从不自卑，但有些人会觉得你自大。所以对你来说，应防止过高评价自己。

22~26分，说明你的自信是适当的。你很少自卑，做事踏实，常会取得好成绩。

18~21分，说明你的自信水平在常态范围之内，注意适当增强就是了。

17分及以下，说明你的自信不足，但你的内心总想给他人留下好印象。你需要积极调整，增强自信，必要的时候可以寻求专业的心理帮助。

四、心灵鸡汤

自信与不自信

自信指的是自己相信自己。自信与不自信是描述人在社会适应中的一种自然心境，即人尝试用自己有限的经验去把握这个陌生世界时的那种忐忑不安的心理过程。

它们之间有什么样的关系呢？自信的心理功用是一种对不自信的平衡。自信与不自信在心理动力特征上具有非常的互补性，如同黑夜和白昼。不自信是土壤，自信是地上的庄稼。我们常常认同的是庄稼的价值，却否定土壤的重要性，结果自信就成了无源之水。不自信才是人类精神领域可靠的、赖以生存并维持生命张力的心境。不自信提醒人类要保持谦虚的心态，对未知的东西保持高度敬畏心。

(资料来源：袁章奎. 心理制胜. 广州：广东省出版集团，2010)

励志小品

有一天，聪明绝顶的纳斯鲁丁跑来找奥修，非常激动地说："快来帮帮我！"奥修问："发生了什么事，让你难过成这样？"纳斯鲁丁说："我感觉糟糕透了，最近我开始有强烈的不自信，这很糟糕，快告诉我，我要做些什么来消除它。"奥修说："你一直是很自信的人，发生了什么让你如此不自信了呢？"纳斯鲁丁非常沮丧地说："我发现每个人都像我一样好！"

(资料来源：袁章奎. 心理制胜. 广州：广东省出版集团，2010)

温馨提示：非常自信的人往往也非常不自信。自信满满的人可能正是那些不太自信的人，处处谦虚谦让的人更可能是内心笃定的。

五、心灵拓展

训练目的
为促进同学之间相互肯定与接纳。

训练步骤
以小组为单位围坐在一起。请一位成员坐或站在小组中间，其他组员轮流说出他的优点(如性格、相貌、处事……),然后被称赞的成员说出哪些优点是自己以前察觉的,哪些是不知道的。每个成员轮流到中央被赞美一次。

注意事项

规则是必须说优点,态度要诚恳,努力去发现他人的长处,不能毫无根据地吹捧。参加者要注意体验被人称赞时的感受,了解怎样用心去发现他人的长处,怎样做一个乐于欣赏他人的人。

六、心灵感悟

通过本节的学习你有哪些收获?

第二节 制订计划 走向成功

一、生活链接

小李的苦恼

一天,小李来到某咨询室开门见山地叙述道:"我是一个中考的失败者,不能走入重点高中,只有进入职业高中。我没有超人的才智,普通得不能再普通。每天的生活平平淡淡。中考失败让父母很失望,他们认为我不会有机会再考大学,所以对我已不抱多大期望。我不知道今后的路,也不知道该怎么走,也不知道现在该怎么做。都说十六七岁是人生最美好的年华,可我却没有体会到,我只知道自己的内心充满了迷茫和困惑。我不知道该如何面对已对我放弃希望的父母,如何面对已开始的职校生活,如何面对属于自己的未来,如何……"

(资料来源:http://max.book118.com/html/2015/0429/15995543.shtm)

聪明的小伟

小伟是个很聪明的孩子,长得眉清目秀的。初中的时候没怎么努力就考上了一所重点高中。最近他在学习上却遇到了麻烦:自己很努力、很认真地去学习,上课时明明听老师讲得很清楚,可一到课后做习题就不会了。几周下来小伟动摇了,开始怀疑自己的能力,在学习上的积极性也不那么高了。他感觉自己的努力白费了,越来越没学习的劲头,甚至抱着那种"今天没学会,明天再学吧,明天还是不会那就后天再说吧"的态度。为此,老师和家长很担心。

(资料来源:http://max.book118.com/html/2015/0706/20518543.shtm)

二、心海导航

进入高中之后，同学们或多或少存在一些迷茫和困惑。可每个人都渴望成功，渴望拥有不一样的人生。那么，怎样才能取得成功，如何才能拥有不一样的人生呢？大家似乎都很茫然。尤其是中学学生，他们整日埋头苦读，却很少有一个明确的方向。这堂生涯辅导课旨在通过学生对当前自身状况的反思，促使他们树立清晰明确的人生目标，制订合理计划，规划好人生，无论对其当前的学业，还是对其整个人生的发展都是至关重要的。

人的精力毕竟有限，会做的事很多，能办成的却很少。如果精力分散，到头来只会两手空空。这个道理很好理解，但在现实中，人们总是对"身边的礼物"发生兴趣，不断更换目标。这种习惯往往从小就养成了，比如，看了公主和王子的故事，心里就想：我将来一定要当一个王子，想吃多少糖就吃多少糖——这时候太小，对漂亮姑娘是不感兴趣的。长大一点，看了某部警匪片，又不想当王子了，还是当个警察，好威风啊！再长大一点，看了某部武侠小说，又不想当警察了，不如当个武林高手，一脚扫倒一大片。再长大一点，听了某场演唱会，觉得还是当个歌手比较合算。等到走进社会，目标仍游移不定，一会儿想搞业务，一会儿想当管理者，一会儿想成为老板……这好比走路一样，这条路上走走，那条路上走走，能走到哪去呢？

在这个世界上，值得追求的东西很多，什么都想要，就什么也得不到。只有选定一个目标，盯紧它，全力追赶它，不受其他"猎物"的诱惑，才可能达到心愿。

成功是发现你最佳的才能、技巧和能力，并且把它们应用在最有效的地方，即做你做得到的事情，并且做好你所做的任何事情。成功是把自己的心力运用在你所爱做的工作上面，它是指一个人热爱自己的工作。它需要你全神贯注于生活中的主要目标，把你现在的全部力量集中于你所热望完成的事情上。因此，目前国际公认的成功定义就是：实现自己有意义的既定目标。成功的实质是自由。

(资料来源：袁章奎. 心理制胜. 广州：广东省出版集团，2010)

三、反观自我

心 理 测 评

测试导语

以下题目不是测试你的技巧，也不是向你提出什么难题，只是帮助你对自己的成功心理倾向做剖析，使你对自己有正确的评价和估计。回答下列问题，并把反映你基本态度的答案记分。

A. 非常同意　　B. 有些同意　　C. 有些不同意　　D. 不同意

测试项目

(1) 有时候成败的确能论英雄。
(2) 快乐的意义对我们来说比钱重要得多。
(3) 假如我知道这件工作必须完成,那么工作的压力和苦难并不能困扰我。
(4) 我非常害怕自己会犯错误。
(5) 我的名誉对我来说极为重要。
(6) 我的适应能力非常强,知道什么时候将会改变,并为这种改变做准备。
(7) 一旦我下定决心,就会坚持到底。
(8) 我非常喜欢别人把我看成是个身负重任的人。
(9) 我有些嗜好花费很高,而且我有能力去享受。
(10) 我很小心地将时间和精力花在某一个会有积极和正面成果的计划上。
(11) 我是一个团体的成员,让自己的团体成功比获得个人的认可更重要。
(12) 我宁愿看到一个方案推迟,也不愿无计划、无组织地完成。
(13) 我以能正确表达自己的思考为荣,但是我必须确定别人能了解我。
(14) 我的工作情绪是很高昂的,我有用不完的精力,很少感到精力枯竭。
(15) 大体来说,良好的判断对我来说,比了不起的点子更有价值。

记分方法

(1) A-0 B-1 C-2 D-3   (2) A-3 B-2 C-1 D-0   (3) A-2 B-3 C-1 D-0
(4) A-1 B-3 C-2 D-0   (5)~15 均为 A-3 B-2 C-1 D-0

结果解释

0~15 分:对你来说,成功是圆满的家庭生活和精神生活,而不是权力和金钱的获得,因为你能从工作之外得到成就感,因此,可能不适合去爬高位,这个建议可以帮助你专注在实现自我的目标上。

16~30 分:也许你根本就没想去争取高位,至少目前是如此。你有了这个能力,但是你还不准备做出必要的牺牲和妥协。这个倾向可以促使你寻找途径发展跟你目标一致的事业。

31~45 分:你有获得权力和金钱的倾向,要爬上任何一个组织的高峰对你来说都是比较容易的事情,而且你通常能办得到。

四、心灵鸡汤

目标决定成功

世界顶尖潜能大师安东尼·罗宾曾经这样说:"有什么样的目标,就有什么样的人生。"

一个没有目标的人就像一艘没有舵的船,永远漂流不定,只会到达失望、失败和沮丧的海滩。

不成功者常常混淆了工作本身与工作成果的基本概念。他们以为大量的工作，尤其是艰苦的工作，就一定会带来成功。但是不知道任何活动本身都不能保证一定能成功。一项活动要有用，就一定要朝向一个明确的目标。也就是说，成功的尺度不是做了多少工作，而是做出了多少成果。

在非洲撒哈拉沙漠中有一个叫比塞尔的村庄，它靠在一块15平方公里的绿洲旁，从这里走出沙漠一般需要三天三夜的时间。可是在肯·莱文1926年发现它之前，这儿的人没有一个走出过大沙漠。为什么世世代代的比塞尔人始终走不出那片沙漠？原来比塞尔人一直不认识北斗星，在茫茫大漠中，没有方向的他们只能凭感觉向前走。然而，在一望无际的沙漠中，一个人若是没有固定方向的指引，他会走出许许多多大小不一的圆圈，最终回到他起步的地方。但是自从肯·莱文发现这个村庄之后，他便把识别北斗星的方法教给了当地的居民，比塞尔人也相继走出了他们世代相守的沙漠。如今的比塞尔已经成了一个旅游胜地，每一个到达比塞尔的人都会发现一座纪念碑，碑上刻着一行醒目大字：新生活是从选定方向开始的。

一个人要想成就一番事业，就应该有一个明确的奋斗方向。沙漠中没有方向的人只能徒劳地转着一个又一个圈子，生活中没有目标的人只能无聊地重复着自己平庸的生活。对沙漠中的人来说，新生活是从选定方向开始的；而对现实中的人来说，新生活是从确定目标开始的。

(资料来源：袁章奎. 心理制胜. 广州：广东省出版集团，2010)

励 志 小 品

一位著名的推销大师即将告别他的推销生涯，应行业协会和社会各界的邀请，他将在该城中最大的体育馆做告别职业生涯的演说。那天，会场座无虚席，人们在热切地、焦急地等待着那位当代最伟大的推销员做精彩的演讲。当大幕徐徐拉开，舞台的正中央吊着一个巨大的铁球。为了这个铁球，台上搭起了高大的铁架。一位老者在人们热切的掌声中走了出来，站在铁架的一边。他穿着一件红色的运动服，脚下是一双白色胶鞋。人们惊奇地望着他，不知道他要做出什么举动。这时两位工作人员抬着一个大铁锤放在老者的面前。主持人这时对观众讲："请两位身体强壮的人到台上来。"好多年轻人站起来，转眼间已有两名动作快的跑到了台上。老人告诉他们游戏规则："请他们用这个大铁锤，去敲打那个吊着的铁球，直到把它荡起来。"一个年轻人抢着拿起铁锤，拉开架势，抡起大锤，全力向那吊着的铁球砸去，一声震耳的响声，吊球动也没动。他接着用大铁锤接二连三地砸向吊球，很快他就气喘吁吁。另一个人也不示弱，接过大铁锤把吊球打得叮当响，可是铁球仍旧一动不动。台下逐渐没了呐喊声，观众好像认定那是没用的，就等着老人做解释。老人从上衣口袋里掏出一个小铁锤，然后认真地面对着那个巨大的铁球敲打起来。他用小锤对着铁球"咚"地敲一下，然后停顿一下，再一次用小锤"咚"地敲一下。人们奇怪地看着老人那样"咚"地敲一下，然后停顿一下，就这样持续地做。十分钟过去了，二十分钟过去了，会场早已开始骚动，有的人干脆叫骂起来，人们用各种声音和动作发泄着他们的不满。老人仍然敲一小锤停一下地工作着，他好像根本没有听见人们在喊叫什么。人们开始忿然离去，会场上出现了大片大片的空缺。留下来的人们好像也喊累了，会场渐渐地安静下来，大概在老人敲打了四十分钟的时候，坐在前面的一个妇女突然尖叫一声："球动了！"刹那间会场鸦雀无声，人们聚精会神地看着那个铁球。那球以很小的幅度动了起来，不仔细看很难察觉。老人仍旧一小锤一小锤地敲着，吊球在老人一锤一锤的敲打中越荡越高，它拉动着那个铁架子"哐哐"作响，它的巨大威力强烈地震撼着在场的每一个人。终于场上爆发出一阵阵热烈的掌声，在掌声中老人转过身来，慢慢地把那小锤揣进兜里。老人开口讲话了，他只说了一句话："在成功的道路上，你如果没有耐心去等待成功的到来，那么，你只好用一生耐心去面对失败。"

(资料来源：袁章奎. 心理制胜. 广州：广东省出版集团，2010)

温馨提示：每个人都应耐心追求成功，你会因此而品尝到成功的果实。成功就是简单的事情重复做，只要持之以恒地坚持下去，成功迟早会光顾你。

五、心灵拓展

训练目的
本次拓展训练是让大家了解自己的长处及短处，同时通过团体游戏的方式体会合作的重要性。

训练材料
自制几套拼图，将一套拼图打散在数个信封，每位组员一份；其他几套拼图照样准备，在每套信封上注明组别。

训练步骤
每组 4~8 人，各分得一套装有拼图块的信封，要求在 10 分钟内将图拼出。
禁止组员说话，只能用身体语言，以增加游戏难度。最快完成拼图的一组获胜。

训练讨论
(1) 什么因素使你们拼得快而准？
(2) 组员中谁最主动？谁最被动？谁只留意自己？
(3) 有没有人留意别人手中的拼图，尽量配合别人所需，贡献己有？
(4) 在整个过程中，你感觉如何？为什么？

注意事项
负责人告诉参加者，其实每人只有拼图一份，既有容易完成的部分，也有不易完成的部分，并请参加者想一想，自己有什么突出或不圆满之处。

每人发一张纸，分两栏，在一栏写上自己的优点，在另一栏写上自己的缺点，并在背面写下一项自己可以在这个群体中发挥优点的具体行动。

六、心灵感悟

(1) 通过本节的学习你有哪些收获？

(2) 你觉得在生活中应该有哪些改变呢？

第三节　掌握方法　事半功倍

一、生活链接

一个男生的苦恼

某男生快速走进咨询室，瞻前顾后地坐在椅子上后，眼神慌乱，眼睛一直向窗外看，不与老师眼光接触，双手不停地相互搓着，整个状况看上去无主、无助。

该同学来自农村，家境不是太好，兄弟姊妹太多，老父已年过七旬，现仅靠父亲一点退休金和母亲侍弄的一点小菜维持家中生计，兄弟姊妹们虽都长大自立，但却是个人顾个人，没有谁去看望过父母，供养一下家中生活开支，导致他就无心学习，也感觉不到学习有什么用。

(资料来源：http://max.book118.com/html/2015/0616/19155030.shtm)

小明的苦恼

小明曾是班上的尖子生，进入高三后，他把所有的时间都用在学习上，午睡取消了，课外活动不参加了，甚至连课间十分钟，他也舍不得"浪费"，真是挤出所有的时间放到了学习上，但他的学习却是每况愈下。小明心里非常苦恼："论用功，再也没有谁能超过我了，可是……"

(资料来源：http://max.book118.com/html/2015/1125/30130683.shtm)

二、心海导航

顾名思义，厌学就是讨厌学习。具体来说，厌学是指学生在主观上对学校学习失去兴趣，产生厌倦情绪和冷漠态度，并在客观上明显表现出来的行为。具体表现是学习效率低下，尽管有时候用功了，但效果不佳，并且感到学习非常枯燥，毫无兴趣；如果家长不督促，很少主动学习，不会主动地去涉及其他学习内容；一学习就觉得疲劳；要完成某一学习任务，需要家长用物质激励；常常幻想，自己有多成功；有不明白的问题时，很少去弄明白到底是为什么；花在电视、电脑和娱乐上的时间比学习时间多；没有明确的学习目的，不会提前做计划等；有的甚至一提到学习就头疼。厌学可以划分为轻度厌学、中度厌学、重度厌学。轻者，表现为对上学不感兴趣，但迫于家庭或外界压力又不得不走进学校，在校学习状态消极，学习效率低下。重者，可能会从心底产生对上学和学习的厌恶情绪，最终可能会选择退学、离家出走等极端行为。

进入高中学习后，很多学生感觉自己虽然很努力，很忙碌，但是学习效果不理想，考试之后很焦虑，无所适应，不知该如何调节状态，陷入恶性循环。而有的同学看起来好像在玩，但成绩却很好……这些现象不禁让人感叹：学习仅仅靠勤奋是不够的！

道高高于法。学习的较高境界应该是：学习目标、学习意志、学习兴趣、学习方法、健康心态的综合发展、恒久稳定和良性循环。特别是科学的、行之有效的、适合自己的学习方法，可以帮助学生优化学习过程，提高学习效率和质量。

三、反观自我

心 理 测 评

测试导语

不同的人有不同的学习方法，别人有效的学习方法对你来说未必合适。下面是一个了解自己学习方法的问卷，每个问题有五个答案可供选择，请选出最符合你学习情况或兴趣特点的答案。

完全符合——5分　　比较符合——4分　　说不清楚——3分
比较不符合——2分　　完全不符合——1分

测试项目

(1) 喜欢学习内容通过多媒体展现给我。
(2) 喜欢将重要的知识记下来便于复习。
(3) 能够熟练也喜欢在笔记本上绘制图表。
(4) 能够理解并按地图上的路线找到目的地。
(5) 通过报纸对新闻的理解胜过收音机。
(6) 将知识点在大脑中形成图像记忆最好。
(7) 擅长做一些迷宫类的活动或问题。
(8) 有趣的学科我会读一些相关资料。
(9) 有讨论的课能记住更多知识。

(10) 喜欢看有很多图表的参考书。
(11) 善于识别出听到的一对单词的差异。
(12) 感觉听老师讲的效果比自学好。
(13) 感觉反复大声读单词记忆效果最好。
(14) 宁愿听一般的讲课也不愿自学教材。
(15) 通过听别人讲解比自学记住的更多。
(16) 喜欢老师给我口头讲解解题步骤。
(17) 喜欢上有动手操作的练习课。
(18) 喜欢动手操作而不喜欢光看或听。
(19) 喜欢用手指指着字母来背单词拼写。
(20) 在学习时常玩弄硬币等非学习用品。
(21) 感觉边吃零食边学习的效果最好。
(22) 即使与异性握手我也不感到紧张。
(23) 喜欢在学习时玩弄自己的学习用品。
(24) 喜爱将知识写过数次来强化记忆。

记分方法

视觉型：第(1)～(8)题，我的总分是_____
听觉型：第(9)～(16)题，我的总分是_____
操作性：第(17)～(24)题，我的总分是_____

结果解释

分数最高的那一类型就是你所倾向的学习风格。如果某两种或三种类型相差1～2分，说明是综合型。

四、心灵鸡汤

培根告诉我们："一切知识，只不过是记忆。"人的大脑是一个记忆的宝库，人脑经历过的事物、思考过的问题、体验过的情感和情绪、练习过的动作，都可以成为人们记忆的内容。而我们通常使用的记忆方法，多是运用了大脑左半球的一部分功能而已，右半球的功能则很少被利用。而右脑记忆是左脑的100万倍，所以提高记忆力必须学会全面运用我们的大脑。全脑联动实现记忆。

励 志 小 品

一只猴子坐在一棵大树上，看见几个渔夫正在河里撒网准备捕鱼。猴子在树上仔细地学着渔夫撒网的动作。不一会儿，渔夫回家吃饭了，猴子急忙从树上爬下来，学着渔夫的样子撒起网来,谁知道却把自己罩在网里了,而且越缠越紧几乎把自己憋死。猴子懊恼地说:"我根本对捕鱼一窍不通,为什么还要逞能呢?真是自作自受!"

(资料来源:袁章奎. 心理制胜. 广州:广东省出版集团,2010)

温馨提示:做不适合自己的事情,可能反而是一种危害。学习也是如此,高效学习者总是掌握了一套适合自己的学习方法。

五、心灵拓展

训练目的

让学生体验根据学习方法特点来改善自己的学习效果。

训练材料

纸,每人一张;笔,每人一支。

训练步骤

步骤一(5分钟):①动手学习;②视觉学习;③自由学习;④伴音学习;⑤接对学习;⑥走动学习。

步骤二(5分钟):对照下面的学习者学习特点描述,再次确认你最符合哪一个学习者类型。

(1) 动手型学习者:这类学生在学习中需要较多的身体活动参与,才能记住课堂教学的内容。动手项目,如模型制作以及节目表演,是一种有效的学习手段。

(2) 视觉型学习者:这类学生记住知识的最佳方式是亲眼见到所学的相关知识,电影、教育电视及博物馆展品会可以帮助他们很好地学习。

(3) 自由型学习者:这类学生在不太严格的学习中,成绩突出。躺在舒适的软椅上,也许比书桌和直背椅子更能提高他们的学习成绩。

(4) 伴音型学习者:这类学生在学习时需要用声音作为一种背景,才能更好地集中思想。

(5) 接对型学习者:这类学生在与另一伙伴合作学习时,成绩最佳,而单独或在分组中,不管大组或小组学习都不理想。

(6) 走动型学习者:这类学生在学习时,要走来走去,或稍稍休息一下,停下来,喝点水,眺望窗外一会儿,会使其注意力更集中。

步骤三(5分钟):找到你最擅长的学习方法类型了吗?现在请你找到班里和自己学习方法一致的同学,并和他们组成一个小组。

步骤四(10分钟):现在请每个小组根据小组的优势学习方法总结这种学习方法

给自己带来的积极影响和消极影响。

积极影响：
_____
_____
_____
_____
_____

消极影响：
_____
_____
_____
_____
_____

步骤五(10分钟)：现在请每个小组根据总结的积极和消极影响提出合理有效利用这种学习风格的学习建议。

学习建议：
_____
_____
_____
_____
_____

步骤六(10分钟)：每个小组推荐一位同学上台总结所在小组的结论。

训练讨论

(1) 在这个活动中你发现了什么？

(2) 你有什么样的感受？

注意事项

(1) 引导学生学会分析自身学习风格特点。

(2) 鼓励学生通过小组讨论发现各自学习风格中的积极面和消极面。

(3) 最后要留足够的时间给每一小组的成员发表见解。

六、心灵感悟

中国有句古话:"凡事预则立,不预则废。"这句话强调不管做什么事,必须事先有充分的准备,才可以取得成功。

美国著名未来学家阿尔温·托夫勒曾经指出:"未来的文盲不再是不识字的人,而是没有学会怎样学习的人。"在未来世界,学会如何学习是每一个人都要面对的时代课题,学生自然也不例外,它既是打开终身学习之门的钥匙,也是进入知识经济时代的通行证。

在此衷心祝愿同学们都能掌握属于自己的学习方法学会学习,在知识的海洋里畅游,快乐成长!

第七章

恋爱季节——编织爱情的神话

第一节 问世间情为何物

一、生活链接

小芳和小伟

小芳是某中学一年级学生,认识了同校不同班的学生小伟,两人开始了交往。小芳自幼父母离异,和母亲生活在一起。母亲工作繁忙,很少和小芳谈心,小芳觉得很孤独。自从认识了小伟后,小芳觉得生活变得有意思了。两人交往一个月后,小伟提出要和小芳发生性关系,小芳担心如果自己不答应,小伟会不理自己。为了挽留住小伟,小芳答应了,两人偷尝了禁果。可是,尽管如此,在两人交往的两个月后,小伟还是结交了新的女朋友,对小芳不再理睬。小芳想不通,放不下,便来到学校的心理咨询室向心理老师寻求帮助。

(资料来源:http://max.book118.com/html/2015/0702/20234725.shtm)

什么是爱情

一天,苏联教育家苏霍姆林斯基14岁的女儿问了他一个问题:"父亲,什么叫爱情?"和所有的父亲一样,苏霍姆林斯基也陷入了忐忑不安之中。但他没有回避,而是用书信的方式和女儿一起探讨爱情,并通过自己儿时的经历以及一个神话故事为女儿解释爱情。

在上帝创造世界时他就把一切生物分散安置在地球并且教会他们传宗接代,繁衍自己的子孙。给男人和女人都分了土地,教给他们如何筑造窝棚,又给男人一把铲子,女人一把谷粒。"生活下去,繁衍你们的后代吧!"上帝对他们说道,"我去忙自己的事了。一年以后我再来，看看你们这里的情形。"

整整一年之后，有一天一大早，上帝看见这一对男女坐在小棚子旁边，地里的庄稼已经熟了，他们身旁放着一个摇篮，摇篮里睡着一个婴儿，这一对男女时而望望天空，时而又彼此看看，就在这一瞬间，他俩的眼神相碰在一起，上帝在他们身上看见了一种不可思议的美和一种从未见过的力量。这种美远远超过蓝天和太阳、土地和长满小麦的田野。

五十年后上帝又来了。他看见了一座非常好的小木屋代替了原来的小棚子，草地上修起了花园，地里的庄稼已经熟了，儿子们正在耕种，女儿们正在收麦，孙子们正在绿草地上玩耍。在小木屋门前坐着一个老头和一个老太太，他们时而看看红色的朝霞，时而又彼此望望。上帝从他俩的眼神里看见了更加美丽和更加强大的力量，而且好像又增加了新的东西。

三年后上帝又来了。他看见男人坐在小山坡上，一双眼睛呈现出非常忧虑的神色，但是，却仍然表现出那种不可思议的美和力量，已经不仅仅是爱情和忠诚，而且蕴藏着一种新的东西，那是"心头的记忆"，是对永不会逝去的爱情的追念。

(资料来源：苏霍姆林斯基. 给女儿的信)

二、心海导航

真正的爱情是经得起时间检验的，正是几十年彼此的忠诚、扶持、责任、信任，造就了相濡以沫、刻骨铭心的爱情。"每一个人最终都要变成一把骨灰，但是爱情将成为赋予生命的、永不衰退的、使人类世代相传的纽带"，这话不由得不让人细细地品尝、深深地回味。

爱情是什么？这个问题看似简单，实则深奥无比，苏霍姆林斯基用充满诗意的童话故事为我们揭示了问题的实质：人类生存繁衍，相互忠诚，彼此承诺，互相信任，永远怀念，这就是爱情，人类所特有的爱情。

什么不是爱情？友情不是爱情。

异性之间，除了爱情，还存在真挚的友谊。这两者都是那么美好的感情，有时候，让我们难以分辨。那它们有什么不同呢？爱情往往是排他的，你如果爱我，就不能爱别人；而友情却可以同时和几个朋友一起分享。

如果你成长于一个单亲家庭，感到缺少父母的疼爱，如果你刚刚来到一所新的学校，陌生的环境让你感到孤单无助，而他(她)突然出现在你的身边给了你一声问候。那么，你很容易认为，他(她)爱你。或者你感到和他(她)在一起很快乐，甚至感到离不开他(她)，你也许会认为你爱他(她)。但是，仅仅有关怀和怜惜的感情，不是爱情；为了逃避孤独和寂寞抓住的感情，也不是爱情。

早恋，也叫青春期恋爱，指的是未成年男女建立恋爱关系或对异性感兴趣、痴情或暗恋。在中国，"早恋"一词带有长辈一方的否定性感情色彩，一般指十八岁以下的青少年之间发生的爱情，特别是在校的中小学生为多。经过二十年在中国的调查表明，在中学阶段没有发生过感情的人很少，而大多数都是暗恋、单恋(单相思)。只有相互有好感，才能发展成为早恋。早恋行为是青少年在性生理发育的基础上，心理转化为行为的实践。

早恋的类型主要可以归纳为下面八种：

(1) 爱慕型。这是由于青少年互相之间对对方的爱慕而产生的早恋现象。这类早恋十分常见，而根据爱慕原因的不同，又可分为下面三类。

- 仪表型。这类早恋是由于爱慕对方外在的仪表而产生的，也是最常见但最难以持续和稳定的。学校中总有英俊的男生和漂亮的女生备受异性追崇，就是含有这个因素。
- 专长型。这类是由于爱慕对方的某项自己崇尚的能力或专长而产生的早恋。这类早恋常常是女孩采取主动。
- 品性型。这类早恋是由于爱慕对方的某些自己崇尚的品性而产生的早恋，这相比而言维持得比较持久。

(2) 好奇型。这是因为对异性留有的好奇心而产生的早恋现象。性意识的不断发展，使得青少年会产生对异性身体、生活、心理和对自己态度的好奇，这是青春期青少年的一种心理现象。青少年容易产生性冲动，从而对异性保持一种敏感的态度。为了满足这种好奇心，从而结交异性朋友。

(3) 模仿型。这是由于模仿社会上、影视作品和报刊书籍中的行为而产生的早恋现象。

(4) 从众型。这是迫于周围同龄人的压力产生的早恋现象。例如本来不存在的恋爱关系，可能被周围的人杜撰出来，即"谣言"或者"绯闻"，在这样的环境下，迫于舆论的压力，很容易对其产生爱慕之心。

(5) 愉悦型。青春期男女之间作为同学甚至同桌，由于较多的交流和信息传递，会对对方产生更为细致和透彻的理解，在这种状况下容易产生早恋。这也是"同班恋"甚至"同桌恋"的重要原因。

(6) 补偿型。一些青少年由于在学习生活中遭受挫折，使自己自尊遭到损害，为达到发泄目的，往往会找异性交往，在其中忘掉痛苦，以谋求补偿。这类早恋融入了真实的感情，容易发展深化。

(7) 逆反型。由于社会意识和舆论的因素，青少年的两性交往常会受到家长、老师的不恰当干预，容易诱发其"你们不许我这样做，我偏要这样做"的心理。在这种逆反心理的作用下，本来正常恰当的异性交往可能迅速向早恋发展。

(8) 病理型。在当代社会，营养条件优越，营养过剩和食物中含有的性激素的作用或各种特殊生理疾病、家庭遗传等因素,容易造成青少年心理早熟,甚至是性变态心理。这是诱发青少年早恋的主要客观因素。

(资料来源:百度百科. http://baike.baidu.com/view/9219.htm)

三、反观自我

恋爱准备小测试

请你根据自己的实际情况,对下列题目做出"是"或"否"的回答。
(1) 我清楚地知道我是谁。
(2) 我已经充分掌握了从事某一职业的技能。
(3) 我对异性的了解不只限于外貌,我也了解他们(她们)的生理和心理特征。
(4) 我已经具备成熟的责任感,我能对自己行为的任何后果承担责任。
(5) 我已经掌握了足够多的知识和能力,可以参与激烈的社会竞争,并能在社会上立足。
(6) 我能应对人生的挫折,没有什么能击垮我。
(7) 我对自己的情绪变化很清楚,善于管理自己的情绪。

以上的问题中,你有几个回答"是"?如果你对这些问题不能做出肯定的回答,那么,恐怕你还没有足够的能力去追求幸福的爱情。那就在耐心的等待中,培养自己爱的能力吧!

四、心灵鸡汤

"最后"的旅行

他是个搞设计的工程师,她是中学毕业班的班主任,两人都到了恋爱的最佳季节,后来经人介绍而相识。没有惊天动地的过程,平平淡淡地相处,自自然然地结婚。

婚后第三天,他就跑到单位加班,为了赶设计,他甚至可以彻夜拼命,连续几天几夜不回家。她忙于毕业班的管理,经常晚归。为了各自的事业,他们就像两个陀螺,在各自的轨道上高速旋转着。送走了毕业班,清闲了的她重新审视自己的生活,审视自己的婚姻,她开始迷茫,不知道自己在他心里有多重,她似乎不记得他说过爱她。一天,她问他是不是爱她,他说:"当然爱,不然怎么会结婚。"她问他怎么不说爱,他说不知道怎么说。她拿出写好的离婚协议,他愣了,说:"那我们去旅游吧,结婚的蜜月我都没陪你,我亏欠你太多。"

他们去了奇峰异石的张家界。飘雨的天气和他们阴郁的心情一样,走在盘旋的山道上,她发现他总是走在外侧,她问他为什么,他说路太滑,他怕外侧的栅栏不牢,怕她万一不小心跌倒。她的心忽然感动了,回家就把那份离婚协议撕掉了。

很多时候,爱是埋在心底的,平平淡淡,不一定要说出来;爱是一种保护,是一种成全,而绝非为了占有。

(资料来源:新华网. http://news.xinhuanet.com/forum/2006-10/23/content_5235085.htm)

五、心灵拓展

游戏——我比较了解你

活动规则

(1) 男女双方每次各派一名代表到讲台进行活动,男女代表分别站在讲台的两边。

(2) 活动总共三回合,每回合限时三分钟。男女双方比赛看哪一方比较了解对方(异性),进行方式为双方以拍桌子(或敲铃铛)抢发言权,抢得发言权者,便要说出对方(异性)与自己的不同之处。

(3) 要以"我比较了解你,因为我知道……"的句型说出。回答内容并非针对个人,而是针对异性普遍的特点。

(4) 双方所说的异性特点,内容不拘(可讲生理方面,也可讲心理方面),但不可人身攻击。

观点交流

(1) 你觉得男生和女生不一样的地方是哪些?

(2) 男女生一样的地方是哪些?

(3) 我不喜欢异性怎么样?

(4) 你认为的异性的三种优点是什么?

(5) 与异性同学交往时,应该持什么样的态度?

(6) 在交往方式上(如时间、地点、场合等),怎样才是恰当的?

(7) 如何把握好异性朋友的双边关系?

(8) 怎样分辨、把握好友谊与爱情的界限?

六、心灵感悟

请你写下一句关于本小节主题的话,可以是感悟,也可以是你为自己设定的格言。

_____
_____
_____

第二节　树立正确的爱情观

一、生活链接

小强的故事

　　小强 17 岁，就读于某中学二年级。放学后，他经常会带着几个同学一起抽烟，这个时候他们都感觉自己特男人，特潇洒。在与比他低一年级的一个女孩交往一段时间后，他们之间的关系越来越亲密，同学和老师都知道他们是"一对儿"。但是，小强的妈妈很不喜欢他这些行为，经常劝他不要抽烟，不要交女朋友。他总是说："不用你管，我又不是小孩子了！"

（资料来源：http://max.book118.com/html/2013/0726/4487742.shtm）

二、心海导航

　　小强说得没错，17 岁的他的确不再是小孩子。但是，17 岁的他，距离成人的世界还有很多路要走。当我们说一个人是"成人"的时候，不仅仅指一个人在生理上已经成熟，也意味着他心理的成熟。

　　正在读着这本书的你，与你的父母、老师或者已经开始工作的师兄师姐相比，有什么不同呢？当你认真思考你和他们的差距时，你会发现，自己还没有真正进入成人的世界。

　　身在校园的你，还不具备独立的经济能力。人生的路上，你刚开始探索；对自己的未来，你难以预测，也难以把握。除了学习、考试，你很少有机会真正承担社会责任，例如，认真工作的责任，赡养父母、培育下一代的责任等。

　　现在知道你离成人世界的距离了吧？所以，你一定也明白了，并不是成人可以做的每一件事，都是适合你做的。

　　美国心理学家斯滕伯格提出了著名的爱情三角形理论，认为爱情由三个基本成分组成：激情、亲密和承诺。激情指一种情绪上的着迷，个人外表的和内在的魅力是影响激情的重要因素；亲密是指在爱情关系中能够引起的温暖体验；承诺则指维持关系的决定期许或担保。爱情的这三种成分的不同组合就形成了不同性质的爱情。如果爱的关系中只有激情，这只是盲目的迷恋；只有亲密感的关系仅仅是"喜欢"，而只有承诺的关系则是空洞的爱。只有既有激情又有亲密和承诺的爱情才是真正和谐的爱情，才能使我们看到爱情的庐山真面目。

三、反观自我

　　爱，是个厚重而圣洁的话题。青春期的男生、女生之间发生的故事，像颗又酸又甜又青涩的果子，它能够称为爱吗？你的爱情观是什么样的？

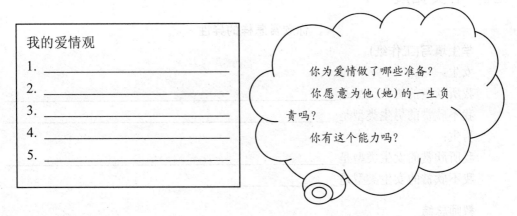

我的爱情观
1. _____
2. _____
3. _____
4. _____
5. _____

你为爱情做了哪些准备？
你愿意为他（她）的一生负责吗？
你有这个能力吗？

四、心灵鸡汤

执子之手，与子偕老

当个人情感与国家、革命、政治联系到一起时，爱情也会变得凝重与严肃；当一对夫妻并肩站在历史的风口浪尖时，他们的承受与付出不是常人所能够想象的。周恩来与邓颖超用他们的爱情传奇对那句古语做出了最好的诠释——执子之手，与子偕老。

从1925年在广州结婚，到1976年周恩来逝世，周恩来和邓颖超携手走过了半个世纪。其中的风雨、艰辛、坎坷、甜蜜等，任由后人感叹。然而真正了解并享受其中滋味的，却还是只有这对已经远去的爱侣。

人们习惯称他们为革命伴侣，殊不知他们也有平常夫妻的一面。他们都喜欢海棠花，以花寄情是他们生活中相同的秉性。闲暇时，他们会一块儿看戏、散步；不能见面时，他们就用书信保持联络。"小超""来""情长纸短，还吻你万千"……缱绻柔情，溢于言表，让人好生羡慕。

在危机四伏的日子里，她是周恩来最得力的助手；在日常生活中，她是一个知冷知暖的好妻子。更重要的是，无论在什么环境下，无论处于什么年龄段，她对周恩来的爱都始终不变。

试问，全世界有几个英俊潇洒、位高权重的男人能像周恩来一样，一辈子忠于婚姻，不离不弃，和自己的结发妻子共度一生？而且，他的妻子还不能生育。

周恩来病危时曾对邓颖超说："我肚子里有很多很多话没给你讲。"邓颖超看看他说："我也有很多话没给你讲。"两人只是心有灵犀地深情对视着。最后，还是邓颖超说："只好都带走嘛！"周恩来沉默无言。16年后，邓颖超也追随周恩来而去，骨灰如愿地放在了周恩来曾用过的骨灰盒里，并且被抛洒到了同一个地方。"我们的爱情是深长的，是永恒的。"看到这里，想起邓颖超曾说过的这句话，让人不禁热泪盈眶。

(资料来源：百度贴吧，http://tieba.baidu.com/f?kz=810431414)

五、心灵拓展

你欣赏怎样的异性

学生填写(工作纸)

女生：
我所欣赏的男生类型是＿＿＿＿＿＿＿＿＿＿＿＿＿＿＿＿＿＿＿＿＿＿＿＿＿
我不欣赏的男生类型是＿＿＿＿＿＿＿＿＿＿＿＿＿＿＿＿＿＿＿＿＿＿＿＿

男生：
我所欣赏的女生类型是＿＿＿＿＿＿＿＿＿＿＿＿＿＿＿＿＿＿＿＿＿＿＿＿＿
我不欣赏的女生类型是＿＿＿＿＿＿＿＿＿＿＿＿＿＿＿＿＿＿＿＿＿＿＿＿

教师总结
让男生欣赏的女生类型是＿＿＿＿＿＿＿＿＿＿＿＿＿＿＿＿＿＿＿＿＿＿＿
让女生欣赏的男生类型是＿＿＿＿＿＿＿＿＿＿＿＿＿＿＿＿＿＿＿＿＿＿＿

六、心灵感悟

请你写下一句关于本小节主题的话，可以是感悟，也可以是你为自己设定的格言。

＿＿＿＿＿＿＿＿＿＿＿＿＿＿＿＿＿＿＿＿＿＿＿＿＿＿＿＿＿＿＿＿＿＿＿＿＿
＿＿＿＿＿＿＿＿＿＿＿＿＿＿＿＿＿＿＿＿＿＿＿＿＿＿＿＿＿＿＿＿＿＿＿＿＿
＿＿＿＿＿＿＿＿＿＿＿＿＿＿＿＿＿＿＿＿＿＿＿＿＿＿＿＿＿＿＿＿＿＿＿＿＿

第三节　性心理和性健康

一、生活链接

链　接　一

2005年重庆市教科院职业与成人教育研究所以无记名方式，对4031名中职在校生(男生1691人，女生2340人)进行了一次性心理调查，调查结果反映出中职学生性科学和性健康的知识相当贫乏。

报告显示，有12%的学生性知识来源于父母或长辈；19.2%来源于学校教育；5.5%来源于网络或黄色游戏等，63.3%来源于小说、漫画、杂志、电视以及和同学朋友之间的闲聊。对于"你认为中职学校的学生应不应该与他人发生性行为"，有61.1%的学生坚决反对；有24.4%的学生无所谓，只要互相喜欢就可以；有14.5%的学生认为应该发生性行为，这样可以更好地了解对方。另外，在他们所认识的同龄人中有四成发生过性行为，在网聊涉性中有一成的人发生关系。

(资料来源：重庆职业与成人教育研究网)

链 接 二

2010年9月17日凌晨，北京大兴区一名16岁的中专生在宿舍的厕所里生下一名女婴。慌乱中她将女婴扔下三楼，所幸女婴身体无大碍。老师发现后，将这名学生和婴儿送到了医院。父母离异的她一直住在学校，半年前曾和网友约会。

(资料来源：北京电视台 BTV 在线)

链 接 三

燕子来自农村，父母都是比较传统的农民。由于所在学校学业负担较轻，在一个周末燕子与同班同学忍不住偷吃了禁果。一个月后，燕子发现以前准时来的例假不来了，后来又有了妊娠反应，燕子发现自己怀孕了。

爸爸妈妈要是知道了……燕子想都不敢想，燕子曾经听奶奶说，某某因为农活重，某某因为劳累，都导致流产了，于是她想法设法让自己累起来，经常去操场跑步，还经常跳绳，希望通过这种方式使胎儿脱落。

燕子的目的终于达到了，可是她却付出了沉重的代价！由于在怀孕期间剧烈运动，导致子宫严重受损，很可能将终身失去做母亲的权利。

(资料来源：39健康网)

二、心海导航

性是什么？

性，是连接生命的纽带；

性，是爱情的黏合剂和欢乐的源泉；

性，是表达爱的一种动力；

性，是极乐之源，也是至悲之恨；

性，是生命延续的手段，完成着人类各族的繁衍；

性，是青少年异性交往的驱动力，塑造着健康的人格和性别角色。

1. 性的基本概念

性其实是广义的，对性的理解要从多个层次多个角度去理解。

第一种理解："性"是指男女两性在生物学上的差别，男女两性在性染色体上不同。我们知道，男性的性染色体是XY，女性的性染色体是XX；同时男女的性腺不同，男性的性腺是睾丸，女性的性腺是卵巢，它们分别产生精子和卵子，并分泌不同的性激素，由此决定了两性性器官和第二性征的差异；同时男女分泌的性激素不同，男性体内以雄激素居多，女性体内以雌激素居多。

第二种理解："性"就是性别，指男女在性格、气质、智力、感觉、情感等方面的差异。

第三种理解："性"是指性角色，指男女在社会学上的差别，即一个人在社会生活中，由于性别而形成的角色差异。

2. 性行为的分类

性行为可依其对象、社会标准等进行不同的分类，说明人类性行为的复杂性。

(1) 按性行为的对象分类

以他(她)人作为性行为的对象，包括异性之间的性行为和同性之间的性行为。

以自身作为性行为的对象，即通过抚摸、摩擦自己的生殖器获得快感的自慰或手淫行为。

以动物作为性行为的对象，即以雌性或雄性动物作为发泄性欲对象的行为。

以物品作为性行为的对象，即以电振荡器或任何性感的物品作为发泄性欲工具的行为。

以虚幻的人作为性行为的对象，即在意念中，以某个偶像、情人或虚构的人作为性对象，想象与之发生性关系的意淫。

(2) 按性欲的满足程度分类

核心性性行为：最大程度地使性欲得到满足，获得性快感的性交行为。

边缘性性行为：只能获得一定程度的性快感和性欲满足的接吻、抚摸行为。

类性行为：无肉体接触，性欲只能部分得到满足的行为，如隔衣触碰女性乳房、臀部等。

(3) 按社会文化发展的标准分类

正常的性行为：符合所处文化环境所规范(包括道德规范、法律规范、民俗规范)的性行为。

反常的或变态的性行为：不符合所处环境中道德、民俗习惯规定的性行为。

违法的性行为：违反所处文化环境中法律规定的性行为。

3. 性心理及其发展

中学阶段正值学生处在青春期，这是一个向成人过渡的中间阶段，有人把它称为"人生历程的十字路口"。它既与儿童有别，又与成人不同，贯穿青春期的最大特征是性发育的开始和完成，与此同时男女青年在心理方面的最大变化，也反映在性心理领域，他们对性的意识，由不自觉到自觉；对性对象，由同性转为异性；对性的兴趣，由反感到爱慕到初恋……几乎是每人必经的历程。但由于在整个青春期中，青少年的情绪动摇不定，容易变化，如果不注意及时引导，常可为过度好奇、热情、幻想、冲动、性欲等驱使而不能自制；若再受社会上不良现象的影响，可使某些青少年滋长不健康的性心理，以致早恋早婚、荒废学业，有的甚至触犯刑法，走上犯罪的道路。因此，不论青少年本人、家长还是老师，均应对青春期的性心理变化有一定了解，要培养出不仅体质健美而且有健康性心理的年轻一代。

青春期内性心理的发展一般可分为四个时期：

(1) 性抵触期。在青春发育之初，有一段较短的时期，青少年总想远远地避开异性，以少女表现得尤为明显。这主要与生理因素有关。由于第二性征的生理变化，使青少年对自身所发生的剧变感到惘然与害羞，本能地产生对异性的疏远和反感。此时期约持续一年左右。

(2) 仰慕长者期。在青春发育中期，男女青少年常对周围环境中的某些在体育、文艺、学识以及外貌上特别出众者(多是同性或异性的年长者)，在精神上引起共鸣，仰慕爱戴、心向往之，而且尽量模仿这些年长者的言谈举动，以致入迷。

(3) 向往异性期。至青春发育后期，随着性发育的渐趋成熟，青少年常对与自己年龄相当的异性产生兴趣，并希望在接触过程中吸引异性对自己的注意。但由于青少年情绪不稳，自我意识甚强，因而在异性接触过程中，容易引起冲突，常因琐碎小事而争吵甚至绝交，因此交往对象之间常有转移。

(4) 恋爱期。青春发育完成，已达成年阶段，青少年把友情集中寄予自己钟情的一个异性身上，彼此常在一起，情投意合，在工作、学习中互相帮助，生活中互相照顾体贴，憧憬婚后的美满生活，并开始为组织未来的家庭做准备工作，这时的青少年对周围环境的注意减少。女生常充满浪漫的幻想，向往被爱，易于多愁善感；男生则有强烈爱别人的欲望，从而得到独立感的满足，他们的心情往往较兴奋。

4. 常见性问题

(1) 性困惑和性焦虑
- 性体像问题：对于自己的身体形态、发育状况的印象以及由此产生的负面情感和心态。
- 经前紧张：生殖器官系统尚未完全成熟等原因而产生的一种全身性的生理—心理反应。
- 遗精焦虑：陷入对遗精的认识误区而产生的惊恐、疑虑等心理状态。
- 性自慰焦虑：据研究，手淫与性交引起的生理反应基本相同，是一种自然的、正常的性行为，是对性冲动的缓解。适度的性自慰，没有任何不利影响，甚至还有好处，不必因为手淫而自责。
- 异性交往紧张：在与异性相处或接触时产生不由自主的心理紧张状态。表现为肌肉过度紧张甚至颤抖，心率加快，血压增高，多余动作或者语无伦次。

(2) 性幻想

性幻想又称性想象，是带有性色彩的精神自慰行为，在没有异性参与的情况下，在大脑中进行的自我满足的性欲活动，又称"意淫"。性幻想是性成熟过程中一种正常的生理—心理现象。性幻想反映了个体希望实现而又不能实现的强烈愿望，内容五花八门、无所不包。

性幻想不受道德规范束缚，不在乎别人的想法，天马行空，不着边际，不用负什么责任。性幻想常发生于守身如玉的青少年，是合理合法的宣泄性欲途径。

(3) 性梦和性白日梦

性梦是指在睡梦中与异性亲昵，甚至与异性发生性交的梦。性梦是自慰行为的一种形式，有利于性器官功能的完善和成熟，是性生理—性心理发育正常的标志。性梦发生还受性文化和信息传播的影响。同龄少年性梦发生率，城市比农村高。性梦只是水中月、镜中花，通过性梦可以释放积蓄的性能量，缓解性紧张，达到某种性满足。性梦常见，但过于频繁，甚至导致白天精神恍惚，则需要重视，与手淫过频、内裤穿得过紧有关。在生殖器或泌尿系统出现炎症，或性梦数量明显增加时，要及时检查，调整生活状态。

性白日梦是指在意识清醒的状态下，不由自主、难以控制地想象出的性恋情节。性白日梦以"连环故事"的形式，较系统，情节较为复杂生动，时间较长，意识较淡薄，难以用理智调控。白天也为梦境缠绕，妨碍学习。以梦境替代实境，处于失魂落魄状态时，必须从性白日梦中解脱。

(4) 自慰

自慰是指通过自我抚弄或刺激性器官而产生性兴奋或达到性高潮的一种行为。自慰在男女不同年龄皆有，有些动物也有自慰的行为。自慰是从儿童期就存在的行为，多是由于无意识地偶尔玩弄生殖器、穿紧身裤、爬杆等活动，因为摩擦使生殖器受到刺激而引起快感，一般并没有性高潮。无论男女，到了青春期后，由于体内的生理变化，激素增加，由此产生性冲动和性欲，对性问题满怀憧憬、好奇、幻想。可能在偶尔的机会，或者在和别人交谈的时候，学会了自慰。

调查数据显示，约有 1/3 的青少年有自慰现象，男孩比例要高于女孩。而且自慰已经出现低龄化，一些十三四岁的男生就开始自慰，并且相互自慰，成为同性恋的前期行为。对于 13～17 岁的中学生来说，自慰还是持保留意见，因为中学生身心发育不完全，自制能力差，学习压力又很大，所以他们一自慰，就很难控制，大多很频繁，有些很疯狂，每天就有一两次，甚至更多。这样整天萎靡不振，精神疲乏，性幻想频繁，甚至有些严重神经衰弱，学习无法正常进行，在学习压力很大的情况下，又很担心学习状态，这样甚至会影响自己的前途。

手淫本身不会带来任何损害和不良后果。但是，过度手淫就属于一种心理障碍，并且会严重影响身体健康，造成一些泌尿生殖系统疾病、性神经衰弱等。

对于一般青少年来说，手淫超过一周一次就属于频繁。过于频繁的手淫一方面使人精神、精力下降，另一方面过频地刺激性器官，可能导致阳痿、早泄或女子性冷淡。假如频繁手淫，成为习惯，甚至认为手淫可以代替性生活，则更会成为自恋等病态人格的温床。

过强刺激的手淫是指对生殖器施加了过于强烈的刺激，如用力过大等。这对生殖器官的伤害更为严重，往往容易造成器质性损伤，同时提高性兴奋阈限，造成以后性冷淡或正常性交无法得到性满足等。

使用性工具不当，是指受到一些不良书刊、影视的不良影响，或性用品商店的非法宣传，在没有医生指导下擅自使用或集体使用性工具，对生殖器官、性欲唤起造成损害的情况。对于女孩子，使用性工具一般会造成处女膜破裂。

手淫后或造成一种精神负担而难以自拔，特别是一些人发生手淫，会产生内疚和自责心理，往往想要改正，可是在生理的自发冲动下又难以自制，从善的心愿又遭到挫折，导致精神上的损害。

5. 性健康标准

性心理健康是指具有正常的性欲，正确认识性的问题，具有较强的性适应能力，和异性能进行恰当交往，免受性问题的困扰，增进自身人格的完善，促进自身身心健康。

针对中职生特有的身心特点，我们认为中职生性健康的标准主要如下：

(1) 正确认识自我，愉快地接纳自己的性别。中职生要能够正视自己性生理的发育、性心理的变化，乐于承担相应的性别角色，注意树立正确的人生观、婚恋观、性道德观和价值观。

(2) 具有正常的性欲望。正常性欲望的标志：性欲望的对象是成熟的异性而不是同性或其他替代物等。

(3) 个体性心理特点和性行为符合相应的性心理发展年龄特征。

(4) 有较强的性适应能力。符合社会环境和文化形态，符合社会规范的要求。

(5) 和同学保持和谐的人际关系。能够在日常的学习生活中，与同学进行自然的、符合社会规范的交往，在交往过程中，保持独立完整的人格，有自知之明，不卑不亢，做到相互尊重、相互信任。中职生总体还不适合谈恋爱，在中职阶段建立友谊是比较合适的。

(6) 能够克服不健康的性心态及性行为。自觉抵制不健康影视作品及其书籍的诱惑，抵制在公共场合过分亲昵，避免不健康的行为出现。

(7) 能够接受性心理卫生与健康教育，主动矫正性态度，积极预防性变态，树立正确的性观念和爱情价值观。

三、反观自我

在现实生活中，中职生也必须了解一些科学的性知识，下面这个测试就是测测大家了解的程度。一起来测测吧！

性知识调查问卷

性别：(1) 男　(2) 女　　　年级：

(1) 如果对方已经感染艾滋病，下面哪些活动可以感染？(　)
　　A. 共用碗筷　　　B. 共用注射针头　　C. 一起洗澡　　　D. 用对方被褥
　　E. 握手　　　　　F. 接吻　　　　　　G. 给对方输血　　H. 输入对方的血
　　I. 性交时不带安全套

(2) 睾丸能制造精子，分泌雄激素，促使男性的第二性征发育。(　)
　　A. 对　　　　　　　　　　　　　　B. 不对

(3) 子宫是(　)。
　　A. 产生月经的地方　　　B. 精子上行的通道　　　C. 孕育胎儿的地方

(4) 经周期是指每次月经的持续时间。(　)
　　A. 对　　　　　　　　　　　　　　B. 不对

(5) 民间有一种说法"女孩见血(来月经)就变笨"，你认为对吗？(　)
　　A. 对　　　　　　　　　　　　　　B. 不对

(6) 你同意"一滴精，十滴血"的说法吗？(　)
　　A. 同意　　　　　　　　　　　　　B. 不同意

(7) 中职生是否要经常清洗阴茎或外阴？(　)
　　A. 是　　　　　　　　　　　　　　B. 不是

(8) 你认为性自慰是一种(　)。
　　A. 正常现象　　　　　　　　　　　B. 病态

(9) 即使男人在射精前抽出阴茎，女人也可能怀孕。(　)
　　A. 可能　　　　　　　　　　　　　B. 不可能

(10) 下列哪种避孕方法能有效防止怀孕，防止性疾病传播。(　)
　　A. 口服避孕药　　B. 安全套　　C. 杀精剂　　　D. 紧急避孕药

答案：(1) BHI　(2) A　(3) AC　(4) B　(5) B　(6) B　(7) A　(8) A　(9) A　(10) B

你是不是都能回答出呢？如果回答的错误很多，说明你还需要通过科学途径多了解一些哦！

四、心灵鸡汤

一根小草的考验

一对热恋中的年轻人，有一次去森林游玩迷了路。黄昏时，他们发现曾经住过守林人的两间小草棚空着，就决定在那里过夜。可是女孩却站在自己的那间小屋门前发愁。

闩门嘛，怕伤了他的感情；不闩门，又怕他闯了进来。可是如果他真要进来，这扇门就是闩了也没有用。结果，她想出一个自以为奇妙的办法：把一根小草轻轻地系在门闩上。这一夜，她心乱如麻，很晚才睡着。第二天清晨醒来时，只见门上那棵青青的小草依然紧拴着。

她哭了，她感受到一种真正的、值得信赖的爱情。

放纵的爱，应该并不困难；克制的爱，才需要坚强的意志。也许，在你我的心上都有这样一棵青青的小草，它拴住的，才是真正的爱情。

(资料来源：http://max.book118.com/html/2013/0726/4487742.shtm)

心理学家的实验

美国一个心理研究机构曾经做过这样一个实验，在一所幼儿园，选一些智商较高的幼儿，给他们每人一块精美的糖果，说："现在就吃只能吃一块，如果能忍一个小时，等我们回来再吃，就再奖励一块。"一些孩子一拿到手就剥开糖纸，吃了起来；一些孩子忍了一会儿，实在禁不住诱惑，也吃了；还有一些最终拿到了两块糖。想一想，拿到两块糖的这些孩子战胜了多么大的诱惑呀：这些诱惑不仅来自糖果本身，还来自周围小朋友的提前享受。心理学家对这些幼儿跟踪调查，直到他们长大成人，进入社会。调查的结果是，能忍耐的孩子成功率大大高于不能忍耐的孩子。

心理学家说：通过自我约束以克制冲动和延迟满足，这是获得任何成就的保证。是的，游戏、玩乐、早恋的诱惑力的确很大，就像幼儿手中的那块糖果一样，抵制这种诱惑需要较高的情商，需要自我克制，需要那种清醒认识自己的能力。提前享受就如同提前摘取树上那没熟的苹果，不仅酸涩难吃，还很容易腐烂。

本来青春期出现对异性朦胧的情感完全是一种正常的现象，而且这种情感是美好的。但是当它被轻易地说出了口，轻率地付之于行动，这种美好的情感转眼即变成苦涩，甚至还会带来严重的后果。它就是一朵带刺的玫瑰，我们常常被它的芬芳所吸引，然而，一旦情不自禁地触摸，又常常被无情地刺伤。

处在人生的哪个阶段就去做哪个阶段应该做的事情，叛逆的结果只有自己在心里哭泣着体会，我们千万不可以在春天就去挥霍夏天。

(资料来源：http://max.book118.com/html/2013/0726/4487742.shtm)

五、心灵拓展

copy 不走样

游戏目的

体验男女性别的差异。

游戏规则

选八个人为一个小组,男女各四人,主持人先告诉第一个同学答案(可以是男女生常玩的游戏、动作等),让第一个同学利用肢体的表演传给第二个同学,内容不准透露,再由第二个同学传给第三个同学;最后,让第三个同学把表演的东西再演一遍,让最后一个同学来猜,到底是什么答案。

游戏体验

(1) 通过这个游戏你发现男女之间存在哪些差异?

_____

(2) 通过这个游戏,你有什么感悟?

_____

六、心灵感悟

玫瑰虽香,但带刺。
苹果虽甜,要逢时。
激情过后是责任,美景过后是悬崖。
面对婚前性行为,我们需谨慎对待。
请结合本小节生活链接中三个案例,与同学谈谈如何在校园中避免类似事件再次发生。

第八章

网络时代——别让自己成为网奴

第一节　网络成瘾

一、生活链接

记者调查：谁来拯救那些沉溺网络的孩子们？

央广网北京 2015 年 10 月 26 日消息 据中国之声《央广夜新闻》报道，10 月 18 日，湖南邵东三个少年因偷窃被老师发现，涉嫌入室抢劫并杀害该老师；10 月 22 日，湖南长沙一宿管老师因制止学生上网，被 15 岁少年刺死。五天之内，发生两起未成年人杀害老师的极端事件，成为舆论场上的热议话题。原本教学相长的师生关系为何变成了生死对头？网络暴力游戏真的是幕后黑手吗？

网络成瘾！

根据警方披露的消息，邵东的三名少年在闯入学校抢劫之前，在网吧打了一上午游戏；而三人杀害老师后，拿着抢劫来的钱，首先就是到县城打了几乎一个通宵的网游。13 岁的刘某(化名)和 12 岁的赵某(化名)直到被抓，还在网吧里玩游戏。长沙的少年也是因为上网与老师起了争执后将其杀害。

事件发生后，文化部已启动文化市场突发事件应急预案，部署要求湖南省、邵阳市和邵东县文化行政部门和文化市场综合执法机构迅速调查。针对文化市场执法机构监管不力的问题，文化部要求邵东县依法依规严厉追责。10 月 26 日，邵东县已启动追责程序，该县文广新局局长李秋兵被立案调查，该县文化市场综合执法局局长李正端被给予免职并立案调查的处理。全国各地的调查则显示：尽管几乎所有的网吧里都会张贴着"未成年人禁止入内"的标语，但不用验证任何信息，给钱就能开机的现象几乎普遍存在，网吧营业者往往事先准备好身份证号，方便未成年人刷机使用；专门针对逃学的未成年人而开设，对外是关门的状态，里面却是灯火通明，通宵达旦的"黑网吧"同样不是少数；且很多网吧都有后门，面对公安部门的"突然袭击"，网吧都会提前通知未成年人从后门撤离，逃避监管。而文化部文化市场司有关负责人介绍，针对部分地区上网服务营业场所市场秩序不够规范的问题，文化部将以县(区)和城乡接合部的上网服务营业场所为重点，紧急部署开展上网服务营业场所专项整治行动，要求各地加强日常巡查和执法监管，严查严管违规接纳未成年人行为。

(资料来源：网易财经. http://money.163.com/15/1027/00/B6T3EBJ800254TI5.html)

二、心海导航

网络成瘾是指在没有成瘾物质作用下的上网行为冲动失控，表现为由于过度使用互联网而导致个体明显的社会、心理、生理功能损害。

网络成瘾是一个很广泛的概念，根据成瘾者的需要不同而分成不同的类型。例如：网络性成瘾，指沉迷于成人话题的聊天室和网络色情文学；网络关系成瘾，指沉迷于通过聊天结识朋友；网络强迫行为，指一种难以抵抗的冲动，痴迷于网络赌博、网上贸易或者购物、拍卖；

信息收集成瘾，指难以控制地收集大量并不需要的信息；电脑成瘾，指沉迷于游戏或者编写程序。

现有的调查表明，青少年患上网络成瘾的比例高达 15.6%，较常见的类型为网络性成瘾、网络关系成瘾和电脑成瘾。

上网干什么？上网可以干什么？上网的目的和内容是什么？为什么上网？上网的利与弊是什么？网络里有什么？因特网有什么功能？网络有什么用？互联网的作用有什么？……

网络作为一种工具，利多还是弊多？这是个已经被人们讨论了无数次而且将接着继续讨论的问题，依然没有标准的答案。网络犹如农民伯伯的锄头，锄头是好的还是坏的，是利多还是弊多？

我们应该跳出网络利弊的无聊争论，思考如何合理地利用网络改善我们的生活，提高我们的幸福感，增强我们的生存能力，才是更为重要的事情。毕竟，工具只是工具，如何使用才是最重要的。

合理地使用网络实现自己的目的，如消遣、娱乐、学习、工作等，是值得大力提倡的事情，但是如果一个人对网络过分依赖，就会导致明显的社会、心理、生理功能损害。

如何在网络时代保持最大的幸福感和独立感，不被这个"史上最牛"的工具所奴役，正是我们需要探究的论题。下面有几点，可以作为上网时的依据：

(1) 带着健康的心理上网。先消除心理障碍再上网(上网前可以做一个心理测试)。

(2) 带着明确的目的上网。上网之前先设定目标，每次花两分钟时间想一想你要上网干什么，把具体要完成的任务列在纸上。

(3) 带着愉快的心情上网。不要把上网作为逃避现实生活问题或者消极情绪的工具。请注意：借"网"消愁愁更愁。

(4) 带着心理的闹钟上网。上网之前先限定时间，看一看你列在纸上的任务，用一分钟估计一下大概需要多长时间。假设你估计要用 40 分钟，那么把小闹钟定到 20 分钟，到时候看看你进展到哪里了(主动邀请家人、朋友的监督也是心理闹钟)。

网络是自有人类文明以来最重要的发明。网络影响着整个人类的发展，把人类生活的世界变成了一个地球村。我无法想象，如果没有网络，人类的生活会是什么样子；同样，我也无法想象，没有网络，我如何完成我每一天的工作。网络成为我生活的一部分，成为我生命的一部分。

三、反观自我

有研究发现，如果一个人表现出以下七种症状中的三种以上，就可以认为，这个人可能已经网络成瘾了：

(1) 耐受性增加。要不断地增加上网时间才能达到同等程度的心理满足感，即网瘾越来越大。

(2) 戒断症状。如果有一段时间(从几小时到几天不等)不能上网，就会变得明显地焦虑不安、坐卧不定、多动紧张，不可控制地想去上网，时刻担心自己错过了什么，无法集中注意力，甚至做梦都是关于上网的内容。

(3) 上网的时间总比自己规定的长，也就是说，一旦上网，就很难按照计划离开网络，花费比计划多得多的时间在网络上。

(4) 有缩短上网时间的想法和行为，但是最终都是以失败告终。

(5) 花费大量的时间在与上网有关的事情上，比如说安装软件、下载大量的文件、聊天、玩游戏等。

(6) 社交、学习、职业和家庭生活因为上网受到严重的影响。

(7) 虽然对上网的危害有一定的认识，但是通过个人的努力无法抑制自己花大量时间上网的行为。

针对自己的状况，看看自己的网络行为是否有网络成瘾的嫌疑？当然，一个人网络成瘾是有一个发展过程的。一般而言，我们刚接触网络时，只是表现为精神上的依赖，渴望网上"冲浪"，渴望能够玩游戏，感受网络带来的快乐；然后随着上网时间和频率的增加，可能发展成为身体上的依赖，表现为不上网时情绪低落、失眠、生物钟紊乱、食欲不振、体重下降、精力不足、思维缓慢、自我评价降低，甚至有自杀意念和行为……上网以后精神状态才能恢复正常状态。

四、心灵鸡汤

"小企鹅之父"——马化腾

姓名：马化腾

生日：1971年

出生地：广东潮南

毕业院校：深圳大学计算机系

职务：腾讯控股首席执行官

公司总部：深圳

上市情况：香港-腾讯控股(马化腾)

QQ这个由几个小年轻摆弄出来的小玩意儿，旺得实在令人嫉妒，马化腾创业初期，凭着一个小小的即时通信软件在四年间做到销售过亿元，撰写了一幕深圳版的硅谷传奇。他不仅成功地粘住了中国最大的注册互联网用户群体，还在恰当的时候，将这种影响力和忠诚度实现了商业化，探索出一条全新的赢利之路，不管是付费注册，还是QQ短信聊天，腾讯无不大获成功，公司赢利也像当年QQ会员注册的势头一样"疯长"。但是腾讯发展也有多事之秋，与突飞猛进的事业齐头并进的，是满天飞的收费服务传言、层出不穷的用户密码被盗、Q号网上大拍卖等问题，马化腾作为小公司大市场的领头羊确实也被折腾得够呛，不过他还总是斯斯文文地笑。

马化腾是广东潮南人，处事低调，不擅言语，平静且淡然，只有谈到计算机和网络，才会不时露出开心的笑容和得意。就是这样一个年轻人，将继续带领QQ打好防御巩固战役，续写"QQ版"的网络神话。

(资料来源：http://max.book118.com/html/2012/0325/1399946.shtm)

五、心灵拓展

1. 避免对网络过分依赖的几件小事

(1) 走一走：到野外郊游，到深山大川走走，散散心，极目绿野，回归自然，荡涤一下心中的烦恼，清理一下浑浊的思绪，净化一下心灵尘埃，唤回失去的理智和信心。

(2) 比一比：与同学、好友相比，虽说比上不足，但比下有余。及时调整心态，以保持心理平衡。不因小败而失去信心，不因小挫而伤锐气。

(3) 放一放：如果不是急事大事，索性放下不去管它，过几天再说。或许会有个更清晰的认识，更合理周密的打算。

(4) 乐一乐：想想开心的事、可笑的事，或拿本有趣的书，读几段令人开怀大笑或幽默风趣的章节。

(5) 唱一唱：唱首优美动听的抒情歌，一曲欢快轻松的舞曲或许会唤起你对美好过去的回忆，引发你对灿烂未来的憧憬。

(6) 让一让：人生如狭路行车，该让步时姿态高些，眼光远点，不在一时一事上论短长。让人一步，海阔天空。

2. 做两道证明题

网络，你的名字起得很好。"网"是一张覆盖全球的信息网，将全世界的人像坐标一样联系起来；"网"是一张捕猎用的大网，将"猎物"引入网内，然后捕捉它，谁也逃不出你的手掌。网络啊，我已将风靡全球的你一"网"打尽。纵使我对你还不怎么熟悉，但凭我的慧眼，认定你属于双子座，因为你具有双重性格。

题目一：

已知：网络。

求证：网络=白雪公主。

证明：

(1) 你将地球村的人亲密地联系在一起，即使处在地球两端的人，你几秒钟就可将他们联系在一起，只要他们一点击，这从峰烟传递信息到海上暗号，从快马传信到飞鸽传书都是史无前例的。凭你极快的传递信息速度，你可以毫不脸红地说你稳居信息传递的第一把交椅。

(2) 问题：你将怎样查找资料？选择：A. 问老师；B. 读报；C. 去图书馆；D. 上网。答案：D。的确，你在资料查找方面具有得天独厚的优势，你是一个巨大的资料库，只要轻轻敲击几下键盘，然后再点击一下，需要的信息就立刻尽现眼前。

(3) 靠你可以听歌、打游戏、看电影……你可取代随身听、游戏机、VCD……你已不仅仅是"一顶俩"，你大概可以满足一个人所有的精神需求。当一个人寂寞时，还可以到你的"聊天室"坐坐。

综上，你是我们善良、有益、知心的朋友，我们将像喜欢白雪公主一样喜欢你。

题目二：

已知：网络。

求证：网络=白骨精。

证明：

(1) 你的游戏实在太多了，把学子们都吸引进你的网里了。他们整天沉迷于"星际""反恐"，荒废了学业却无法自拔。有几个同学玩了个通宵，第二天上课竟忘了带书包。

(2) 你有太多的娱乐、体育节目，又是"最新走红的明星"，又是火箭大战湖人……这些大都不适合正在学习的学生。你搞得他们上课心不在焉，"身在曹营心在汉"，对他们的学业有很大的影响。

(3) 你的"黑洞"将许多少男少女卷入了"网恋"的旋涡，他们完全"陶醉"于你的"柔情密语"中越陷越深；你还借黄色网站，散播腐朽文化，腐蚀人们的灵魂，毒害人们的心灵；你还会引发犯罪活动，而你却是犯罪分子掩饰他们行为的泡沫。

综上，你是阴险、无情、毒辣的杀手，我们像痛恨白骨精一样痛恨你。网络啊，希望你能成为我们白雪公主一样的朋友，抛弃白骨精型的杀手，那样，我们就会更加喜欢你，对你一"网"情深。

六、心灵感悟

网络到底是什么？

> **知识窗**
>
> 国内学者卢跃青(2001)认为：网络作为现代人类的另一个生存空间，具有以下特点：(1)内容丰富性、生动性；(2)传播方式的快捷性；(3)超越时空性；(4)信息占有公平性；(5)网络交往的自主性；(6)互动的间接性。
>
> 刘文富(2001)在《网络政治——网络社会与国家治理》一书中指出，互联网具有开放的网络结构、统一的互联标准、分散化的网络管理、灵活的服务方式、多样的交流模式、丰富的信息资源、低廉的服务费用七大优势，同时也有网络安全问题、知识产权保护问题、信息爆炸等不足。

第二节 网络成瘾问题及对策

一、生活链接

网络成瘾剖析

尽管时间不是判定网络成瘾的直接标准，但大多数成瘾者不管在什么地方，每周的上网时间都很长，单次上网时间最长可达12小时。为了适应这种成瘾行为，个体的睡眠习惯被打乱，上网时间往就寝时间之后不断推移。成瘾者甚至会使用咖啡因等兴奋剂以振奋精神继续上网。睡眠的剥夺和生物钟的紊乱导致成瘾者过度疲乏，削弱个体免疫系统对疾病的抵抗能力。此外，长时间地僵坐在电脑前使得个体缺乏适当的锻炼，容易引起腕关节综合征、背部扭伤和眼睛疲劳等不良身体反应。与药物成瘾相比，网络成瘾对个体生理的消极影响相当轻微。然而，网络成瘾还会导致人际关系、学习和工作等各方面的危害。

人际关系问题

1996年Young的一项调查发现：53%的网络成瘾者报告网络的过度使用已经导致了严重的人际关系问题，"网上狂欢"已经影响到婚姻关系、约会关系、亲子关系和朋友关系。以家庭关系为例，成瘾行为影响了家庭职责和义务的履行，使得其配偶变成了"网络寡妇"(Cyberwidow)。成瘾者以上网为借口，推脱那些必须而又不愿完成的诸如洗衣服、购物等日常杂务。随着时间的推移，这种推脱行为会变本加厉地发展，导致最后成瘾者连关心孩子这样的事情都会借上网推脱。把大量时间花在网上的一个必然结果是与家人相处和沟通的时间大大缩短，导致亲情因缺乏交流而逐渐由浓转淡。在线朋友的重要性超过家人朋友再现在成瘾者的言行举止中，会对家人朋友造成伤害。成瘾者为了种种原因会对家人隐瞒其真实的上网时间和费用，长此以往会丧失家人的信任。此外，争执之后成瘾者往往以上网代替和解，从而使得双方积怨日深并导致最终的决裂。上述种种因素会对正常的婚姻关系和亲子关系造成危害，从而导致家庭的不稳定甚至决裂。

学习问题

在现今的许多国家或地区，网络已成为综合网络教学的首要工具。然而，Barber在1997年进行的一项调查的结果却表明：86%的参与调查的教师、图书管理员和电脑管理员认为，网络的使用根本没有对提高学生的成绩产生丝毫作用。他们认为网上信息过于杂乱无章，而且与学校课程和教材毫不相干，无助于学生在标准化测试中取得更好的成绩。Young在1996年所做的一份调查表现：58%的学生报告网络的过度使用致学习兴趣减弱，成绩下滑，并使逃课现象日益增多。究其原因，不难得出结论：网络的过度使用侵占了学习时间，削弱了学习兴趣，破坏了学习习惯，降低了学习效率，从而影响了学习成绩。

工作问题

在工作场合对网络的不正当使用已成为越来越多的管理者的一块心病。针对全美1000家大企业的一项调查显示：55%的管理者认为员工非工作目的的网上"冲浪"正在逐渐损害员工的工作效率。与之相应，有一家公民通过追踪其员工的网上活动发现员工的网上行为只有23%与工作相关。由此可见，网络的过度使用已严重破坏了正常的工作秩序，侵蚀了工作时间，从而不可避免地对企业的效益提高和发展壮大产生负面影响，并迫使企业管理者制定相应对策以区分员工在工作场合对网络的正当和不正当使用。

(资料来源：人教网. http://www.pep.com.cn/xgjy/xlyj/xskj/yyxl/201008/t20100827_784239.htm)

二、心海导航

网络自身的特征是青少年对网络"情有独钟"，而且对网络生活"乐此不疲"的诱因。网络以其集文字、声音、图片、动画于一体的独特魅力吸引成千上万的青少年。网络上信息丰富而全面，应有尽有；在网上，青少年几乎可以找到自己想要的任何信息：新闻、娱乐、产品、游戏……所有一切为他们纺织了一个丰富多彩、五颜六色的互联网世界。网络的交互性使青少年可以在浏览网页时完全根据自己的兴趣和要求来选择，主动获取信息，还可以在同一时空里与多个人进行实时交流；网络的匿名性使青少年在一人一机的环境下，不必受传统的熟人圈子的约束，自由自在地以不同的名字、性别、年龄在虚拟的社区中与人交流而不会被人觉察，体验不同身份的人的感受，毫无顾忌地发泄在现实生活中遭受的"不公平"待遇而不必担心别人的看法；网络的多媒体性使青少年可以在电脑上同时打开多个窗口，一边听音乐，一边看文字或者视频新闻，享受多媒体带来的优越感。

然而，尽管网络如此具有诱惑力，但也不是每个青少年都对上网产生依赖。所以，青少年网络成瘾有其内在的心理原因。

1. 兴趣和好奇心

兴趣是个体积极探究事物的认识和活动倾向，使人对有趣事物给予优先关注和探索。青少年时期正是对新事物充满好奇心和欲望的阶段，互联网恰恰就是这样一个略带神秘的新鲜事物，他们被深深地吸引，驻足网上，流连忘返，于是兴趣变成了瘾，最后被困"网"中央。另外，网上的信息传播速度快、容量大、覆盖广、效率高，同时内容雅俗共赏，意识观念开放，大量"性"方面的信息也在吸引着青少年。青少年正处在发育期，伴随性生理的成熟，性心理也开始萌动和发展，他们对"性"充满了好奇和疑问，而这些好奇和疑问很难从家长和老师那里获得答案，这时互联网上的黄色网站满足了他们的需要，色情图片、色情影音，使青少年目不暇接，沉溺网络。

2. 人际关系的需要

青少年时期正处在"心理断乳期"，心理的闭锁性使他们很少和父母、师长交流，又多是独生子女，特定的成长环境使他们养成了盲目的自我中心、自私、不关心他人等性格特点。在学校，同学之间的关系可能有些冷漠，于是上网聊天成了他们和别人沟通的一个渠道。网络的出现丰富了青少年人际交往的方式,扩大了人际交往的范围,使交往更具有直接性、自主性、平等性。网络中的人际关系比现实生活中的人际关系简单,基本不受年龄、社会地位、职业、性别等方面的影响,论坛、聊天室、QQ等成为他们交友、聊天、互吐心声的好去处,在那里他们可以找到自己倾诉的对象,可以很快和许多人建立友谊。另外,网络聊天是人机对话,可以任由自己的情绪发泄而不用考虑对方的反应,可以把对方假想为是乐意倾听的人。在网络中,可以随自己心愿去认识自己喜欢认识的人,比现实中容易得多。再者,青少年的生活圈子相对较小,在生活中遇到难以解决的人际关系问题时,同龄人很难给予正确的指导和帮助,在网络上可以求助于比自己年龄大、成熟的人。

3. 自我实现的心理需要

人都有自我实现的心理需要。青少年需要自我实现,需要得到同学、老师的认可,需要在人前表现自我,但是,这样的机会并不是随时都有,并不是人人都有,尤其是那些比较内向、不善言辞、不善交往、学习成绩较差的青少年机会就更少,他们在现实中不是人群注意的对象,尤其在学校里面,展示个性的空间很小,他们的个性得不到张扬,聪明才智没机会表现。但是,网络给他们提供了施展自己才华的舞台,网络的匿名、无感官接触等特性,弥补了他们在语言、外貌等方面的不足,在网络上可以滔滔不绝,幽默机智,惹人喜爱,在屏幕后表现得很优秀,因此也得到赞许,使他们获得成功的喜悦和快感,网上社交的游刃有余与现实中的不断遭挫折的强烈的心理对比,无形中强化了他们的网络行为。在在线游戏中,随着他们对游戏的熟悉,他们越来越能获得高成绩,在人机大战中他们极大地获得了成就感,这种成功的体验使他们更加沉迷,忘记时间,忘记周围,在他们的眼里只有屏幕和鼠标。

4. 逃避现实的需要

青少年的学业压力很大,来自学校的作业和无休止的补课,来自家长安排的各种补习班、特长班,把他们的业余时间全部挤占了,他们几乎成了学习的奴隶。这样的学习方式和青少年的身心发展特点是相悖的,其结果就是导致厌学、逆反心理加重、亲子关系不良等问题。丰富多彩的网络"乘虚而入",成了他们逃避现实的最好去处,在网上他们自由自在,无拘无束,能得到现实生活中难以得到的快乐和满足。

综上所述,青少年沉迷于网络,是因为网络能满足他们的各种需要,如兴趣和好奇心、人际关系、自我实现和逃避现实等。那些性格孤僻、自我评价偏低、自信心不强、自控力不强的青少年则是网络成瘾的敏感人群。

> **知识窗**
>
> ## 网络成瘾的机制模型(成因)
>
> ### Young 的 ACE 模型
>
> Young 于 1999 年提出以易进入性(accessibility)、控制性(control)和兴奋性(excitement)三个因素说明强迫性互联网使用的形成过程,并将它们看作促进网络成瘾过程的三种潜在变量,即所谓的 ACE 模型。
>
> ### Davis 的认知—行为模型
>
> Davis 于 2001 年提出认知—行为模型。适应不良认知(maladaptive-cognition)个体易感素质指当个体具有抑郁、社会焦虑和物质依赖等素质,则更容易发展出病态网络使用的行为。压力源(紧张性刺激)指不断发展的互联网技术。
>
> ### Grohol 的阶段模型
>
> Grohol 于 1999 年提出阶段模型,认为所谓网络成瘾只是一种阶段性的行为。该模型认为网络用户大致要经历三个阶段:第一阶段,网络新手被互联网迷住,或者有经验的网络用户被新的应用软件迷住;第二阶段,用户开始避开导致自己上瘾的网络活动;第三阶段,用户的网络活动和其他活动达成平衡。Grohol 认为所有的人最后都会到达第三阶段,但不同的个体需要花不同的时间。那些被认为是网络成瘾的用户,只是在第一阶段被困住,需要帮助才能跨越。
>
> ### 生理—心理—社会整合模型
>
> 目前,国内许多学者认为在众多实验和理论成果基础上提出的生理—心理—社会整合模型可以更好地解释网络成瘾:
>
> (1) 生理因素。有研究表明,长时间上网会使大脑中的化学物多巴胺水平升高,这种化学物质令个体呈现短时间的高度兴奋,沉溺于网络的虚拟世界不能自拔。
>
> (2) 心理因素。获得心理体验上的兴奋感与避免停用时的痛苦,可能对网络成瘾的用户具有重要意义,网络成瘾发生的心理因素可能是健康的网络使用转变为病理性并加重的强化物。
>
> (3) 社会因素。社会性分离(social disengagement)可能是网络使用带给用户的消极影响的原因之一。人际关系的冷漠可能也是导致网络成瘾出现的一个原因。网络成瘾可能是现实社会问题的一种暴露方式,把问题完全归于网络使用者是不全面的。

网络成瘾的危害

网络成瘾对个体危害

(1) 大脑损害：网络成瘾者的脑电波图形与痴呆症患者、毒瘾患者一样！轻者会直接影响大脑的创造性思维和心理平衡，五年以上连续的网络成瘾会出现脑萎缩或脑梗死。

(2) 社会功能危害：虚拟的生活方式，心理封闭，对现实漠不关心，内心体验缺乏，人际关系受阻，社会功能弱化。遇到现实问题时，判断模糊，本能地套用虚拟社会的规则，从而激发攻击本能和反社会情绪。

(3) 心理危害：负面的自我暗示，不断产生心理泛化，使人格扭曲，产生各种心理障碍(主要是焦虑、强迫、抑郁)。

(4) 学业(事业)荒废。

(5) 生理危害：失眠，乏力，影响骨骼生长发育，损伤免疫系统、肠胃消化系统、神经系统，甚至猝死。

网络成瘾对家庭危害

(1) 亲子障碍，具体表现为_____

_____

(2) 家庭不和谐，具体表现为_____

_____

(3) 家庭成员的身心健康，具体表现为_____

_____

(4) 家庭事故(暴力等)，具体表现为_____

_____

(5) 家庭破裂，具体表现为_____

_____

网络成瘾对社会危害

(1) 社会和谐的破坏，具体表现为_____

_____

(2) 社会道德和法制的破坏，具体表现为_____

_____

(3) 社会资源的浪费，具体表现为_____

_____

(4) 社会问题的突显，具体表现为_____

_____

三、反观自我

你是易感人群吗？

以下是网络成瘾的特征群体，看看你是不是在其中？
- 社会适应能力差者；
- 人际交往能力不足者；
- IQ 高，EQ 低者；
- 自控力差者；
- 具有人格障碍者(强迫型人格障碍、反社会型人格障碍、冲动型人格障碍、偏执型人格障碍、回避型人格障碍、表演型人格障碍)；
- 喜欢独处，敏感警觉，孤僻抑郁，倾向于抽象思维，缺乏社会交往，不服从社会规范者。

个体因素

(1) 归属和尊重是个体的基本需要，人际疏离的社会现实使得个体的这些基本需要在现实生活中得不到满足，从而产生强大的内驱力，促使个体转向网络的虚拟环境中寻求满足。

(2) 个体的许多本能欲望(诸如攻击本能和性本能)为正常的社会意识所不容许，在现实生活中没有表达的机会和空间，从而使得个体必须寻找一个社会抑制的环境释放潜意识中积聚的张力。

(3) 个体天生具有一定的权力欲和控制欲，这在现实生活中可能因为某些因素而受到阻碍。

(4) 个体的消极个性特点和某些生理特征，可能引发个体在现实生活中的社交恐惧和社交障碍。网络交流可使人们不受长相和实际生活中其他方面的约束，并可随心所欲地改变和修订自己的品质和人格特点。

(5) 力图维护自己在互联网上的拟实声誉和自我展示，自我实现的愿望也是网络成瘾的一个原因。

网络因素(客体因素)

(1) 易进入性(accessibility)、便捷性(convenience)与易逃性(escape)(客观 ACE)，以及侧重于网络社区个体的匿名性(anonymity)、可控制性(control)、兴奋性(excitement)(主观 ACE)。

(2) 吸引依赖者上网的主要原因是匿名性(86%)，其次为易进入性(63%)、安全性(58%)和便捷性(37%)。另一项研究显示，在网上一些人隐瞒真实年龄(34%)与真实外表(20%)。

(3) 能够满足人们心理上的种种需要，尤其是那些在现实生活中无法获得满足的需要。

四、心灵鸡汤

马云的成功

阿里巴巴创业初期马云要求合作伙伴"用闲钱投资，不允许借钱，因为失败的可能性极大"。马云很狂很自信，但相信这是他基于理智分析的结果。一个人成功一次是偶然，但马云1999年自阿里巴巴创业成功至今的不断发展，我们不能说马云只有大胆和自信，这里面肯定还包含了智慧和理智。

马云的成功绝非单单因为他比我们早创业十年。

(1) 不甘落后，永不放弃，三次高考，两次失败只是更加激励马云坚持不懈、必须成功的信念。

(2) 反应敏锐，思路清晰，善于发现和把握网络发展规律。从中国黄页到阿里巴巴到淘宝到支付宝都验证了这一点。

(3) 胆大心细，一往无前。先是作为杭州十佳教师辞职下海，然后离开和杭州电信合作的中国黄页，离开和外经贸部合作的中国国际电子商务中心(EDI)，一是大胆，一往无前，不留退路；二是心细，虽然离开，其实心中已经酝酿了一盘更大的棋局。

(4) 激情四射，魅力服人。马云先后离开与杭州电信和外经贸部合作的公司，手下员工都愿意放弃更好的条件，甘愿吃苦受累，追随马云重新创业，当年创业的18个人至今仍然追随马云发展。更能通过个人魅力和激情吸引某国际风险投资公司的亚洲代表蔡崇信放弃工作追随，六分钟搞定软银孙正义投入2000万美元的风投。

(5) 相信自己，理智分析。马云对自己有超级的自信，在阿里巴巴创业的第一次会议上马云就预告了未来，要求全程摄影，以此作为历史见证。很多人说马云狂妄，但马云说过自己创立海博网络的时候靠的是勇气和眼光。

也许你认为马云恰逢时运，你生不逢时；也许你认为马云资金雄厚，你身无分文；也许你认为马云运气高照，你霉字当头。但你不要忘了马云二次高考落榜，做过搬运，蹬过三轮，当过小贩；你不要忘了阿里巴巴创业之始35个人挤在一个房间，大家要集资才能创业，马云要靠借贷才能发工资。马云的创业成功绝非偶然，那是智慧和勇气的结晶，那是信心与实干的结果，那是领袖与团队无间的结合。马云给我们的意义更在于马云说过"如果马云能够成功，我相信中国80%的人都能成功"，如果你能像马云一样敢思、敢想、敢说、敢做、敢为天下先，那你也可能实现自己的阿里巴巴帝国。

(资料来源：http://max.book118.com/html/2012/0322/1368017.shtm)

五、心灵拓展

拒绝网络成瘾的团体活动策略

根据主题设置游戏活动，让学生在游戏活动中体验、分享、成长，最大限度地发挥自己的心理潜能。

策略1：画一幅"网络体验"自画像。

策略2：寻找迷恋网络的原因(如性格内向，成绩不如意，人际关系不顺等)。

策略3：将因迷恋上网而失去的重要的人和事列一个表。

策略4：逐渐减少并守定你的上网时间。

策略5：上网前和下线时的心理暗示(上啦，这段时间是我的；该下啦，还有更重要的事等着我呢)。

策略6：将原来的上网时间错开，打乱原有的心理秩序和生物钟。

策略7：规定每天与家人、朋友交流15分钟。

策略8：身边携带积极提示的卡片(开始康复治疗以来，自己的情绪、学业等方面的变化)。

策略9：通过各种渠道倾听对网络迷恋否认的声音。

策略10：寻求替代性爱好(如运动等)。

策略11：请专业心理机构做心理介入治疗。

六、心灵感悟

通过这节课的学习，你有哪些收获？

第三节 培养健康的网络心理

一、生活链接

东莞中学生流行课堂上"微博"发布心情

"新学期来，很多同学换了新手机，这已不足为奇。新奇的是，以往违反课堂纪律的同学是用手机登录QQ，现在换成了'微博'(微博客的简称)。"

笔者今天从广东东莞市某中学教导处刘老师处了解到，一名初三女生在课堂上用手机上自己的"微博"，老师仔细一看，她用上课学的中考必备词汇造句，编写自己的最新心情发布上去，看完后哭笑不得。

"如今的中学生时刻走在网络时尚的潮端,虽然'微博'做小记录对学习有些许帮助,但我还是认为中学生不应该上课时用手机,像以前学校就明令禁止上课时间开机。"该校教导处的白老师告诉记者。

为此,记者特意走访了多间东莞其他中学。走访中发现,中学生使用手机的现象颇为明显,使用手机上网、登录QQ都不足为奇,而开通"微博"随时发布自己心情的中学生也越来越多。

据悉,"微博"是一个基于用户关系的信息分享、传播、获取平台,用户可以140字左右的文字更新信息并实现即时分享,它于2009年8月由中国的门户网站新浪网推出,标志着"微博"正式进入中文上网主流人群视野,短短五个月,已经渗透在中学生群体中。最早且最著名的微博是美国的Twitter,据相关公开数据,截至2010年1月,该产品在全球已经拥有7500万注册用户。

东莞市樟木头镇某中学初三数学老师说:"对于语文科目,可能更新一下'微博',用一两个考试必备的成语对复习会有所帮助,但对于数学,手机上网是完全没有好处的。现在的中学生特别喜欢网络新生事物,我的班级初中一年级刚进来几天,就建立了班级QQ群。现在流行'微博',对新生事物好奇的他们肯定少不了。接受新奇事物是好事,但影响学习就不好了。"

"我班级的班主任特别严格,如果上课被抓到玩手机,一定会被批评,我周围同学大多都有'微博'。我现在也很少更新我的'博客',一般都改用'微博'了,不过我是晚上睡觉时更新一下自己的心情。对我而言,'微博'就是个小娱乐,和曾经的QQ签名差不多。"东莞市樟木头镇某中学的初二学生小欣告诉记者。

东莞市教育局工作人员认为,现在的中学生都是"90后",他们正处于对世界认知的懵懂期,完全阻止他们对新生事物的尝试是不科学的。中学生喜欢体验网络新生事物是可以的,但是不能因此耽误学习,老师们要把握好"度"。至于在"微博"上发布一些想法,并结合所学的必考词汇,算是一个灵活式的复习,但上课时间老师还必须严格监督,不能因为手机上网而耽误学习。

"围脖控"可以建立起其他获取信息的方式、满足自我的方式,如多看书学习,主动充电参加职业培训,多与朋友面谈,积极参加集体活动等,特别是通过努力工作、取得成绩来增强自信和提升成就感等。

2009年12月6日,由中国青少年网络协会主持的《第四届中国青少年网络发展论坛》在北京举行。论坛以"创新型国家与学习型网络——青少年的责任"为主题,旨在共同推动青少年网络文化建设,深入推进中国青少年绿色网络行动,并在论坛上提出了开展"中国青少年网络新公民培养计划"。"中国青少年网络新公民培养计划"目的在于针对目前存在的青少年网络行为使用不当的现象,倡导正确使用互联网,激发广大青少年运用网络学习的潜能,成长为"网络新公民"。

对于青少年来说,网络应该为我们自身的生活、学习和工作服务,切不可一味沉溺于网络世界。青少年要从自身做起，提高科学合理利用网络的能力和自觉性，合理控制上网时间，丰富自己的网络活动，自觉抵制网络的不良影响，避免在不良场所上网，并且要重视与家长、老师、同学、朋友的现实交流，不要把网络当成自己的情感寄托，从而充分运用现代网络优势，吸取知识，开阔视野，增长本领，把自己培育成德才兼备的"网络新公民"。

(资料来源：中新网. http://www.chinanews.com/edu/edu-xyztc/news/2010/03-16/2171823.shtml)

二、心海导航

对青少年健康上网提出以下几点建议。

1. 正确认识网络这把"双刃剑"，取其精华去其糟粕

网络作为一个载体，衍生出了多种信息传递的方式。通过网络接触到前所未有的广阔的空间，能更加有效和广泛地获取信息、学习知识、交流情感和了解社会。在它积极作用的背后，网络空间又以令人眩晕的色彩诱惑着涉世不深的学生，使得部分学生掉入迷失自我的陷阱中。因此我们需要在大量的信息中找到精华，所谓精华就是自己所需要的信息，能对自己有帮助的资源。那么我们首先要做的就是根据自己的需要，有目的地进行阅读。人的精力是有限的，我们不能将有限的精力耗费在无用功上。

2. 调整心态，提高抵制诱惑的能力

网络只是一个工具，是我们用的，而不是玩的。我们要充实自己的精神空间和现实空间，让自己有忙的地方、时间和内容，例如参加社会实践活动、各种形式的校园活动。我们可以通过上网看新闻了解天下大事，还可以通过网上的比赛扩充自己的知识，或者上一些学习网站辅助自己的学习。上网的目的是调整心态，学习任务重、心理压力大，能在网络上找个知心的朋友谈谈，心情可以变得轻松。我们要着重提高自身的素质与能力，培养与提高自控力，让自己做网络的主人，让网络成为自己手中有用的学习工具。

3. 利用好网络虚拟交流平台

网络是个交流的平台，借此平台，我们认识了自己现实生活中完全不可能遇到的人，扩大了自己的交际范围。如果有烦心事憋在心里，可以找网络上的朋友倾诉，没有在现实生活中的顾虑；如果希望提高外语水平，可以在国际交友网络上认识外国人，直接交流；如果想要认识校友，可以上专门的校园网站。总之，网络大大扩展了我们的交流面，各种各样的人都在网络上以自己喜欢的面貌出现，能与他人交流心得看法，逐渐完善自我知识网络体系，通过这个平台还可以找到许多朋友共同进步。

4. 合理安排上网时间，正确对待网络娱乐资源

劳逸结合、寓教于乐是我们所提倡的健康的学习方式，适度娱乐能缓解学习、生活中的压力，也为后续的学习和工作提供能量。然而过度沉溺于网络娱乐资源(如网络游戏、在线聊天等)，不仅会浪费时间，而且会影响正常的工作与学习。只有正确对待网络娱乐资源，才能真正地从网络上获取轻松，因网络而受益。我们必须合理安排上网时间，在上网和工作、学习之间取得平衡。只有通过合理安排上网时间，才能做到有效率地使用网络资源，并使其真正地为工作、学习、生活带来便利。

三、反观自我

判断网络成瘾的十条标准

如何判断已经网络成瘾？据专家介绍，目前国际上还没有统一的诊断标准，其中有两个诊断标准比较常用。

心理学家杨格提出的诊断网络成瘾的十条标准
(1) 上网时全神贯注，下网后仍念念不忘上网之事。
(2) 总嫌上网时间太少而不满足。
(3) 无法控制上网时间。
(4) 一旦减少上网时间就会烦躁不安。
(5) 若上网，则种种不愉快消失，精神亢奋。
(6) 为了上网而荒废学业、事业。
(7) 因上网失去重要的人际交往、工作等。
(8) 不惜支付巨额上网费用。
(9) 对亲友掩盖自己频频上网的行为。
(10) 下网后有孤寂失落感。
符合以上标准的四条或四条以上，就可诊断为网络成瘾。

心理学家布瑞德提出的诊断网络成瘾的标准
以下表现必须出现：
(1) 一心想着上网，包括回想以前的网上活动，或期待下次上网。
(2) 须增加更多的上网时间以获得满足感。
(3) 多次努力控制、减少或停止上网，但未能成功。
(4) 在努力减少或停止上网时，感到烦躁不安、闷闷不乐、忧郁或易发脾气。
(5) 上网的时间比计划的要长。
同时至少有以下表现中的一条：
(1) 因为上网，妨碍或丧失了重要的人际关系或工作，或失去教育与就业的机会。

(2) 对家人、好友、治疗者或其他人说谎，隐瞒上网的程度。

(3) 把上网作为逃避问题或缓解无助、嫉妒、内疚、焦虑、抑郁等不良情绪的方法。

专家表示，网络成瘾与精神医学中的药物依赖和病理性赌博等成瘾性行为比较相似，因此其诊断标准也比较类似，这些诊断标准具体、明确，容易操作，可以作为自测或他人评定工具。

四、心灵鸡汤

青少年时期是人生的黄金阶段，是个体发育、发展的最宝贵、最富特色的时期。在此阶段，心理的发展迅速趋向成熟但又未真正成熟，比较容易受到网络的诱惑，因此，青少年必须加强自身心理品质的培养，以形成健康的人格，防止网络成瘾。

首先，应树立一个正确的奋斗目标，并以此作为培养自己控制力与忍耐力的动力基础。多参加一些社会实践活动，有意识地锻炼和培养坚强的意志品质，提高行为的自控力。

其次，要加强对情绪情感的调节，保持健康的情绪。这就要求青少年学生能找到表达自己情绪的方法，既不压抑自己，也不放纵自己，对于消极情绪要学会几种自我疏导、自我排遣的方式。对生活中出现的困惑，要积极主动与外部沟通，寻求父母、教师、朋友等的支持，及时疏通，调整好心态。

再次，要建立良好的人际关系，学会去爱。在交往过程中应该意识到，现实生活中的每个人不可能是完美无缺的，各人有各自的优点和缺点，因此，对他人要有一种宽容的态度，要关心、理解他人，从而，促使自己拥有博大的胸怀，获得别人的尊重与信任，增强自信心，减少心理的不适感。

最后，要注意培养和发展自己的业余爱好，学会自娱。在业余时间，积极开展愉快的娱乐活动，可以排遣寂寞孤独、烦闷忧郁，有助于身心健康。如果已经上网成瘾，要拒绝网络的诱惑，就需要有坚强的意志力，有计划地逐步减少上网频率与时间，控制上网行为。同时，在想上网时，从事自己喜欢的、感兴趣的活动，如看书、打球等。必要时还可以让父母、教师、朋友等参与监督自己，接受外部力量的检查。

五、心灵拓展

练 一 练

指导语：为了帮助你将精力集中在减轻和摆脱网络成瘾行为上，请你在这两张卡片上分别列出网络成瘾导致的五个主要问题和摆脱网络成瘾将会带来的五个方面的好处。然后，请你每天随身携带这两张卡片，时时处处约束自己的行为。

网络成瘾导致的五个问题	摆脱网络成瘾的五个好处
1. _____	1. _____
2. _____	2. _____
3. _____	3. _____
4. _____	4. _____
5. _____	5. _____

上网行为是一种外显的、可观测的行为，比较适合于用行为契约法进行矫正。辅导员可以和辅导对象共同协商，就上网行为的时间和频次达成契约，也可以指导、辅导对象与其父母订立行为契约。以下是一个亲子之间的行为契约范例，仅供参考。

行 为 契 约

契约日期：11月15日到12月15日

我，王静，同意减少上网行为的次数和时间，遵循以下标准。

1. 从周一到周五，每天上网的时间只能在晚上六点到九点这一时间段内，每天上网的时间不超过一小时。
2. 周六、周日，每天上网的时间不超过两小时。
3. 任何时间不得去网吧或其他同学家中上网。
4. 任何一次上网都必须先征得父母的同意。

监督执行标准：

1. 如果我违反了以上标准，如私自打开电脑或上网时间延长等，则在违反标准的第二天开始连续四天不能上网，还得打扫家里的所有房间。
2. 如果我能连续一个星期遵守规定，父母就必须带我去吃一次麦当劳或肯德基，或给我十元零花钱。
3. 如果我能一天不上网，父母就应该给我一个硬币，积攒十个硬币之后，父母就必须带我去游乐场玩一次。
4. 我愿意接受老师、同学和父母的监督，配合父母每天记录我的上网时间。

我们，王海和周英，愿意每天监督和记录王静的上网行为，并严格执行以上规定。

签字 ___王静___ ___王海___ ___周英___

以上行为契约可以通过亲子双方再次协商而做进一步的调整和修改，如延长契约执行的时间,改变强化和惩罚的措施,增加或减少要求出现的行为等。在执行行为契约的过程中,辅导员不能袖手旁观,而应密切关注行为契约的执行情况,随时给辅导对象的父母提供建议和指导。

六、心灵感悟

通过本节课的学习,你得到了哪些启示?

第九章

珍视生活——让生活多姿多彩

第一节　学做时间的主人

一、生活链接

不合理的时间安排——忽视预习

张欢和小杨是一对形影不离的好朋友，平时两人学习都很用功。小杨的成绩老是跟不上去，张欢帮助她研究了好久，也找不出原因。她们决定去请教老师。老师为了了解她们的基本情况，提了很多问题，还是没有结果，因为两个人的习惯基本是相同的。后来，老师观察发现，小杨在预习时花了很多时间，但是，她与张欢在预习上有两点不同：一是小杨预习时没有动笔勾画做笔记和完成预习练习的习惯；二是她仅仅局限于预习书本上的知识，没有把眼光投放到书本以外，扩张自己的知识面。这就是小杨花了工夫又没有提高学习成绩的根本原因。

(资料来源：万州教研. http://www.wzqjks.com/Article_Show.asp?ArticleID=12125)

不合理的时间安排——学无计划

【案例1】语文课上，坐在最后一排的明敏同学伏在课桌上，无精打采，有气无力。老师暗示了好几次，他仍无动于衷。课后，老师心平气和地跟他谈心："别的同学都在朝自己的目标奋斗，按自定的学习计划努力着，你怎么对学习还是这样漫不经心呀？""我基础差，学不好，再多的目标计划都没用，而且爸爸妈妈对我的学习成绩永不满足，老是说我不努力……"

【案例2】放暑假了，郎艳同学决定读几本文学名著。但她没有安排阅读计划，完全凭自己的兴趣。这两天她在阅读《三国演义》,听其他同伴说,电视台正在热播中国家庭教育题材的情景喜剧《家有儿女》,那里面一个个令人捧腹而又发人深思的小故事很是精彩,值得一看。于是郎艳转移了阅读目标去看电视剧了。就这样东一榔头西一棒,一个暑假下来,结果一本《三国演义》看了几页,别的文学名著翻都没翻一下。

(资料来源:奥数网. http://www.aoshu.com/e/20110105/4d241b428d523.shtml)

二、心海导航

1. 时间管理心理学

心理建设:要把时间管理好,基本上要先做自我心理建设。

欲望:你要有把事情做好、时间管理好的强烈欲望。

决定:决定达成做好时间管理的目标。

操练:时间管理是一种技巧,观念与行为有一段差距,必须经常地去演练,才能养成良好的习惯。

时间=金钱=生活,甚至于时间>金钱,即时间比金钱还重要。只有把时间管理好,才能够达到自我理想,建立自我形象,进一步提升自我价值。每个人应把自己当成一个时间管理的门外汉,而努力不断地学习。若能每天节省2小时,一周就至少能节省10小时,一年节省500小时,则生产力就能提高25%以上。每一个人皆拥有一天24小时,而成功的人单位时间的生产力则明显地较一般人高。

成就感:引起动机的关键就是成就感。要成就一件事情,一定要以目标为导向,才会把事情做好,把握"现在",专注在"今天",每一分每一秒都要好好把握。一位优秀人物,有两个关键:第一是学习工作表现,要有能力去完成学习工作,而非只强调其努力与否而已;第二是重视过程,凡事一定要以过程获得的启示为导向,做出成果来。时间管理好,能让人更满足、更快乐,赢取更多的财富,自我价值也会更高。

2. 策略性的目标设定

(1) 立定标杆,全力以赴

譬如射标,一定要有一个靶,才会射中标的。同样地,人生若没有目标,只会任由环境影响,而非自己影响环境。根据耶鲁大学研究,只有3%的学生为自己定下目标,而其他的学生则没有。经过长时间的研究指出,当初有定下目标的3%学生,其成就远超过其余97%学生的总和。

一般人不愿为自己设定目标的三个原因:

第一是恐惧，怕万一达不到怎么办？会有失败感。

第二是无此意愿，不知为何要设定目标，每天过得好好的就可以了。

第三是误将行动当成就，每天忙来忙去，好像很有成就感。其实行动不等于成就，有结果才算有成就，所以一定要设定成就目标。

(2) 目标设定原则

经过前人的总结经验，制定目标的原则一共有五点要求：

- 目标要具体，例如"我想要考大学，我要自己创业"等。
- 目标必须是可衡量的。
- 目标要可能实现。
- 目标要切合实际。
- 一定要设定时间表。

(3) 目标设定内容

- 拟出期望达到的目标。
- 列出好处。你达到这个目标有什么好处？譬如你有一个目标想考取大学，列出考取大学对你有哪些好处。
- 列出可能的障碍点。你要达到此目标之障碍，可能是知识储备不够、能力不够等。
- 列出所需资讯。思索需要哪些知识、协助、训练等。
- 列出寻求支持的对象。一般而言，很难靠自己一个人即能达到目标，所以应将寻求支持的对象亦一并列出。
- 设定行动计划。一定要有一个行动计划。
- 设定达成目标的期限。

(4) 立定标杆的四个步骤

- 消除恐惧，不要担心失败，立定目标是必需的。
- 认同每个人一定要有"目标"这个想法。
- 完成目标设定。
- 坚持目标，若不坚持，任由挫折、打击所摆布因而放弃，则永远达不到预定的目标。一位希望追求成功的人须能坚持、决不放弃，才会成功地达到目标，例如爱迪生不断地尝试及坚持，终于达成目标。

(5) 目标管理

一个人需要在三方面设定目标：

- 个人和家庭：这是你生活的诱因。
- 职业生涯和财务目标：这是你的方法。
- 个人发展和专业发展：这是你的成果。

(6) 目标实施
- 你需要有六个月、一年、三年、五年、十年以及一生的目标,甚至于想好将来自己的墓碑上要刻哪些字,这是一生的目标。
- 除掉障碍。
- 寻求合作。
- 充实知识。
- 决定关键步骤。
- 人类因梦想而伟大,做伟大的梦并使它们实现。
- 每天早上重写一遍目标,每天晚上审查这些目标,每天如此做,这样才会进到我们的潜意识。

3. 设定优先次序

每个人每天都有非常多的事情要做,为有效管理时间,一定要设定其优先次序。会设定优先次序是快速提升自我的人格特质。根据柏拉图 80/20 定律,在日常工作中,有 20% 之事情可决定 80% 的成果。目标须与人生、事业之价值观相互符合,如此才不致浪费力气。发展专长,从事高价值的活动。无益身心之低价值活动,会腐蚀我们的精力与精神,尽量不要去做。

要设定优先顺序,将事情依紧急、不紧急以及重要、不重要分为四大类,一般人每天习惯于应付很多紧急且重要的事,但接下来会去做一些看来紧急其实不太重要的事,整天不知在忙什么。其实最重要的是要去做重要但是看起来不紧急的事,如读书、进修等,若你不优先去做,则你人生远大的目标将不易达成。设定优先次序,可将事情区分为五类:必须做的事情、应该做的事情、量力而为的事情、可以委托别人去做的事情、应该删除的工作。最好大部分的时间都在做前两类的事。

时间应如何运用才最有价值?一个重要的观念是要做对的事情或重要的事情,而不是把事情做对。一般人的习惯是不管所做的事情是否正确,只知一味地去做,这样是不对的。唯有努力去做"对"的事情才会有高产能,要有勇敢的特质,拒绝不重要的事,来者不拒是不好的。忘掉过去种种,而努力未来。专注于目前有什么机会,努力把握,要有时间的远景。真正的成功本身是一种态度,亦即要有成功的意念、欲望、决心,每天要有足够的时间做重要的事。

4. 有效的时间管理

(1) 制订时间管理方案

当在学习工作上和时间管理上越来越有绩效时,可能会被指派更多的学习工作,有效的管理方案将是成功的关键。其内容包括:
- 多重的学习工作计划:你越能做多重的工作计划,即代表你的能力越强。
- 规划和组织:事先一定要有很好的规划及组织。

- 定义理想的结果：譬如你希望自己的成绩能够上升五个名次，或者组织活动届时会有校长、主任等人之莅临及热闹场面等的理想成果。
- 设定完成期限：任何事情一定要设定一个期限来完成它。
- 列出完整的学习工作清单。
- 判定限制的步骤：看看哪些事情会影响结果，想办法解决。
- 多重学习工作计划的管理可依循序法或并行法进行。
- 检核：一定要记得做检核，检视是否依照自己的预先设想的去做。

(2) 墨菲定律

墨菲定律亦称莫非定律、莫非定理或摩菲定理，是西方世界常用的俚语。墨菲定律的主要内容是：事情如果有变坏的可能，不管这种可能性有多小，它总会发生。

具体内容是：第一，凡是可能出错的，都会出错；第二，每次出错的时候，总是在最不可能出错的地方；第三，不论你估算多少时间，计划的完成都会超出期限；第四，不论你估算多少的消耗，计划的消耗都会超出预算；第五，你做任何事情之前，都必须先做一些准备工作。

(3) 崔西定律

崔西定律的提出最早是在百事可乐公司，员工坚信能省就省的工作原则，一定能够减少工作的延误，一定能提高工作的效率，节省大量的时间，做更有价值和重点的项目。

具体内容：第一，任何工作的困难度与其执行步骤的数目平方成正比，例如完成一件学习工作有 3 个执行步骤，则此工作的困难度是 9，而完成另一工作有 5 个执行步骤，则此工作的困难度是 25，所以必须要简化工作流程；第二，简化工作是所有优秀人物的共同特质，工作越简化，越不会出问题。

(4) 克服拖延的习惯

克服拖延习惯应该做到如下十点：要有良好的组织；由重要的事情开始着手工作；培养紧急的意识；以快节奏学习工作；一旦开始，不要停止；订出一段特定的时间检查；从最糟的事情开始；详细的计划；不可找借口；设定截止期限。

(5) 时间管理哲学

人一生的时间是有限的，我们应该合理地安排时间，有效地利用时间。我们要做到：培养个人的时间管理哲学；要有远大的眼光；要有延后满足的能力；培养个人的特质，在行动中自我操练；学习微视，以每分钟来衡量时间；要学习如何说"不"；要记住浪费时间就是虚度生命；完成较高价值的学习工作；时间管理是一生的技巧；以榜样去引导你的同伴；平衡与适度；放轻松、要休假和运动；确定你的目标与价值一致；定期健康检查。

三、反观自我

时间管理自我诊断量表

请根据日常学习与生活中对待时间的方式与态度，在 A、B、C 中选择最适合你的一种答案。

(1) 星期天，早晨醒来时发现外面正在下雨，而且天气阴沉，你会怎么办？

  A. 接着再睡   B. 仍在床上逗留

  C. 按照生活规律，穿衣起床

(2) 吃完早饭，上课之前，你还有一段自由时间，怎样利用？

  A. 无所事事，不知不觉地过去了

  B. 准备学点什么，但不知道学什么好

  C. 按预订好的学习计划进行，充分利用

(3) 除每天上课外，对所学的各门课程，在课余时间里怎样安排？

  A. 没有任何学习计划，随心所欲

  B. 按照自己最大的能力安排复习、作业、预习，并紧张地学习

  C. 按照当天所学的课程和明天要学的内容制订计划，严格有序地学习

(4) 每天晚上怎样安排第二天的学习时间？

  A. 不考虑   B. 心中和口头做些安排   C. 书面写出

(5) 为自己拟定了"每日学习计划表"，并严格执行。

  A. 很少如此   B. 有时如此   C. 经常如此

(6) 每天的作息时间表有一定的灵活性，以便留出拥有一定时间去应付预料不到的事情。

  A. 很少如此   B. 有时如此   C. 经常如此

(7) 当你学习忙得不可开交，而又感到有点力不从心时，你会怎样处理？

  A. 开始泄气，认为自己笨，自暴自弃

  B. 有干劲和用不完的精力，但又感到时间太少，仍拼命学习

  C. 每天花时间分析检查自己的学习时间分配是否合理，找出合理安排学习时间的方法，在有限时间里提高学习效率

(8) 在学习时，常常被人干扰打断，你怎么办？

  A. 听之任之   B. 抱怨，毫无办法   C. 采取措施防止外界干扰

(9) 学习效率不高时，你怎么办？

  A. 强打精神，坚持学习

  B. 休息一下，活动活动，轻松一下，以利再战

  C. 把学习暂停下来，转换一下兴奋中心，待效率最佳的时刻到来，再高效率学习

(10) 阅读课外书籍,怎样进行?
　　A. 无明确目的,见什么看什么,并常读出声来
　　B. 能一边阅读一边选择
　　C. 目的明确,阅读快速,加强阅读能力
(11) 你喜欢什么样的生活?
　　A. 按部就班,平静如水
　　B. 急急忙忙,精神紧张
　　C. 轻松愉快,节奏明快
(12) 你的手表或书房的闹钟经常处于什么状态?
　　A. 常常慢　　　B. 比较准确　　　C. 比标准时间快一点
(13) 你的书桌井然有序吗?
　　A. 很少如此　　B. 偶尔如此　　C. 常常如此
(14) 你经常反省自己处理时间的方法吗?
　　A. 很少如此　　B. 偶尔如此　　C. 常常如此

评分方法

选择 A 得 1 分,选择 B 得 2 分,选择 C 得 3 分。将你各题的得分加起来,然后根据下面的评析判断出自己的时间管理能力和水平。

结果分析

35～42 分,有很强的时间管理能力。在时间管理上,是一个成功者,不仅时间观念强,而且还能有目的、有计划、合理有效地安排学习和生活时间,时间的利用率高,学习效果良好。

25～34 分,善于对时间进行自我管理,时间管理能力较强,有较强的时间观念,但是在时间的安排和使用方法上还有待进一步提高。

15～24 分,时间自我管理能力一般,在时间的安排和使用上缺乏目的性,计划性也较差,时间观念较淡薄。

15 分以下,不善于时间管理,时间观念淡薄,不能合理地安排和支配学习、生活、时间,需要好好地训练,逐渐掌握时间管理的技巧。

改进方法指导

如果所得的分数较低,要提高警惕,努力寻求改进方法,增强时间观念。牢记:"最严重的浪费就是时间的浪费""放弃时间的,时间也会放弃他"。

制订时间使用计划,并认真执行。以星期为单位制订一个较长的计划,每天要有"每日学习计划表"和"时间使用表",严格地按照计划学习,并自觉进行检查和总结。

记录和分析一天内使用时间的情况。将在一天里所做的事情及耗用的时间记录下来,然后进行分析,看看哪些时间使用得有价值,哪些时间是浪费掉的。只要做

到持之以恒,对时间管理能力的提高是大为有效的。

(资料来源:西安财经学院. http://xuegong.xaufe.edu.cn/show9.asp?id=404)

四、心灵鸡汤

爱迪生的故事

爱迪生一生只上过三个月的小学,他的学问是靠母亲的教导和自修得来的。他的成功,应该归功于母亲自小对他的谅解与耐心的教导,才使原来被人认为是低能儿的爱迪生,长大后成为举世闻名的"发明大王"。

爱迪生从小就对很多事物感到好奇,而且喜欢亲自去试验一下,直到明白了其中的道理为止。长大以后,他就根据自己这方面的兴趣,一心一意做研究和发明工作。他在新泽西州建立了一个实验室,一生共发明了电灯、电报机、留声机、电影机、磁力洗矿机、压碎机等总计两千余种东西。爱迪生的强烈研究精神,使他对改进人类的生活方式,做出了重大的贡献。

"浪费,最大的浪费莫过于浪费时间了。"爱迪生常对助手说,"人生太短暂了,要多想办法,用极少的时间办更多的事情。"

一天,爱迪生在实验室里工作,他递给助手一个没上灯口的空玻璃灯泡,说:"你量量灯泡的容量。"他又低头工作了。

过了好半天,他问:"容量多少?"他没听见回答,转头看见助手拿着软尺在测量灯泡的周长、斜度,并拿了测得的数字伏在桌上计算。他说:"时间,时间,怎么费那么多的时间呢?"爱迪生走过来,拿起那个空灯泡,向里面斟满了水,交给助手,说:"里面的水倒在量杯里,马上告诉我它的容量。"

助手立刻读出了数字。

爱迪生说:"这是多么容易的测量方法啊,它又准确,又节省时间,你怎么想不到呢?还去算,那岂不是白白地浪费时间吗?"

助手的脸红了。

爱迪生喃喃地说:"人生太短暂了,太短暂了,要节省时间,多做事情啊。"

(资料来源:豆丁网. http://www.docin.com/p-756785255.html)

五、心灵拓展

天 道 酬 勤

活动目的

通过激发学生的动力,树立信心,相信自己,达到激励学生的效果。

活动人数

人数不限。

活动时间

十分钟。

活动场地

教室。

活动程序

(1) 让学生坐好,让学生尽量选择他们自己觉得舒服和放松的姿势。

(2) 主持人给学生讲述下面的故事:

没有人能只依靠天分成功。上帝给予了天分,勤奋将天分变为天才。

曾国藩是中国历史上最有影响的人物之一,然而他小时候的天赋却不高。

有一天在家读书,对一篇文章重复不知道多少遍了,还在朗读,因为,他还没有背下来。这时候他家来了一个贼,潜伏在他的屋檐下,希望等读书人睡觉之后捞点好处。可是等啊等,就是不见他睡觉,曾国藩还是翻来覆去地读那篇文章。

贼人大怒,跳出来说,"这种水平读什么书?"然后将那文章背诵一遍,扬长而去!贼人是很聪明,至少比曾先生要聪明,但是他只能成为贼,而曾先生却知道"勤能补拙,一分辛苦一分才"的道理。

那贼的记忆力真好,听过几遍的文章都能背下来,而且很勇敢,见别人不睡觉,居然可以跳出来"大怒",教训曾先生之后,还要背书,扬长而去。但是遗憾的是,他名不见经传,曾先生后来启用了一大批人才,按说这位贼人与曾先生有一面之交,大可去施展一二,可惜,他的天赋没有加上勤奋,变得不知所终。

(3) 讲完这个故事后,让学生们就故事进行讨论,并进行分享。

讨论问题

(1) 你觉得这个故事讲了一件什么事?

(2) 从这个故事中,你得到了哪些启示?

(3) 你觉得这些启示会对你自己的学习生活带来哪些影响?

活动评价

伟大的成功和辛勤的劳动是成正比的,有一分劳动就有一分收获,日积月累,从少到多,奇迹就可以创造出来。

(资料来源:王浩宇、任明提供的内部资料)

六、心灵感悟

(1) 通过本书学习你有哪些收获？

(2) 你觉得在生活中应该有哪些改变？

(3) 请你说出制订学习计划的重要性，并制订一份自己的学习计划。

第二节　管好自己的收支

一、生活链接

一名中学生的七月份消费单

"妈妈，给点钱。"

"做什么？要多少？"

"过生日请同学一起吃饭，要 500 块。"

"这么多呀！"听到孩子一下子要 500 块，正准备掏钱的我不由得停住了手。

这天是刚刚参加完中考的儿子到学校领成绩单的日子，虽然离儿子的生日还有几天，但马上面临分别的孩子们却要找个理由聚一聚，作为父母也十分理解。"可是你们还是中学生，一起过生日没必要花这么多钱。"

我的劝导尚未落音，儿子已经振振有词顶回来："我请了十多个同学，准备去吃'乐杰士'快餐，一人二三十块，不就得 500 块？"

不知从何时开始，连十几岁的孩子们也学会了"请客吃饭"，过生日、升学、考试结束，似乎都是花钱吃饭的理由。不久前，他也吃过别人的"生日宴"。风气如此，做父母的不得不忍痛"随俗"，不情愿的我只好拿出了 500 块。

没想到，这只是暑假开始后儿子的第一次"大手笔"要钱。

其实，作为工薪阶层的小康之家，自忖无论吃穿用度，虽非处处节俭有方，但也绝无"大手大脚"之陋习，自认为"言传身教"还算到位。儿子除了上小学前有一阵子迷恋"变形金刚"而要求父母"超支"购买外，衣食住行一向也没什么过多的"非分要求"。每每看到或听到身边一些同事、朋友抱怨自己的孩子追求"名牌"等高消费时，还不时与老公窃窃私语：幸亏咱们家儿子不讲吃穿……

几天后，儿子第二次伸手要钱，理由是"和同学约好了出去玩"。应付了严峻的中考之后，这帮十五六岁的"半大小子"，一门心思撒开了玩，这我们也理解。但怎么去，玩什么，成了我们和儿子怎么也谈不拢的"代沟"。

想当年，我们在中学时代也"疯玩"，一人一辆破自行车，自带水壶、面包，几乎玩遍了城里城外著名不著名的风景名胜，逢山爬山，遇河下水，根本不花什么钱。也许正因为如此，我怎么也想不起当年我们的父母是如何处理这类"突发事件"。

不容多想，几个孩子坐着出租车已经开到家门口，在楼下大声呼叫儿子的名字。看着儿子已经不大耐烦的表情和似乎受了伤害的眼神，我只好递上了他要的200元钱。唯一能做的只是追着出来告诫：坐公共汽车，不许"打的"。

也许感觉到每次要钱都有点障碍，随后的一周里，儿子再出去时改向奶奶伸手，两次从奶奶那儿共要了200元。我们只好正式告诉他，今后不允许向爷爷、奶奶要钱。

恰逢他的生日到来，爷爷奶奶给了他200元"红包"，没两天又被他花个精光。

粗略一算，从七月初放假到月末，他已经先后向家里要了1000多块钱。晚上看见儿子钱包放在桌上，打开一看里面只剩下20多块钱。

最后儿子算了算账，除了购买两本英语书花了50元"正经钱"外，其余全花在请同学吃饭、到网吧打游戏、打的、买游戏盘、喝冷饮等方面。

(资料来源：新华网. http://news.xinhuanet.com/newscenter/2002-08/01/content_506910.htm)

二、心海导航

1. 消费心理

消费心理是指消费者在寻找、选择、购买、使用、评估和处置与自身相关的产品和服务时所产生的心理活动。

一般地说，消费者在进行消费活动时要考虑一些问题，如消费什么、消费多少、以什么方式消费、消费后自我感觉如何等，这些总是伴随着消费者有目的、有意识的复杂的心理思维活动，就是通常所说的消费心理。我们的消费行为都受到消费心理的影响。

2. 消费者心理

(1) 消费者的价值心理

艾尔·强森认为，消费者之所以喜欢某种产品，是因为他相信这种产品会给他带来比同类产品更大的价值，也就是说具有更大的潜在价值。潜在价值取决于产品的潜在质量。所谓潜在质量，它不是指质量监管部门检测出的质量，而是指消费者心中感受到的质量，是消费者主观上对一种品牌的评价。可口可乐之所以领先百事可乐一个多世纪，就是因为它以标榜"正宗""原创""独一无二"而使消费者相信它具有无可替代的价值，这就是它的潜在价值。事实上，一种品牌之所以能够打开销路，常常不是因为它的真实价值，而是由于它的潜在价值。潜在价值具有独特性、独立性、可信性和重要性。潜在价值就是名牌效应，正如名人效应一样，就是一种观念，这种观念已深深根植于消费者的心目中。

(2) 消费者的规范心理

规范是指人们共同遵守的全部道德行为规则的总和。在现实生活中，规范有着巨大的作用，它左右着我们的思想，制约着我们的言行，影响着我们生活的方方面面。规范的面孔是多种多样的，它包括原则、理智、义务、礼貌、友谊、忠诚、谅解等多种因素。在许多情况下，规范可以成为诱发消费行为的动机。据营销专家的长期调查与研究，消费者之所以喜爱某种品牌，常常是为了避免或消除一种与其规范和价值相矛盾的内心冲突。消费者在做出购买或不购买某一品牌的产品时，规范是一个重要的影响因素。20 世纪 80 年代初，全球掀起一股环保热。"青蛙"作为德国第一个重视环保的大众品牌，它不仅把属于规范范畴的环保观点当作价值广告战略的补充，而且还非常自豪地将它放在广告宣传的中心位置。短短三年，其产品的销售额便提高了三倍。它的成功，正是因为它与全球性的环保意识相吻合，从而让消费者拥有一个与之所信奉的规范相适应、相协调的良好感觉。

(3) 消费者的习惯心理

习惯是长期养成而一时间难以改变的行为。不同的人、不同的民族有各不相同的习惯。例如，我国北方人以面食为主食，南方人以大米为主食；北欧人喜欢喝啤酒，南欧人喜欢喝红葡萄酒；有人爱抽烟，有人爱打扮；等等。习惯常常是无法抗拒的，它甚至比价值心理对人的决定作用还要大。消费者一般都有特定的消费习惯，这是消费者在长期的日常生活消费行为中形成的。例如，当消费者最初使用某种名牌商品后感觉很好，形成了对该种商品质量、功效的认识，并逐渐产生了对这个品牌的喜好，就建立了对该品牌的信任，增强了使用该品牌的信心，一般情况下不会改用其他品牌的商品，从而成为该品牌的忠诚顾客。又如，有的消费者喜欢去大商场买服装、家电，去超级市场购买日常用品、食品。消费习惯一旦形成，一般不会轻易改变。品牌定位表达了一种哲理化的情感诉求，会激发消费者的消费欲望，培养消费者的消费习惯，提高消费者的品牌忠诚度。由于习惯的潜移默化的影响，人们渐渐形成了固定的生活方式。这种生活方式在历史中沉淀，使成为一种文化习俗，沉淀到一定的厚度，便是一种文化底蕴。营销专家们经过多年的摸索和探讨，早已形成了一套充分利用这种潜在的文化底蕴的经营理论——利用消费者的习惯心理实现销售目标。

20 世纪 90 年代初，箭牌香口胶在德国面市。在消费者心目中，它是香口胶，防龋是它的一个独特的附属功能。同时上市的还有混合洁口胶。在消费者心目中，混合洁口胶的主要功能是洁齿护齿，香口则是其附属功能。经过一段时间的市场竞争较量，混合洁口胶终于败下阵来，箭牌香口胶则以 90%的市场占有率遥遥领先。原因其实很简单：是消费者的习惯在作怪，大多数消费者已习惯于首先是香口胶，然后才是防龋功能。

(4) 消费者的身份心理

每个人都有一定的身份，人们也在不知不觉中显露着自己的身份。尤其是那些有了一定名誉、权力和地位的人，更是无时无刻不在注重自己的身份，显示自己的身份，尽可能地使自己的言谈举止与社交活动同自己的身份相符。而最能表现人的身份的是衣食住行用，譬如某人穿的是名牌高档服装，乘的是劳斯莱斯轿车，住的是五星级豪华酒店。当这一信息传递给外界后，那么这个人的身份就会很自然地显露出来。于是营销专家根据人性本身的这种心理，总结了一套相应的营销理论——身份原理，让品牌成为消费者表达自我身份的有效武器。对企业来说，开发比竞争对手更胜一筹的、能够显露消费者身份的产品，也就成了一个重要课题，因为这直接影响到消费者的购买决策，进而影响到产品销售。

(5) 消费者的情感心理

情感是人对外界刺激的心理反应，如喜欢、爱慕、悲伤、恐惧、愤怒、厌恶等。消费者喜欢或者厌恶某种产品，都是消费者情感的自然流露。有经验的品牌经营者早已看重这些，他们往往不遗余力地通过广告、公关等手段，挖掘品牌成长的潜力，触动消费者的情感，充分利用消费者的情感心理提升品牌。

3. 做理智的消费者

经济在发展，人们生活水平在提高，消费观念也不同，要做一个理智的消费者，必须遵循一定的消费原则。

(1) 量入为出，适度消费

什么是量入为出，适度消费？又该如何理解呢？

量入为出，适度消费，就是要求人们在自己的经济承受能力之内进行消费。量入为出，适度消费，与国家鼓励居民消费是不矛盾的。这里的"入"既包括当前的收入水平，也包括对未来收入的预期；"度"指的是在自己经济承受能力之内的消费。居民如果收入稳定，有一定的偿还能力，并对未来收入持乐观态度，是可以积极消费的，这也属于适度消费。而且适度的消费对消费者来说，可以改善自己的生活；对国家来讲，可以刺激消费，扩大内需，拉动经济增长。

反之，过高地估计自己的经济承受能力，提前透支就是超前消费。假使我想花费两个月的工资买5000元的"苹果"则是超前消费。当然，也不能像语文书上所学的葛朗台一样过度节俭，那是抑制消费，于国于家也不利。

(2) 避免盲从，理性消费

避免跟风随大流，避免情绪化消费，避免只重物质消费、忽视精神消费的倾向。

避免盲从，理性消费，对中学生很有意义。中学生在经济地位尚未独立的情况下，不能心安理得地花爸爸妈妈的钱财，不宜在消费问题上给予过多的关注。

(3) 保护环境，绿色消费

绿色消费是指以保护消费者健康和节约资源为主旨，符合人的健康和环境保护标准的各种消费行为的总称，核心是可持续性消费。随着经济的发展，带来了严重的环境污染和资源的严重短缺,国家提出了"可持续发展"和"科学发展观",大家也应该从自身出发,保持人与自然的和谐发展,从事绿色消费,即节约资源,减少污染;绿色生活,环保选购;重复使用,多次利用;分类回收,循环再生;保护自然,万物共存。希望同学们能真正把所学理论运用到实践中,做个绿色消费者。

(4) 勤俭节约,艰苦奋斗

勤俭节约、艰苦奋斗是我国的传统美德,是一种民族精神,它是不过时的,特别是我国还处在社会主义的初级阶段,生产力水平比较低,还面临人口、资源等压力,我们更应该发扬勤俭节约、艰苦奋斗的优良作风。从个人思想品德的修养角度讲,有利于个人优秀品德的形成和情操的陶冶,是有志者应该具备的精神状态。当然,不能把勤俭节约、艰苦奋斗与合理消费对立起来,勤俭节约不是抑制消费,而是说不要铺张浪费。

总之,以上四个原则,是科学消费观的具体要求,我们要理解和掌握这些原则,并用它们指导自己的消费行为,既有益于个人,也有益于社会,将促进个人的健康发展和社会的可持续发展。

三、反观自我

心理测验:你的虚荣心有多强

1. 上公车时掉了十元在车外,你会下车去捡回来吗?
   是—转到 Q5   否—转到 Q2

2. 在外面吃饭,常常剩下很多。
   是—转到 Q3   否—转到 Q7

3. 买礼物送人时,通常不挑实用的,而是挑好看的。
   是—转到 Q4   否—转到 Q7

4. 不管是衣服还是小东西,你都爱挑名牌的买。
   是—转到 Q8   否—转到 Q11

5. 笑的时候喜欢张大嘴。
   是—转到 Q6   否—转到 Q7

6. 朋友如果没有事先告知突然来访,你会很生气。
   是—转到 Q7   否—转到 Q9

7. 买不起的东西,就算分期付款也要买。
   是—转到 Q4   否—转到 Q8

8. 多次因受不了店员推销而买下商品,回到家却后悔。
   是—转到 Q11   否—转到 Q9

9. 爱"算命",但是不喜欢在"算命"的时候被朋友看到。

  是—转到Q11 否—转到Q12

10. 身上只带了3000元,有朋友向你借5000元时,你会说忘记带钱包出来,而不是坦白说钱不够。

  是—转到Q14 否—转到Q12

11. 参加宴会时,发现别人穿得都比你时髦,你会很早就离开。

  是—转到Q14 否—转到Q10

12. 很少出国旅行,一旦出国,就一定要住一流的旅馆。

  是—B型 否—A型

13. 你非常向往金童玉女、舒适又多金的婚姻。

  是—C型 否—B型

14. 你很在意别人的眼光和评语。

  是—转到Q15 否—转到Q13

15. 买东西的时候,即使是价格很低的,你都会用大钞请人找钱给你。

  是—D型 否—C型

评析

A型:虚荣心强度10%。

不管周围现在流行什么,你都不太在意。你甚至会觉得那些人一天到晚比来比去是一件很无聊的事情,你认为自己的心情最重要,没有必要去管别人怎么想。你对于自己相当有自信,但要小心,不要太过冷漠,让爱你的人着急哦!

B型:虚荣心强度40%。

你是一个虚荣心不怎么强的人。虽然偶尔也会买一些昂贵的东西,但都是在你的经济许可范围里面,你认为有必要才买。不过,有时候你会为了不扫对方的兴,而去迎合别人,做一些令自己不开心的事情。你最好找一些和自己趣味相投的人做朋友,这样你才不会觉得郁闷。

C型:虚荣心强度70%。

你除了虚荣心强,自尊心也很强,你是一个不愿意认输的家伙。你非常在意周围的人怎么看你,别人又如何如何,总是装着一副很幸福快乐的样子。老爱跟别人比,你不觉得累吗?你被自己好强的心理牵着走,形成了现在的偏差个性。放松一点吧,朋友。

D型:虚荣心强度90%。

你一副爱慕虚荣的嘴脸,谈吐行为无一不清楚地展现出虚荣的气息。也许你自己并不觉得,但你常常为了夸耀自己,不惜说出一大堆的谎言欺骗别人。小心,牛皮总有一天是会吹破的!到时候你就惨了,再也没有人会相信你。

(资料来源:金羊网. http://www.ycwb.com/ycwb/2006-12/02/content_1302744.htm)

四、心灵鸡汤

金钱买不到什么

金钱可以买到房屋，但买不到家庭；
金钱可以买到药物，但买不到健康；
金钱可以买到美食，但买不到食欲；
金钱可以买到床，但买不到睡眠；
金钱可以买到珠宝，但买不到美丽；
金钱可以买到娱乐，但买不到愉快。
金钱可以买到书籍，但买不到智慧；
金钱可以买到谄媚，但买不到尊敬；
金钱可以买到伙伴，但买不到朋友；
金钱可以买到奢侈品，但买不到文化；
金钱可以买到权势，但买不到威望；
金钱可以买到服从，但买不到忠诚；
金钱可以买到躯壳，但买不到灵魂；
金钱可以买到虚名，但买不到实学；
金钱可以买到小人的心，但买不到君子之志；
同样金钱可以买到一切，但永远买不到快乐。

五、心灵拓展

金 钱 馅 饼

游戏目的

让团队成员学会支出管理。

游戏程序

(1) 老师在黑板上画一个圆圈，然后告诉团队成员：这个大圆圈代表你的所有钱，让我们来看看你怎样管理自己的支出。

(2) 请每个成员各位估计一下下列每项事宜所占用的费用，然后把自己的馅饼按各项的比例分割，画在纸上。例如，买书、休闲娱乐等。

(3) 等每位成员都画好自己的金钱馅饼后，开始做相应的讨论。

(4) 讨论：

① 你对自己目前金钱支出的情形满意吗？

② 你觉得该怎样支出才算合理?
③ 如何才能使自己的支出安排更加合理?

游戏规则

每个人都能自由地安排自己的支出,每个人对每样事情给予的支出也是不同的,开始就是要很随意地分割自己的支出,然后再集中讨论怎样安排最合理。

(1) 游戏准备

材料:黑板、纸、笔。

时间:40分钟。

(2) 注意事项

老师举例时最好不要做出一个具体的示范,以免首先造成一种安排的带动,我们希望看到各种安排,然后可以有更多、更具体的讨论与分析,而成员规划时也要认真地想清楚,而不是敷衍了事。

(资料来源:王浩宇、任明提供的内部资料)

六、心灵感悟

(1) 通过课程的学习你有哪些收获?
(2) 你觉得在生活中应该有哪些改变呢?
(3) 请你说出合理消费的重要性,并制定一份适合自己消费的账目表。

第三节　注重闲暇的品质

一、生活链接

"弹珠游戏机"实为老虎机,易引发青少年上瘾

2014年5月,在安徽省城校园周边出现了一种名为"博彩弹子机"的游戏设备,极易诱发少年儿童游戏上瘾。针对这一情况,滨湖新区城管部门集中对天山路万国农贸后街擅自设置弹珠机进行了暂扣,共暂扣11台。

这种只需投上一元,就可以让人"小试身手",体验到博彩游戏快感的机器,只要通过拉杆把弹珠弹入指定区域就可以赢得一定数量的弹珠奖励。在合肥市滨湖新区,学校周边和街区商铺附近一些背着书包的学生三五成群地围在机器旁,沉迷其中。这种游戏机外观上迥异于平日里常见的"老虎机",但其所具备的赌博性质是一致的。

"虽说奖励品仅仅是弹珠,但博彩过程具有极强的刺激性,而且面向的是青少年学生,甚至幼儿群体,吸引许多未成年人前来玩耍。"滨湖城管文管中队中队长张伟介绍,从今年4月起,这种游戏机逐渐在滨湖兴起,经前期摸排有20台左右。"游戏机隐蔽性极强,如果不是看到一群青少年、幼儿围绕在游戏机旁,根本难以发现。" 从昨天上午开始,滨湖城管对辖区里的弹珠机进行集中取缔。"这种游戏机是违法设置,属于擅自从事游戏机非法经营行为,而且会让青少年沉迷于游戏当中。"张伟说,"同时,这种游戏机也违反了市容和环境卫生管理条例,属于出店经营。"

(资料来源:中安在线. http://ah.anhuinews.com/system/2014/05/09/006423949.shtml)

不良生活习惯容易导致亚健康

离春节不到一个月,各大中专院校陆续放寒假。假期里,一些学生没日没夜地上网、不规律的睡眠及饮食等不良生活习惯,导致健康问题随之出现。假期成了肥胖等亚健康状态的高发期。零食不离手,体重往上走,王毅(化名)是个"贪吃鬼",160厘米的身高,体重已85公斤了。他每到假期,体重就又会升高。由于白天父母都上班,没有人"束缚"他,他定是零食不离手。去年暑假,他初中还没毕业就被诊断出患上糖尿病。假期里像王毅这样饮食不规律的学生很多,特别是寒假,由于天气冷,一些学生总是窝在家中,运动强度大大降低。很多学生甚至整天坐在电脑前,一边玩游戏一边吃零食,导致体重升高。

(资料来源:健康频道. http://jk.66163.com/info.php?cid=23382)

二、心海导航

1. 闲暇的内涵

第一,从时间的角度来看,亚里士多德把闲暇称为"手边儿的时间";H. 梅和H. 派金将闲暇理解为"在生存问题解决以后剩下的时间";一般社会学认为,闲暇是人们除工作时间、工作往返时间、家务劳动时间、抚育子女时间、满足生理需要时间以外,剩余的、可供个人自由支配的时间,即自由时间、空闲时间。马克思为了找到资本家剥削工人的秘密,曾把时间现象从经济学角度分为"工作时间"与"自由时间"两类。在工作时间内,包括"必要劳动时间"与"剩余劳动时间"两种。在这里,从广义上讲,"自由时间"仅指工人完全自由支配的时间,不受资本家的支配的时间部分,也即"闲暇时间"。这是从经济学角度划分的所谓"闲暇时间"。

第二,从活动角度来看,闲暇被定义为一系列不同类型的自主活动,如 J. 杜玛译迪耶认为闲暇乃是免于工作、家庭和社会的职责之外,个人随着自己的意愿所从事的活动，其目的在于获得松弛、娱乐，或扩大知识，促进社会参与、实践创造能力。

第三，从心态角度来看，社会心理学家大多认为闲暇是心灵上的自由或驾驭自我的内在心理状态。也就是说，只要心情摆脱了任何责任感，而准备追寻愉快的心理状态，即不必真正地去做任何事情，都是闲暇。

2. 闲暇的分类

闲暇作为一种生活状态，可谓丰富多彩，五花八门。从闲暇的主体、计划性、投入精力的程度、投入精力的类型、活动定向、意义等层面给其归类，也有利于我们对闲暇的认识。

(1) 根据闲暇的主体，可分为个人型闲暇和集体型闲暇。闲暇和劳动一样，是人类所特有的现象，其主体是人，因此闲暇可以是个人独自的一种生活状态，也可以是集体共同交往的生活状态。

(2) 根据闲暇是否具有计划性，可分为计划型闲暇和自发型闲暇。前者是可以有所预计和准备的，有较理性的安排；后者则是临时出现的，凭感性随机决定。

(3) 根据闲暇活动中人投入精力的程度，可分为低耗型闲暇、中耗型闲暇、高耗型闲暇。例如，低耗型闲暇中，人的能量消耗较少，如睡懒觉、散步、赏花、闲聊等，这种闲暇比较适合老年人、身体虚弱者和繁重劳动后。

(4) 根据闲暇活动中人投入精力的类别，可分为体力型闲暇、脑力型闲暇。显然，如果主要以体力投入为主，就是体力型闲暇，如各类体育运动等；若主要以脑力投入为主，则是脑力型闲暇，如下棋、文学创作等。

(5) 根据闲暇的活动定向，可分为背景型闲暇和交叉型闲暇。背景型闲暇是指与个人背景吻合的，没有脱离惯常生活经历的闲暇，如教师在闲暇时间里阅读教育书刊，主动进行科研；交叉型闲暇则相反，个人从事的闲暇活动与个人的背景无关，从自己的工作、职业、劳动领域转移到另一领域，如体力劳动者在闲暇时间里参与脑力型的闲暇活动等。

(6) 根据闲暇的意义，可分为反社会型、空耗型、娱乐型、发展型、奉献型闲暇。反社会型闲暇，就是在闲暇时间里，参与邪教、赌博等违背社会道德和触犯法律的活动，这种生活状态是不负责任的，具有很大的危害性；空耗型闲暇，则是不会合理利用闲暇，为打发闲暇而过度沉迷某项活动，空耗体力和脑力，反而不利于自己身心健康的一种生活状态；娱乐型闲暇，是在闲暇中娱乐，体验快乐的同时补充、恢复、重建人的精力；发展型闲暇，是一种利用闲暇时间，自己主动学习，发展个性，进行创造的积极生活状态；奉献型闲暇，是在闲暇里，主动选择参与有益于社会和他人的活动，以奉献为乐。

3. 闲暇素质

素质是指个体在先天禀赋的基础上，通过环境和教育的影响所形成和发展起来的内在的、相对稳定的身心组织的要素、结构及其质量水平。闲暇是生活另一不可或缺的组成部分。闲暇素质不仅决定一个人的闲暇生活质量，而且也影响一个人其他素质的发展。

(1) 闲暇态度

闲暇态度是指人对闲暇所怀有的肯定或否定、接近或回避的情感。闲暇态度，是人们对闲暇时间、闲暇活动和闲暇心态的体验和反应倾向，具有对象性。这种态度是一种内在的心理结构，而不是行为，具有内隐性。一个人闲暇态度的形成有一定的过程，但一经形成则会成为一个持续的较稳定的心理系统，又具有持久性。闲暇态度是基于闲暇认知而又反控认知，且影响闲暇活动的选择和质量，也是人的闲暇素质的重要因素之一。

不同的人对闲暇时间的态度是有所差异的，这取决于个人的闲暇价值观和闲暇体验。有的人对闲暇及其社会、个人意义有深刻的认识，对闲暇时间情有独钟，喜欢、向往闲暇，并主动合理利用闲暇时间，同时，也尊重别人的闲暇；也有的人由于受到传统学习工作伦理观等的压抑，反而惧怕闲暇时间，面对大量涌现的闲暇，不知如何安排，逃避闲暇。人对闲暇活动的倾向也是多种多样的。对于同一闲暇活动，有人心向神往，有人不屑一顾。就是同一个人，在不同时间、不同场面对同一活动也会有不同程度的热爱或憎恶。由于人的自主性、认识以及觉知自由的程度等不一样，对闲暇活动的心理体验也各有不同。

(2) 闲暇技能

闲暇技能是指个人进行闲暇活动所必需的技术和能力。按闲暇社会学的观点，人们进行闲暇活动，必须同时具备三个基本条件：一定数量的闲暇时间、必需的闲暇设施和闲暇技能。没有必要的闲暇技能，即使闲暇时间和闲暇设施数量十分可观，闲暇活动也不能发生，即使看起来不需要什么技能的观赏、闲聊，实际上也需要具有一定的观赏技能、交谈技能。可见，闲暇活动需要一定的闲暇技能为基础，闲暇技能影响闲暇活动的质量。

闲暇技能可分为一般技能和特殊技能两类。一般技能是指影响闲暇生活状态的基本技能，具有普遍性，主要有闲暇时间的管理技能、闲暇活动的选择技能、集体活动中的交往技能和闲暇心态的调整技能等。特殊技能是指从事具体闲暇活动所需的专门技能，如在闲暇里参加某项体育活动需要的一些运动技能，阅读报刊必不可少的阅读技能，这些特殊技能直接影响某一具体闲暇活动的进程和体验。

(3) 闲暇习惯

健康的闲暇生活来自于健康的闲暇习惯。闲暇习惯是指个体的经常性的闲暇而使之巩固下来并成为需要的一种行为方式。显然，它是建立在闲暇态度基础上的一种较高层次的心理行为。稳定的闲暇习惯是人的闲暇素质的显示器，是人的闲暇素质的外化形态。对于一个人的闲暇素质，不应从看一时一事的表现，而应从他一贯的各种闲暇中自动表现出来的稳定习惯上去评价。如果说闲暇认知有深浅之分，闲暇态度有正确与否之异，闲暇技能有高低之差，那么闲暇习惯则有好坏之别。闲暇习惯决定一个人的生活质量，也影响一个人的发展，爱因斯坦说"人的差异在于业余时间"，而"业余时间"则体现了个人的闲暇习惯。

4. 追求健康的闲暇生活

闲暇生活是丰富多彩的。尤其青少年朋友精力旺盛，抓住这有利时机培养良好的业余爱好，进一步发展和完善自己的体力和智力，发展自己的特长和增长自己的才干，对于整个社会的进步和发展，具有重大的促进作用；对于写好自己人生的历史，也具有十分重要的意义。

由于每个人的人生观不同，经历、爱好、生活环境各异，因而对闲暇时间的支配方式有很大的差异。一般地说，合理科学地安排闲暇时间有以下几种方式：

(1) 延伸式。把学习工作时间延伸到自由时间中去，"闲暇"为"不闲"，也可以在闲暇时间里分析研究学习工作上碰到的新问题、新难题，还可以面向实际、深入生活，获得直接的感性知识，以引起联想、触类旁通，迸发出创造性的思想火花。

(2) 开发式。闲暇时间是开发潜能、实现自我价值的大好时间，许多科技工作者、文学艺术家、教师、学生往往能在闲暇中根据自己的兴趣，开创"第二职业"并取得显著成就。例如，作为大主教的秘书和医生的哥白尼，成了太阳系学说的创立者；富兰克林原先是个印刷工人等。在当今多元化社会中生活的人们，在闲暇时间内，面对抉择的次数越来越多，不能很好地认识自己的潜能，而什么都想干，以及在各种抉择面前犹豫不决，都可能坐失良机。既要不甘悠闲、不求闲情，又要看准方向、正确抉择，才能释放出更多的能量。

(3) 陶冶式。在闲暇时间里，听听音乐，欣赏戏曲，逛逛公园，练练书法，游览名胜，参观展览，享受优雅移情的文化成果。既得到了休息，又提高了文化素养，陶冶了品格情操，也是一种有益的闲暇消费方式。

(4) 消闲式。在工作学习之余，闲谈解闷、无事休息、静思默观、闭目养神，也可以说是闲暇时间的构成内容。鲁迅先生有时也点上一支烟，在藤椅上靠一会儿。消遣本身无可指责，只是一忌过度，二忌无聊。无聊即没有依托之所在，也就是精神空虚。闲暇时间的消遣应防止内心空虚、精神麻木，造成时间空转、生命停滞。

总之，随着社会的进步，闲暇时间也会越来越长，对它的安排也呈多样化趋势，由于这种安排一般不带有外在的强制性，因此就需要智慧、科学和正义。也就是说，应以积极进取的方式取代消磨、打发日子的方式，减少闲暇时间的无谓损害，让闲暇时间度过得充实有益、丰富多彩。清初教育家颜元说过："人不做事则暇，暇则逆，逆则惰、则疲；暇逆惰疲，私欲乘之起矣！"事实正是这样，不妥善安排，闲暇时间就会严重过剩，就可能会无事生非。为了让真正的闲暇时间过得更有意义，就必须善于对闲暇时间进行有计划的安排。

5. 健康的闲暇方式

应如何安排闲暇生活则因人而异，但要注意：闲暇生活的安排应有利于促进自身的发展；闲暇生活的安排应适合本人特点；闲暇生活的安排应遵守充实而适度的原则，不应和学习工作主业相冲突。

(1) 体育活动。利用闲暇时间从事健身活动，现在已成为一种时尚，风靡世界。随着社会的进步和发展，人们越来越重视身体素质的提高。青少年朋友身体正处于生长发育时期，更应该注意参加体育锻炼活动。所以，在闲暇时间参加体育锻炼，不仅是为了丰富业余生活，而且也是强健身体的需要。

(2) 健康的娱乐活动。业余生活对于大多数青少年朋友来说，一般是用于恢复体力、调剂精神，以便于第二天更好地学习和工作。健康的娱乐活动则能够起到这样的作用。健康的娱乐活动可以带给人感官的快适，同时更能带给人以思想、精神的满足和欢愉。

(3) 正当的兴趣爱好。人的业余生活应该是丰富多彩的，而业余爱好也可以多种多样，如收藏、书法、绘画、器乐演奏等，都是人们经常采用的欢度业余时光的方式，并且能够从这些活动中深深地体验到人生的乐趣。

三、反观自我

生活品质自我测验

我不是一个很积极的人。	(是 否)
我通常醒来都会带着对新的一天生活的恐惧。	(是 否)
我似乎有许多遗憾。	(是 否)
我经常嫉妒别人。	(是 否)
我厌恶自己的学习工作。	(是 否)
我不如别人快乐。	(是 否)
我怀揣诸多忧虑。	(是 否)
我经常喜怒无常或郁闷。	(是 否)
我担忧或考虑得太多。	(是 否)
我似乎运气不好。	(是 否)
我经常以"如果……就好了"开始考虑问题。	(是 否)
我没有安全感。	(是 否)
我经常太消极。	(是 否)
过去半年我的惊恐发作过不止一次。	(是 否)
我通常都会感到自己不如别人。	(是 否)

生活是不断的挣扎。(是　否)
总是有事不称心如意。(是　否)
我随时自我怀疑。(是　否)
我办事很拖沓。(是　否)
我宁可现在谨慎些也不愿将来后悔莫及。(是　否)
我浪费了太多的时间。(是　否)
我经常做假定推测。(是　否)
我经常焦虑或紧张。(是　否)
在人际关系方面我通常只感到竞争。(是　否)
我通常感觉有不可名状的身体痛苦的折磨。(是　否)
我经常做噩梦。(是　否)
我接受过焦虑或抑郁的治疗。(是　否)
我总是认为还会有最糟的情况出现。(是　否)
我没有多少兴趣爱好。(是　否)
我很容易厌倦。(是　否)
我的开销太大。(是　否)
我不是一个好听众。(是　否)
我缺乏毅力。(是　否)
我很懒。(是　否)
我一直疲惫。(是　否)
我羞于开口对别人说不。(是　否)
我看电视的时间太多。(是　否)
我的睡眠不好。(是　否)
我害怕变老。(是　否)
我经常心怀怨恨。(是　否)
我的相貌对我太重要了。(是　否)
我入睡困难。(是　否)
我吝啬。(是　否)
我经常酗酒。(是　否)
我对改变有些无所适从。(是　否)
我无法全身心地投入学习工作。(是　否)
我的工作效率低。(是　否)
我一直对别人吹毛求疵。(是　否)
我一直感觉忙碌，时间不够。(是　否)

评析

将回答"是"的数目加总。

总数小于等于 14，则表明你对生活品质满意。

总数为 15~30，则表明你的生活品质明显受限。

总数为 30 以上，则表明你的生活品质严重受损。

(资料来源：http://www.ayaohelp.net/Test/TestList/9)

四、心灵鸡汤

追求健康的闲暇生活

在历史上，许多在事业上有建树的伟人，都有广泛的兴趣爱好。爱因斯坦是伟大的物理学家，但他从小就喜欢音乐，他的《相对论》就是伴随他的琴声诞生的。他认为，一个科学家追求物质运动规律的和谐协调的秘密，和一个音乐家追求音律和谐协调的秘密的狂热是一样的。当他成名以后，许多国家邀请他去讲学，他去时总是一只手拎着手提箱，另一只手拿着他心爱的小提琴。

恩格斯的青少年时代，兴趣十分广泛，在中学时就开始阅读外文原著，并注意掌握词汇和语法规则。到 20 岁时，已能运用 25 种语言谈话。到 70 岁时，还在学习罗马尼亚文。他从小爱好音乐，喜欢唱歌，还喜欢写诗，尤其擅长绘画和速写。在他丰富的业余生活中，还有骑马、打猎、击剑、游泳和滑冰，差不多每一项都很精通。他说："工作、生活、青年人的朝气，这才是最重要的事情！"从恩格斯的广泛兴趣爱好中，我们看到了他积极向上的蓬勃朝气。这些活动也从各方面培养和发挥了他的聪明才智，为他的事业奠定了基础。马克思称赞他："真是一部百科全书。"

(资料来源：http://www.360doc.cn/article/99076_70320235.html)

五、心灵拓展

想象的翅膀

活动目的

通过不同物体的巧妙组合，打破学生的思维定式，提升学生的创新能力。

活动人数

分组进行。

活动时间

十分钟。

活动场地

教室。

活动器材

用硬纸做的圆形、三角形、长方形、正方形。

活动程序

(1) 主持人事先准备好所需要的器材。

(2) 将学生进行分组,每组学生一套器材。

(3) 要求每组学生依据所给的材料,自由组合,创造出新的东西,如拼成雨伞、房子等。

(4) 三分钟以后,每组选出一名代表进行展示讲解。要求组合巧妙、合理、形象、丰富多彩。

(5) 最后让学生自己评定出最好的创意。

讨论问题

(1) 当你们尝试自由组合的时候,会有哪些观念束缚着你们?

(2) 为何同样的材料,每组却有不同的组合?

(3) 通过这个游戏,你得到了哪些启示?

活动评价

活动的目的主要是让学生利用自己丰富的想象力进行发散思维,尽可能地变化组合。同时,让学生认识到只要充分地调动想象力,就会产生奇妙的结果,创造出奇妙的世界。

(资料来源:王浩宇、任明提供的内部资料)

六、心灵感悟

(1) 通过课程的学习你有哪些收获?

(2) 你觉得在生活中应该有哪些改变呢?

(3) 请你说出科学合理休闲的重要性,并制订一份适合自己的闲暇生活计划书。

第十章

职业素质——职场成功的秘诀

第一节　什么职业适合你

一、生活链接

职业选择与爬墙

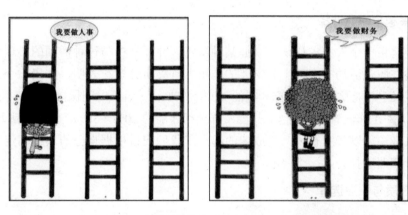

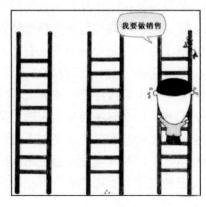

选择职业对于我们每个人都不可避免,这将关系到我们的未来,所以如何做好选择对我们每个人都至关重要。

(图片来源:墨水心,李子悠.职场这点事儿:漫画职场潜规则)

二、心海导航

"男怕入错行,女怕嫁错郎",一旦我们"入错了行",发生了择业错位将后悔不已。只有掌握职业选择的方法和技巧,才能在未来职场上走得更好。"职业生涯辅导之父"帕森斯(Frank Parsons)在《职业选择》(*Choosing a vocation*,1909)一书中详尽地叙述了职业选择须具备的三个要素:

(1) 清楚地了解自己的态度、能力、兴趣、智谋、局限和其他特性。

(2) 提供职业的知识与信息,即成功的条件及所需的知识,在不同工作岗位上所占有的优势、不足和补偿、机会和前途。

(3) 上述两个条件的平衡,即根据自身条件及职业信息恰当地判定职业方向。

在进行职业选择时应该从自身的兴趣、气质、性格、能力以及职业的要求方面入手,充分考虑自身与职业之间的匹配程度。这样才能驰骋职场,立于不败之地。

1. 兴趣与职业选择

兴趣是指一个人力求认识、掌握某种事物,并经常参与该种活动的心理倾向。人的兴趣在职业活动中起着十分重要的作用。有关研究资料表明,如果一个人对某一工作有兴趣,能发挥他的全部才能的 80%～90%,并且长时间保持高效率不感到疲劳;相反,对工作没有兴趣的人,只能发挥全部才能的 20%～30%,也容易精力疲乏。另外,兴趣还可以开发智力,是成才的起点。我们应该根据自己的兴趣确定职业方向并进行职业选择。

2. 气质与职业选择

气质是人的一种心理特征,它包括人与外界事物接触中反映出来的感受性、耐受性、反应的敏捷性、情绪的兴奋性以及心理活动的内向性与外向性等特点,它是与生俱来的一种特性。有的人脾气很急,走路、办事总是急急匆匆;有的人说话办事慢条斯理,很少发急;有的人喜形于色,大大咧咧;有的人沉默寡言,深思熟虑。这些心理特征,往往一辈子也难以改变,可谓"青山易改,秉性难移"。气质对人们所从事的职业性质和工作效率都有一定的影响。什么气质类型的人适于从事什么职业,这是古往今来许多专家研究的一门学问。比较普遍的提法是把人的气质分为四种类型:多血质、胆汁质、粘液质和抑郁质。不同的气质类型适合不同的职业,我们应该学会分析自己的气质类型,根据自己的气质类型选择适合自己的职业。

3. 性格与职业选择

性格是指一个人在先天生理素质的基础上，在社会实践活动和不同环境熏陶下逐渐形成的比较稳定的心理特征，如热情、开朗、活泼、刚强或淡漠、沉默、懦弱、顺从等。人的性格不仅有个别差异而且有好坏之分。有的人娇嗔、傲气、泼辣，有的人热情、开朗、活泼、外露，有的人深沉、内在和多思；有的人大胆自信，有的人羞怯自卑；有的人干脆果断，有的人慢条斯理等。这些差异、好坏都在不同程度上影响着个体职业选择的倾向和成功与否。

4. 能力与职业选择

从心理学的角度看，能力是指影响活动效率、使活动顺利完成所必须具备的个性心理特征。例如，观察的精确性、记忆的准确性和思维的敏捷性是完成许多活动所不可缺少的；节奏感和曲调感对从事音乐的人来说是必须具备的；缺乏充分的想象力，就很难使其与作家、艺术家结缘。

当然，要顺利成功地完成某项活动，单靠某一种能力是不够的，它需要多种能力的有机结合。如要当作家，单有想象力是不够的，它还需要文字表达能力、观察能力、逻辑思维能力等。在从事某种活动中，各种能力的独特结合称为才能。如果一个人的各种能力能在活动中最完备地结合，那他就能最大限度地实现自己的人生理想，从而创造出更多的社会财富。

能力由一般能力和特殊能力构成。一般能力是指在不同种类的活动中表现出来的共同能力，适用于广泛的工作范围，是有效地掌握知识和顺利地完成活动所不可缺少的心理条件。例如，观察力、思维力、记忆力、注意力、语言表达能力、操作能力和想象力都属于一般能力，也就是通常所说的智力，其核心是逻辑思维能力。特殊能力是指在某些特殊领域的活动中所表现出来的能力。例如，节奏感、色彩鉴别力、准确估计比例关系等就属于特殊能力。特殊能力总是建立在一般能力基础上，经过一般能力的专业性训练发展而来，因而，一般能力必然包含在特殊能力之中。一般能力与特殊能力在发展中相互作用，构成有机整体，保证有效地完成某种活动。

对自己的能力，无论一般能力还是特殊能力、现有能力或倾向能力的自我认识和评价，对我们的职业定向与职业选择往往起着筛选和定位的作用。

三、反观自我

恭喜你！你获得了一次免费度假游的机会，有机会去下列六个岛屿中的一个，度假时间为一周。请不要过多考虑，仅凭自己的兴趣登上去某个岛屿的船。

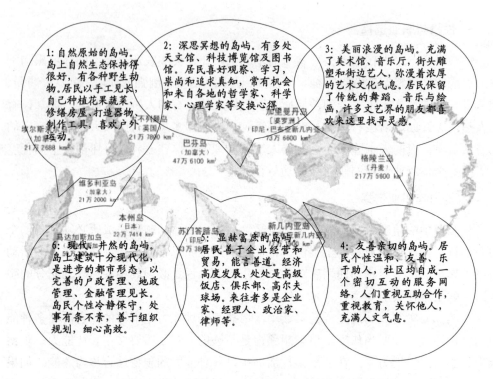

六个独特的岛屿对应着霍兰德提出的六种不同的职业类型，选择不同的岛屿意味着相应的适合的职业。

- 岛屿1——实用型(Realistic)：愿意从事事务性工作、户外活动或操作机器，不喜欢在办公室工作。适合的职业有制造业、机械业、农业、技术、林业、特种工程师等。

- 岛屿2——研究型(Investigative)：喜欢处理信息，研究需要分析、思考的抽象问题，乐于独立工作。适合的职业有科学家、社会学家、工程设计师、程序设计员等。

- 岛屿3——艺术型(Artistic)：喜欢创造和自我表达，善于写作、音乐、艺术和戏剧。适合的职业有作家、诗人、艺术家、音乐家、演员、导演、室内装潢设计师等。

- 岛屿4——社会型(Social)：愿意帮助别人，乐于与人合作，关心他人的幸福。适合的职业有教师、社会工作者、牧师、心理咨询员、服务性行业人员。

- 岛屿5——企业型(Enterprising)：喜欢领导和影响别人，善于说服别人，希望成就一番事业。适合的职业有商业管理、律师、政治领袖、市场经理、公关、投资商等。

- 岛屿6——事务型(Conventional)：善于组织和处理数据，喜欢固定、有序、明确的工作。适合的职业有会计师、银行出纳、秘书、计算机操作员等。

四、心灵鸡汤

如何才能学会聪明地选择工作，成就事业？如何才能超越梦想，追求卓越的成就？想知道答案，请记住卡耐基先生的忠告吧！

- 选择一个合适的工作，这对你的健康十分重要。
- 如果你已经到了18岁，那么你可能要做出你一生中最重要的两个决定，这两个决定将深深改变你的一生，影响你的幸福、收入和健康。第一，你将如何谋生；第二，你将选择一个什么样的人生伴侣。
- 避免选择那些原已拥挤的职业或事业；避免选择那些维生机会只有10%的行业；在你决定投入某一项职业之前，先花几个礼拜的时间，对该项工作做个全盘性的认识。
- 让我们为那些找到自己心爱工作的人祝福，他们无须祈求其他幸福了。
- 有时候人在社会，身不由己，做什么事总不能如我们的愿。就像你找的这个工作，并不是你愿意并为之奋斗，可是你仍要继续干下去，你的内心充满了矛盾：干吧，自己实在没有这个兴趣，没有这份心情；不干吧，又有很多原因，比如谋生，又不得不干。
- 工作上得不到快乐，在别的地方也不可能得到。因为你一天的大部分清醒时间都花在工作上了。一个人只要无限热爱自己的工作，他就可能获得成功。
- 不要忘记，快乐并非取决于你是什么人，或你拥有什么，它完全来自于你的思想。经常给自己打气，创造工作的兴趣，那你就会把疲劳降到最低程度，这样也许就会给你带来升迁和发展。
- 最适合某个人的工作，或能够使他感到快乐的工作，并不一定就会使他富有或过上好日子。

五、心灵拓展

我的未来不是梦

未来，我们满怀梦想；未来，我们又不仅只有梦想。让心在这里起航，让梦在这里飞翔。让我们一起探索梦想，让我们的未来不是梦……

理想和专业知多少

知己知彼，方能百战不殆。要在职场打拼出属于自己的一片天地，首先就要对自己的理想和所学专业进行深入了解和剖析，让我们一起来探索自己的理想和专业！

我的理想：

小学三年级时	
初中一年级时	
初中三年级时	
进入中职学校后	

比较之后我发现：_____理想更适合我。

我的专业：

我的专业是怎样选择的	
我对专业的了解情况是	
我对专业的总体感觉是	
我的专业今后可以做	

如果有重新选择的机会，我会这样选择我的专业：_____。

职业生涯探索

凡事预则立，不预则废。对于我们的职业生涯将怎样发展，需要我们精心规划，了解自己所将经历的职业道路，我们在行动。

_____的职业生涯规划

年级：_____ 班级：_____

性别：_____ 时间：_____

我的职业目标是：_____

我的职业规划将经历这样几个阶段：职业梦想期 ⟶ 职业准备期 ⟶
　　　　　　　　　　　　　　　　　职业选择期 ⟶ 职业适应期 ⟶
　　　　　　　　　　　　　　　　　职业成就期

我现在的阶段：_____

为达到下一阶段，我打算做的努力：_____

为达到最终职业目标，我打算：_____

除此之外，还需要时常这样追问自己：

(1) 你曾经完成的工作有什么？这些工作需要哪些技能？

(2) 回顾你曾受过的教育、所修的课程，你学了哪些技能？

(3) 你平时常常从事的活动有什么？这些活动需要什么技能？

(4) 回想在某次工作中，你所经历过的一次高峰体验(喜悦与感动等)，与其他组员分享这次经历，并列出在这次经历中显现出你的哪些能力。

六、心灵感悟

心灵的交流终会带来心灵上的震撼,也许你有千言万语,也许只有只言片语,但那都是我们最真最深的体验,让我们共同为我们的成长见证。

我学到了什么?

我还有一些疑惑:

我将进一步探究:

第二节　掌握面试技巧

一、生活链接

镜头聚焦(一)

"停停停,你专业不对口,换下一个人进来吧。"面试官看了穿着暴露的齐洁说。

齐洁的自我介绍正要推进到高潮部分,最精华的抒情和感叹一下子堵在喉咙里不知道该吐出来还是咽回去。

"嗯,那个,我们专业也有做这个方向的,而且我是应届毕业生,有较强的可塑性,经过努力学习,应该能满足贵公司的要求的。"齐洁努力保持镇静说完这番话,庆幸着自己脑筋转得快,没准儿人家就是故意考验反应能力的。

"说你专业不对口就是不行,我们招聘的是办公室排版工作人员,你的专业是CAD制图。"面试官抬起头不耐烦地瞪了齐洁一眼。齐洁说,这是她整场面试第一次看到面试官的"正眼"。

　　后来自己还说了些什么话,齐洁摇摇头说不大记得了,脑子里一直盘旋着面试官这句"还能办成什么事",觉得很受伤。"当时眼泪已经在眼眶里转了,但强憋着没流出来,又陆陆续续说了些自己很踏实认真,只要给机会,一定会证明能力之类的话。"齐洁叹口气,"我都不知道自己是怎么出来的,出来了才想骂人!"

　　出来后齐洁稍稍平静了点,开始理智地细数面试官的罪状。

　　"还有那业务主管老头,眼睛色眯眯地盯着我,活像八辈子没见过女孩!"

　　齐洁说面试前她看了无数的攻略,提前好几天就对着镜子纠正自己的表情、动作,比学校的元旦晚会彩排还要认真,没想到是这么个结果。

　　"不明白是为什么,看她那样儿明明知道工作没想头了,但还是不敢得罪他们,有话不敢说,有事不敢问,咳,一进面试间的门,好像脑袋就被削掉半截儿!"

　　(资料来源:中国青年报. http://zqb.cyol.com/content/2009-02/19/content_2546216.htm)

镜头聚焦(二)

　　小玲,某校现代财务管理专业毕业,与国内一知名集团公司经过双选、面试考核,终于进入签约阶段,协议书首先由毕业生本人签署应聘意见,该生在"应聘意见"一栏中写下了以下六条要求:(1)从事财会工作;(2)每周工作五日,每日八小时工作制;(3)解决户口,提供单身住房;(4)住房公积金、劳动保险、养老保险等相关支出均由公司负担;(5)每半年调薪一次;(6)公司不限制个人发展(例如考研等)。单位鉴于以上条件不能完全答应,将协议书退回,并建议修改后再签。最终,小玲因坚持自己的意见而未能被录用。

　　(资料来源:道客巴巴. http://www.doc88.com/p-7498221518877.html)

二、心海导航

　　上面的两个例子是许多毕业生在求职面试时经常遇到的问题。面试是一种经过组织者精心设计,在特定场景下,以考官对求职者的面对面交谈与观察为主要手段,由表及里测评求职者的知识、能力、经验等有关素质的一种考试活动。面试是用人单位挑选职工的一种重要方法。面试给用人单位和求职者提供了进行双向交流的机会,能使求职者和用人单位之间相互了解,从而双方都可更准确地做出聘用与否、受聘与否的决定。因此,这意味着求职者在进行面试时并不是很被动,因为用人单位在选择求职者的同时,求职者也在了解和选择是否签约到该单位。但有时求职者如果看好了某个职位，这个职位也刚好适合求职者，但由于自身的原因而疏忽了面试，失去了机会，就像上面的例子。如果求职者掌握了一定的技巧，将大大提高面试成功的几率。

在学习面试技巧前，先来分析一下上面两个例子中的两个同学为什么面试没有成功？

齐洁未被单位录用，其主要原因就是出在面试这一关，首先齐洁没有看准对方需要什么专业及条件而盲目投简历，因此出现了面试过程中的尴尬；其次齐洁面试过程中欠缺一些面试技巧，旁若无人地向面试官推荐自己，丝毫不顾虑面试官的感受。另外，齐洁的失败是典型的自负心理造成的。自负在心理学上指过高地估计个人的能力，从而失去自知之明。在这种心理的支配下，不少毕业生在求职择业过程中，总是自以为是，自负自傲，自以为自己什么都懂，什么都会，夸夸其谈，胡吹海侃，结果留给用人单位的是浮躁、不踏实的印象。试想，有哪家单位肯要一个不知天高地厚、自命不凡、眼高手低的毕业生呢？

小玲未被单位录用，根本原因在于所提要求过于苛刻。以上条件公司不能完全答应，公司负责人说，这位同学提出的六条要求，有些是可以满足的，也应该做到的，比如：安排专业对口的工作，八小时工作制，解决户口，提供各种福利等。但有的款项就无法答应，比如，每半年调一次薪，这种要求恐怕任何单位都无法答应。又如"公司不限制个人发展"一条，从毕业生角度来看，提出这样的要求可以理解；但从用人单位来讲，在不影响正常工作的前提下，企业鼓励个人提高自身素质，但如果服务期内想考研就考研，不受单位任何约束，单位肯定是不能答应的。尽管这位同学各方面条件都不错，但这种苛刻的条件公司是无法接受的。

近几年，毕业生择业期望值居高不下，已经影响到毕业生顺利就业。有些毕业生由于刻意追求最满意的结果，而错过了其他好的机会，有的甚至造成就业困难。尤其是有些条件好的毕业生，在择业过程中，"脚踩几只船，这山望着那山高"，不能及时调整就业期望值，以致后来就业困难，悔之不及。

因此在面试时应尽量避免上面的问题，应该注意下面几点。

1. 充分做好面试的准备

想要进行一个成功的面试，充分的准备工作不可忽视。可以从以下几方面着手准备：

首先，根据需要准备好推荐表、自荐书、获奖材料等应聘资料，其中特别要注意填全自己的特长、爱好、参加过的社会活动、通信方式、通信地址等。各种材料原件、复印件要准备好，以免用人单位需要时措手不及。当然，准备材料还要有针对性，如果是应聘文员，手写材料比打印材料更能体现书法特长；如果应聘营销人员，社会促销实践活动就会起到一定的作用。在选择用人单位时既要考虑用人单位需要的，同时也要考虑哪些职位符合自己的需要。

其次，毕业生就业的特点决定其就业准备不必像社会上已经就业的人一样重包装和准备电子行头、求职名片、服装、手机等，只要朴素、大方即可，不修边幅和浓妆艳抹都是不可取的。

最后，静下心来设想一下面试情境，还欠缺哪方面材料，主试者会提哪些方面问题，如何应对。有这样一个例子：面试秘书岗位时，主试者故意将一篇有关面试内容的材料放在应聘者座位旁，第一个应聘者未注意到，第二个应聘者捡起来瞥了一眼礼貌地交给主试者，第三个应聘者捡起来直接交给主试者而被录用，原因就在于这个简单的测试体现了秘书岗位的特点，细心而不能有过多的好奇心。当然，如果被问到怎样测试长江一年入海水量，井盖为什么是圆的等无标准答案的问题时，更要谨慎作答，不能以沉默对付。同时要准备几个不同角度易引人注意的问题，这在集体面试中是尤为重要的，要知道，对于一个企业所需要的人才，不怕吃苦是远远不够的，肯动脑筋才是最重要的。

2. 调整好自己的面试心态

学生想面试成功，就要对应聘的岗位有充分的了解、感兴趣、有信心，在当前的就业情况下可能一时不能达到家长、学生的期望值而一步到位，因此需要学生及时调整心态，树立正确的就业观。既不能盲目自信、自以为是，自认为可以做任何工作而不切实际；更不要没有一点自信，被"择业难"所吓倒。要认识到具有计算机、英语、会计证、推销员、电工等技术等级证书和职业资格证书等各种证书，能从事技能型、操作型多种岗位的中专生已被很多单位认可；更要正确认识到自己，有积极性、主动性，敢闯敢拼，动手能力强，成本低，很有潜力，因此即使一时不能找到合适的岗位，也大可不必着急，可以"先骑驴再找马"，也就是要先就业再择业，通过应聘一线的岗位再经过努力，一步一步走向自己满意的岗位。

3. 适当注意面试面谈时的一些细节

有了精心的准备，应付面试过程是比较容易的。但是要注意，面试是从应聘者进门开始的。因此，中职生面试时要注意以下细节：

(1) 适当注意应试者的基本礼仪

一般情况下，求职者应提前几分钟到达面试地点，以表示诚意，给对方以信任感，同时也可调整自己的心态，做一些简单的仪表准备，以免仓促上阵，手忙脚乱。为了做到这一点，一定要牢记面试的时间、地点，有条件的同学最好能提前去一趟。这样，一来可以观察、熟悉环境；二来便于掌握路途往返时间，以免因一时找不到地方或途中延误而迟到。如果迟到了，肯定会给招聘者留下不好的印象，甚至会丧失面试的机会。

进入面试房间后不要过分紧张。如门关着，应先敲门得到允许后再进去。见面时要向招聘者主动大方地打招呼以问好致意，称呼应当得体。在主试人没有请你坐下时，切勿急于落座。主试人请你坐下时，应道谢。离去时在得到允许后应微笑起立，说"再见"后方离开。

对主试人的问题要逐一回答。对方给你介绍情况时，要认真聆听。为了表示你已听懂并感兴趣，可以在适当的时候点头或适当提问、答话。回答主试者的问题，口齿要清晰，声音要适度，答话要简练、完整。一般情况下不要打断主试人的问话或抢问抢答，否则会给人急躁、鲁莽、不礼貌的印象。问话完毕，听不懂时可要求重复。当不能回答某一问题时，应如实告诉主试人，含糊其辞和胡吹乱侃容易导致面试失败。对重复的问题也要有耐心，不要表现出不耐烦。

在整个面试过程中，应保持举止文雅大方，谈吐谦虚谨慎，态度积极热情。如果主试人有两位以上时，回答谁的问题，你的目光就应注视谁，并应适时地环顾其他主试人以表示你对他们的尊重。谈话时，眼睛要适时地注意对方，不要东张西望，显得漫不经心，也不要眼皮低望，显得缺乏自信，激动地与主试人争辩某个问题也是不明智的举动，冷静地保持不卑不亢的风度是有益的。

(2) 适当注意语言运用的技巧

面试场上你的语言表达艺术标志着你的成熟程度和综合素养。对求职应试者来说，掌握语言表达的技巧无疑是重要的。那么，面试中怎样恰当地运用谈话的技巧呢？

① 口齿清晰，语言流利，文雅大方。交谈时要注意发音准确，吐字清晰；还要注意控制说话的速度，以免磕磕绊绊，影响语言的流畅。为了增添语言的魅力，还应注意修辞美妙，忌用口头禅，更不能有不文明的语言。

② 语气平和，语调恰当，音量适中。面试时要注意语言、语调、语气的正确运用。语气是指说话的口气，语调则是指语音的高低轻重配置。打招呼时候适宜用上语调，加重语气并带拖音，以引起对方的注意；自我介绍时，最好多用平缓的陈述语气，不宜使用感叹语气或祈使句。声音过大令人厌烦，声音过小则难以听清。音量的大小要根据面试现场情况而定。两人面谈且距离较近时声音不宜过大，群体面试而且场地开阔时声音不宜过小，以每个主试人都能听清你的讲话为原则。

③ 语言要含蓄、机智、幽默。说话时除了表达清晰以外，适当的时候可以插进幽默的语言，使谈话增加轻松愉快的气氛，也会展示自己的优越气质和从容风度。尤其是当遇到难以回答的问题时，机智幽默的语言会显示自己的聪明智慧，有助于化险为夷，并给人以良好的印象。

④ 注意听者的反应。求职面试不同于演讲，而是更接近于一般的交谈。交谈中，应随时注意听者的反应。例如，听者心不在焉，可能表示他对自己这段话没有兴趣，你得设法转移话题；听者侧耳倾听，可能说明由于自己音量过小使对方难于听清；听者皱眉、摆头，可能表示自己言语有不当之处。根据对方的这些反应，就要适时

地调整自己的语言、语调、语气、音量、修辞，包括陈述内容，这样才能取得良好的面试效果。

(3) 应试者手势运用的技巧

在日常生活交际中，人们都在自觉或不自觉地运用手势帮助自己表达意愿。那么，在面试中怎样正确地运用手势呢？

① 表示关注的手势。在与他人交谈中，一定要对对方的谈话表示关注，要表示出你在聚精会神地听。对方在感到自己的谈话被人关注和理解后，才能愉快专心地听取你的谈话，并对你产生好感，面试时尤其如此。一般表示关注的手势是：双手交合放在嘴前，或把手指搁在耳下；或把双手交叉，身体前倾。

② 表示开放的手势。这种手势表示你愿意与听者接近并建立联系。它使人感到你的热情与自信，并让人觉得你对所谈问题已是胸有成竹。这种手势的做法是：手心向上，两手向前伸出，手要与腹部等高。

③ 表示有把握的手势。如果你想表现出对所述主题的把握，可先将一只手伸向前，掌心向下，然后从左向右做一个大的环绕动作，就好像用手"覆盖"着所要表达的主题。

④ 表示强调的手势。如果想吸引听者的注意力或强调很重要的一点，可把食指和大拇指捏在一起，以示强调。

以上介绍的是面试中常见的手势，但要达到预期的目的，还应注意因时、因地、因人灵活运用。

(4) 注意回答问题的技巧

① 把握重点，简捷明了，条理清楚，有理有据。一般情况下回答问题要结论在先，议论在后，先将自己的中心意思表达清晰，然后再做叙述和论证。否则，长篇大论，会让人不得要领。面试时间有限，神经有些紧张，多余的话太多，容易走题，反倒会将主题冲淡或漏掉。

② 讲清原委，避免抽象。主试人提问总是想了解一些应试者的具体情况，切不可简单地仅以"是""否"作答。针对所提问题的不同，有的需要解释原因，有的需要说明程度。不讲原委，过于抽象的回答，往往不会给主试者留下具体的印象。

③ 确认提问内容，切忌答非所问。面试中，如果对主试人提出的问题，一时摸不到边际，以致不知从何答起或难以理解对方问题的含义时，可将问题复述一遍，并先谈自己对这一问题的理解，请教对方以确认内容。对不太明确的问题，一定要搞清楚，这样才会有的放矢，不致答非所问。

④ 有个人见解，有个人特色。主试人接待应试者若干名，相同的问题问若干遍，类似的回答也要听若干遍。因此，主试人会有乏味、枯燥之感。只有具有独到的个人见解和个人特色的回答，才会引起对方的兴趣和注意。

⑤ 知之为知之，不知为不知。面试者遇到自己不知、不懂、不会的问题时，回

避闪烁、默不作声、牵强附会、不懂装懂的做法均不足取,诚恳坦率地承认自己的不足之处,反倒会赢得主试者的信任和好感。

(5) 消除过度紧张的技巧

由于面试成功与否关系到求职者的前途,所以学生面试时往往容易产生紧张情绪。有些学生可能由于过度紧张导致面试失败。因此,必须设法消除过度的紧张情绪。这里介绍几种消除过度紧张的技巧,供同学们参考。

① 面试前可翻阅一本轻松、活泼、有趣的杂志书籍。阅读书刊可以转移注意力,调整情绪,克服面试时的怯场心理,避免等待时紧张、焦虑情绪的产生。

② 面试过程中注意控制谈话节奏。进入面试场致礼落座后,若感到紧张,先不要急于讲话,而应集中精力听完提问,再从容应答。一般来说,人们精神紧张的时候讲话速度会不自觉地加快,讲话速度过快既不利于对方听清讲话内容,又会给人一种慌张的感觉。讲话速度过快往往容易出错,甚至张口结舌,进而强化自己的紧张情绪,导致思维混乱。当然,讲话速度过慢,缺乏激情,气氛沉闷,也会使人生厌。为了避免这一点,一般开始谈话时可以有意识地放慢讲话速度,等自己进入状态后再适当增加语气和语速。这样,既可以稳定自己的紧张情绪,又可以扭转面试的沉闷气氛。

③ 回答问题时目光可以对准提问者的额头。有的人在回答问题时眼睛不知道往哪儿看。经验证明,魂不守舍、目光不定的人,使人感到不诚实;眼睛下垂的人,给人一种缺乏自信的印象;两眼直盯着提问者,会被误解为向他挑战,给人以桀骜不驯的感觉。如果面试时把目光集中在对方的额头上,既可以给对方以诚恳、自信的印象,也可以鼓起自己的勇气,消除自己的紧张情绪。

④ 最后,还应正确对待面试中的失误。面试交谈中难免因紧张而出现失误。此时,切不可因一时的失误而丧气。要记住,一时失误不等于面试失败,重要的是要战胜自己,不要轻易地放弃机会。即使一次面试没有成功,也要分析原因,总结经验,以新的姿态迎接下一次的面试。

4. 面试后的善后工作

很多学生面试之后就听天由命、不闻不问,这是不可取的。面试结束后,应该及时总结自己表现的优劣,写一封信或者打一个电话,感谢主试者给你面试机会,了解面试结果,即使未通过,也不妨多问一句,是否有其他岗位可以试一试,也许会柳暗花明又一村。

总之,精心的准备、得体的表现会取得面试成功,但是工作靠的是真才实学、厚积薄发,因此成绩好、能力强、素质高才是面试成功的根本保证。

另外,在参与面试时也要提高警惕,防御一些常见的陷阱,以免受到伤害。

(1) 广告陷阱

有些用人单位总是以"某单位"为主体发布广告,既不说明单位性质规模,也不公布地址名称，最多只有一个邮箱号和电话号码。而且，此类单位多会要求在上岗前交报名费、培训费或者保证金等。在这种情况下，最好把那份在人才交流会上得到的胶印传单立刻扔进垃圾桶里。

(2) 高薪陷阱

对于那些声明求贤若渴、待遇优厚却对应聘者的学历、能力并无特殊要求，只租用一间宾馆包间充当临时招聘场所的用人单位一定要想方设法摸清底细，这种单位多数有两个目的，其一是骗取报名费，其二是征集创意。常有一些大公司在招聘时以高薪为饵，要求应聘者交一篇策划案或工艺设计，而且往往不厌其烦地讨论细节。这时，劝你不要再浪费那份心思与精力了，他只是想免费利用你一回而已。

(3) "好心"陷阱

与用人单位接触，最好是面对面地交流，要尽量避免中介，尤其是那些无正式执照的小规模的"劳务介绍所"，更不要将自己的有效身份证件随便交给他们，或在他们提供的文件上轻易签字。小心那个热心替你牵线搭桥找工作的陌路人，很可能是一个"狼外婆"。

(4) 名称陷阱

这是一个讲究"包装"的时代，连电梯服务员都被冠以"垂直交通管理员"的鲜亮称呼时，一个Office职员轻松就任"经理助理""技术协理"就显得理所当然了。往往越是经营不善的单位其招聘广告就打得越是炫目，那些早早进驻校园的招聘大军尤其擅长闪烁其词，以虚荣名衔和所谓大好前景迷惑急于就业的应届毕业生。所以，奉劝应聘者一定要擦亮眼睛，万不可被那些耀眼的名衔冲昏了头脑。

(5) 明星陷阱

这是女生们最容易掉进的陷阱，一些不法单位常常以招聘"形象代表""公关模特""礼仪小姐"等名义四处猎艳。但在"待遇从优"且"替应聘者保密"等暧昧字眼掩盖下的，往往是一个个令人不齿的交易。梦有多美，坑就有多深。做明星梦的女孩子，一定要慎重。

> **拓展阅读：面试小技巧**
>
> **巧妙回答打开求职之门**
>
> 在苏州某单位组织的一次面试中，主考官先后向两位毕业生提出了同样的问题："我们单位是全国数一数二的大集团公司，下面有很多子公司，凡被录用的人员都要到基层去锻炼，基层条件比较艰苦，请问你们是否有思想准备？"毕业生 A 说："吃苦对我来说不成问题，因为我从小在农村长大，父亲早逝，母亲年迈，我很乐意到基层去，只有在基层摸爬滚打才能积累丰富的工作经验，为今后发展打下基础。"毕业生 B 则回答："到基层去锻炼我认为很有必要，我会尽一切努力克服困难，好好工作，但作为年轻人总希望有发展的机会，不知贵公司安排我们下去的时间多长？还有可能上来吗？"结果前一学生被录用，后一学生被淘汰。在面试过程中，回答问题的技巧非常重要。对有些问题的回答，表面上看来合情合理，无可厚非，但却令考官反感。这是因为：考官并不在乎你回答内容的多少，而在于考察你对问题本身的态度，进而了解你对职业的态度，等等。显然，这一案例中，毕业生 A 对下基层态度端正、诚恳，令主考官欣赏；而毕业生 B 思想上明显有顾虑，尽管是人之常情，但这种场合下他的回答显然不合时宜。
>
> （资料来源：http://www.jjhqzx.cn/ZSJY/ShowArticle.asp?ArticleID=489）

三、反观自我

面试技巧小测试

正如上面刚刚学到的，面试除了要诚实、自信、沉着、表达准确外，还存在许多技巧。在求职的过程中面试起着非常重要的作用，你的言谈举止、衣着、手势，甚至面部表情都会影响到别人对你的看法，因此你在面试中应恰到好处地表现自己，给人留下深刻的印象，这样才能获得想要的工作和职位。

通过下面的这个测试，将会帮你更好地了解你在面试中是否存在一定的问题，下面的这些问题是一些面试中经常出现的问题，请你根据自己的看法在两个答案中选择一个来进行回答。

(1) 参加面试时，你会选择什么样的服饰？
　　A. 朴素典雅　　　　　　　B. 自己喜欢的
(2) 参加面试时，你会怎么处理自己的发型？
　　A. 略加修饰保持整齐　　　B. 精心修饰和梳理

(3) 面试时你会带什么东西?
　　　A. 随时带着公文包　　　　　B. 尽量少带东西
(4) 如果有机会的话,你会不会向面试人询问面试时间的长短?
　　　A. 不会　　　　　　　　　　B. 会
(5) 当主试人讲话的时候,你会怎样做?
　　　A. 自己思考　　　　　　　　B. 认真倾听
(6) 在主试人面前,你坐在椅子上的姿势是怎样的?
　　　A. 稍微前倾　　　　　　　　B. 挺直
(7) 在面试中,你讲话的语调是怎样的?
　　　A. 柔和简洁　　　　　　　　B. 大声响亮
(8) 在面试的时候,你脸上的表情如何?
　　　A. 一丝不苟　　　　　　　　B. 微微地笑
(9) 当主试人讲话的时候,你目光是怎样的?
　　　A. 游移不定　　　　　　　　B. 集中注意
(10) 在回答主试人的问题时,是否需要加上礼貌性的词语,如"我认为"?
　　　A. 不需要　　　　　　　　　B. 需要
(11) 当回答完主试人的问题后,是否需要再加上一句"您认为呢"?
　　　A. 需要　　　　　　　　　　B. 不需要
(12) 如果主试人心不在焉,你会怎么办?
　　　A. 请他另外安排一次会面　　B. 询问他是否有什么事情
(13) 如果主试人不提你的工作条件和兴趣时,你会怎么办?
　　　A. 以后找机会再谈　　　　　B. 主动提起这些话题
(14) 如果你对主试人的话语不是很理解,这时你怎么办?
　　　A. 含糊过去,免得节外生枝　B. 问到明白为止
(15) 在你和主试人握手时,会怎样做?
　　　A. 坚定有力地握手　　　　　B. 稍微握一下
(16) 主试人一边讲话一边看着你,你会怎样反应?
　　　A. 点头示意　　　　　　　　B. 看着他的目光
(17) 在谈话中,如果使用手势,你认为怎样才是合适的?
　　　A. 用力而持久　　　　　　　B. 简单而有力度
(18) 主试人讲话时,你已经猜到他下面要说什么,这时你将怎么做?
　　　A. 插入自己的话　　　　　　B. 听他把话讲完
(19) 如果主试人错误地理解了你的话,你将如何进行纠正?
　　　A. 我想再解释一下　　　　　B. 我不是那个意思
(20) 在面试的时候你迟到了,怎么办?
　　　A. 说出自己的原因　　　　　B. 主动向主试人表示歉意并且请他原谅

(21) 如果主试人迟到了，而且只能和你谈几分钟，你该怎么办？
　　　A. 视情况而定是否请求另外一次面试
　　　B. 维护自己的权益并且表示不满
(22) 当原定的主试人不能前来，由其他人代替，你会怎样对待？
　　　A. 不参加面试，等待原来的主试人
　　　B. 照样面谈
(23) 主试人向你谈起你的个人隐私的时候，你将如何去做？
　　　A. 把谈话纳入正轨　　　　　B. 当回善解人意听众
(24) 在谈话时，主试人向你表达他的赞美，你会怎样做？
　　　A. 说声"谢谢"　　　　　　B. 向他展示自己的能力高强
(25) 如果主试人在谈话时滔滔不绝，不容你插话，你怎么办？
　　　A. 在适当时插入自己有关的问题和信息
　　　B. 礼貌地告诉他你愿意谈谈自己的看法
(26) 你觉得主试人并不明白工作的要求，也不能正确评价你的水平时，你怎么办？
　　　A. 要求其他的人来进行面试
　　　B. 说一些他能理解的东西以便留下好印象
(27) 当参加使用录像带的面试时，你应当穿什么颜色的衣服？
　　　A. 干净朴素　　　　　　　　B. 深色西服或衬衣
(28) 在面试中，当主试人问你最大的优点是什么时，你会怎么回答？
　　　A. 融入团队　　　　　　　　B. 勤奋工作
(29) 在面试中，当主试人问你最大的缺点是什么时，你会怎么回答？
　　　A. 过于追求完美　　　　　　B. 沟通能力差
(30) 当要求你做自我介绍时，你会先谈什么？
　　　A. 谈谈你对该行业的看法　　B. 简要陈述经历
(31) 在面试中，当主试人问你希望得到多少薪金时，你会如何反应？
　　　A. 根据自己对该职位的了解估计出薪金
　　　B. 询问该公司为此职位设定的薪金范围
(32) 你认为用人单位更看重简历中的什么内容？
　　　A. 社会实践　　　　　　　　B. 学习成绩
(33) 在面试中，当主试人问你，如果成为一个管理者，你的管理风格是集权型还是放权型时，你会根据什么做答？
　　　A. 根据自己的管理风格　　　B. 根据公司眼下的任务
(34) 在面试中，当主试人问你为什么选择现在的专业时，你会如何反应？
　　　A. 坦诚地承认这个专业现在很热门
　　　B. 回答"因为它能为我今后的职业发展奠定基础"
(35) 当主试人问及你应聘的工作岗位的主要职责是什么时，你如何反应？
　　　A. 表示尽忠职守履行通常的职责任务，对不同单位个别的要求予以了解

　　　　并表示应承

　　　　B. 过于具体地描述工作职责

(36) 当主试人问及你在此类工作岗位上有何种经历时，你会怎样回答？

　　　　A. 回答时尽量涉及此类工作岗位可能的全部项目，不知道时要询问清楚

　　　　B. 知道多少就答多少，不知道时无须问及

(37) 在面试中，主试人问及你认为在你的工作中最重要的是什么时，你会怎样回答？

　　　　A. 尽到自己的本分

　　　　B. 个人表现如何和整体利益相吻合，提高工作效率

(38) 当主试人问到你曾经从事过的与专业最不相关的工作是什么时，你将如何反应？

　　　　A. 只要是职业生涯中从事过的都答上并且都谈其收益之处，不论工作多么卑微

　　　　B. 只谈听起来体面的

(39) 在面试中，主试人说：向我谈谈你自己。你如何反应？

　　　　A. 话题尽可能与职业努力方向有一定的相关性，描述自己的一些行为特征

　　　　B. 尽量谈一些无关紧要的问题

(40) 主试人问及你在工作中将如何展示自己的主动性时，你将如何作答？

　　　　A. 时刻注意自己的绩效，不时给雇主惊喜和提醒，使同事容易开展工作

　　　　B. 表现出强烈的工作热情，不必在意单位政策和规章制度的限制

(41) 在面试中，主试人问你"如果下属的工作令你无法接受时，你将如何对付他们"，你的回答是什么？

　　　　A. 始终通过友好的方式与下属沟通并促使其改进

　　　　B. 在必要时采取强硬的行动，如解雇

(42) 在面试中，主试人问你"在以下两个因素中你决定接受聘用时起着重要作用的是哪一个"，你的选择是什么？

　　　　A. 公司　　　　　　　　　B. 应聘这个职位

(43) 在面试中，主试人问你"在业余时间通常喜欢做什么"，将会如何反应？

　　　　A. 简单谈谈自己在各方面的广泛的爱好　　B. 详细谈自己的一两个爱好

(44) 面试人为了调节气氛，给你讲了一个笑话，你觉得是否应该附和着也讲一个笑话？

　　　　A. 应该　　　　　　　　　B. 不应该

(45) 当主试人问到"你如果被录用，从低分到高分为1~10级，请你描述自己兴奋的程度"，你的回答是什么？

　　　　A. 10级　　　　　　　　B. 10级以下

得分统计

请拿起笔，对照下面的计分表，算一算自己得了多少分呢？

题号	1	2	3	4	5	6	7	8	9	10	11	12	13	14	15
A	1	1	0	0	0	1	1	0	0	1	0	1	0	0	1
B	0	0	1	1	1	0	0	1	1	0	1	0	1	1	0
题号	16	17	18	19	20	21	22	23	24	25	26	27	28	29	30
A	1	0	0	1	0	1	0	1	1	1	0	1	1	1	1
B	0	1	1	0	1	0	1	0	0	0	1	0	0	0	0
题号	31	32	33	34	35	36	37	38	39	40	41	42	43	44	45
A	0	1	0	0	1	1	0	1	1	1	1	0	0	0	1
B	1	0	1	1	0	0	1	0	0	0	0	1	1	1	0

我的得分：

测试评析

如果你的得分在41分以上，说明你的面试技巧很成熟，也许你参加过多次面试，积累了很多的经验。在此基础上你可以进一步挖掘自己的潜力，表明自己是一个实干家，一位为了增加销售额、节省时间或节省经费寻找各种途径的人，属于不时给雇主一个惊喜的那类人，一位使同事的工作更易于开展的人。多找一些自身优势，以此作为面试时的砝码，为了达到自己的目标应多做准备，相信一般的面试都应该难不倒你。但是切不可掉以轻心，在实际面试中应该认真对待。

如果你的得分在20～40分之间，也许你的面试技巧一般，如果面试不是太严格的话，你是可以应付的。但是大多数用人单位都有正规的面试方法，你必须懂得当今所有的员工必须具备更强的效益意识，应该熟知个人的职责如何与整个单位的利益相吻合。同时有必要向面试主试人提供如下信息：假如你加盟该单位，你还必须学多少以及如何定位。为了增加录用的几率，建议你多学习职业指导丛书，提高自己的面试技能，打有准备之仗，赢得机会会大一些。

如果你的得分在20分以下，你的面试技巧有待提高，我们是即将毕业的学生，面试经验不足，这不足为奇。在面试中，你必须绝对清楚对于面试主试人来说什么是最重要的，必要时你可以对有关工作要求提出询问，你的思考和分析能力将得到尊重，你得到的信息将自然使你更能贴切地回答问题。另外，有些问题旨在试探你的时间分配能力、分析能力以及是否有逃避工作任务的倾向。假如，你对你的工作缺乏全面的了解，那你随时都可能被清理出场。你应该多向别人请教，多看一些职业指导方面的图书，提高自己的面试水平。

小思考

通过这个测试，我在面试方面还存在哪些缺陷？

四、心灵鸡汤

恰科：品性优良，于细微处显精神

恰科是法国银行大王，每当他向年轻人回忆过去时，他的经历常会令闻者深思起敬。人们在羡慕他的机遇的同时，也品味到了一个银行家身上散发出来的特有精神。

还在读书期间，恰科就有志于在银行界谋职。一开始，他就去一家最好的银行求职。一个毛头小伙子的到来，对这家银行的官员来说太不起眼了，恰科的求职接二连三地碰壁。后来，他又去了其他银行，结果也是令他沮丧。但恰科要在银行里谋职的决心一点儿也没有受到影响。他一如既往地向银行求职。有一天，恰科再一次来到那家最好的银行，"胆大妄为"地直接找到了董事长，希望董事长能雇佣他。然而，他与董事长一见面，就被拒绝了。对恰科来说，这已是第52次遭到拒绝了。当恰科失魂落魄地走出银行时，看见银行大门前的地面上有一根大头针。他弯腰把大头针拾了起来，以免伤人。

回到家里，恰科仰卧在床上，望着天花板直发愣，心想命运对他为何如此不公平，连让他试一试的机会也没有，在伤心中，他睡着了。

第二天，恰科又准备出门求职，在关门的一瞬间，他看见信箱里有一封信，拆开一看，恰科欣喜若狂，甚至有些怀疑这是否在做梦——他手里的那张纸是录取通知。

原来，昨天正在恰科蹲下身子拾起大头针时，被董事长看见了。董事长认为如此精细小心的人，很适合当银行职员，所以，改变主意决定雇佣他。恰科是一个对一根针也不会粗心大意的人，因此他才得以在法国银行界平步青云，终于有了功成名就的一天。

善于为他人着想，可以使人际关系变得和谐；而精细小心，则可使一个人将工作做得尽善尽美。恰科弯腰捡大头针的行为，凸显了他善为他人着想和精细小心的品质。董事长从他弯腰捡大头针的行为中，看出了他高尚的道德修养和强烈的责任感，看出了一名优秀员工应当具备的素质。

(资料来源：应届毕业生网.http://www.yjbys.com/qiuzhizhinan/show-490252.html)

憨豆：急中生智，关键时刻亮奇招

憨豆在成名前，到英国一家著名的马戏团应聘当滑稽演员。考官面试出的题目是当场让人捧腹大笑。憨豆又讲笑话又演哑剧，可考官没有一人露出一丝笑意。憨豆急了，亮出绝招，转身打开面试房间的门，对着外面其他等候面试的应聘者们大叫："喂，你们都可以回家吃饭了！他们已决定录用我了！"这时，已经憋了很久的考官们一下大笑了起来。憨豆终于找到了一份可以发挥自己特长的工作，最终成为世界著名的滑稽大师。

急中生智能让求职者想出招聘方负责人欣赏的谋略，说出招聘方负责人欣赏的话语，做出招聘方负责人欣赏的事情。

(资料来源：应届毕业生网. http://www.yjbys.com/qiuzhizhinan/show-490252.html)

史蒂文斯：败后感谢，疑无路时路在前

史蒂文斯以前是计算机程序员，听说微软公司招程序员，他就信心十足地去应聘。面试时考官问的问题是关于软件未来发展方向方面的，这一点他从来没有考虑过，故而惨遭淘汰。史蒂文斯觉得微软公司对软件业的理解令他受益匪浅，就给公司写了一封信表示感谢。这封信后来被送到总裁比尔·盖茨的手中。三个月后，该公司出现空缺，史蒂文斯收到了"微软"的录用通知书。十几年后，凭着出色的业绩，史蒂文斯当上了"微软"的副总裁。

求职面试难免遭遇暂时的失败。面对失败，如果对应聘单位或其负责人心生怨恨，不仅会显露出求职者心胸的狭窄，而且也于事无补；而如果摆正心态，以一颗感恩的心去对待应聘单位，则有可能为自己下一次应聘取胜赢得机会。

(资料来源：应届毕业生网. http://www.yjbys.com/qiuzhizhinan/show-490252.html)

五、心灵拓展

一起来面试

活动步骤

以小组前后左右四人为一个活动单元，其中两人扮演一家中日合资的多媒体投影仪生产销售公司的招聘面试考官，另外两名同学扮演前来面试的求职者。一人面试时间为五分钟。

讨论分享

(1) 在模拟面试中你找准了自己想要得到的职位去面试了吗？

(2) 当被主考官刁难时，你的心里是如何想的呢？

面试大比拼

活动步骤

(1) 教师给每个学生发一张纸条，请学生将他们希望从事的职业填写在上面，每人只能填一个职业名称。教师收齐纸条，从纸条中整理出来5~7个学生集中选择的职业。

(2) 教师依次呈现相关职业，每次呈现，希望从事该职业的学生自由应聘。

(3) 应聘者每人做一分钟演讲，讲述自己对应聘职业的理解和自己的优势。其

他同学作为评委,给应聘者打分。

(4) 得分最高的同学将被宣布应聘成功。

讨论分享

(1) 获胜同学分析自己的获胜原因,失败者分析自己的不足。

(2) 其他同学进一步思考:如何才能胜任一个职业?从事一个职业需要具备哪些条件?

注意事项

评委要适时对评选过程进行解释,同时注意安抚应聘失败者的情绪。

六、心灵感悟

选择职业就是选择我们的未来,学完本节,相信你一定有所收获,也许只是只言片语,也许是千言万语,无论如何,请写下你的收获与大家分享吧!

第三节 提升职业能力

一、生活链接

【镜头一】用高尚道德敲开职业大门

十二年前,有一个小伙子刚毕业就去了法国,开始了半工半读的留学生活。渐渐地,他发现当地的公共交通系统的售票处是自助的,也就是你想到哪个地方,根据目的地自行买票,车站几乎都是开放式的,不设检票口,也没有检票员,甚至连随机性的抽查都非常少。

他发现了这个管理上的漏洞,或者说以他的思维方式看来是漏洞。凭着自己的聪明劲,他精确地估算了这样一个概率:逃票而被查到的比例大约仅为万分之三。他为自己的这个发现而沾沾自喜,从此之后,他便经常逃票上车。他还找到了一个宽慰自己的理由:自己还是穷学生嘛,能省一点是一点。四年过去了,名牌大学的金字招牌和优秀的学业成绩让他充满自信,他开始频频地进入巴黎一些跨国公司的大门,踌躇满志地推销自己,因为他知道这些公司都在积极地开发亚太市场。但这些公司都是先热情有加,然而数日之后,却又都是婉言相拒。一次次的失败,使他愤怒。他认为一定是这些公司有种族歧视的倾向,排斥中国人。

最后一次,他冲进了某公司人力资源部经理的办公室,要求经理对于不予录用他给出一个合理的理由。然而,结局却是他始料未及的。下面的一段对话很令人玩味：

"先生，我们并不是歧视你，相反，我们很重视你。因为我们公司一直在开发中国市场，我们需要一些优秀的本土人才来协助我们完成这个工作，所以你一来求职的时候，我们对你的教育背景和学术水平很感兴趣，老实说，从工作能力上，你就是我们所要找的人。"

"那为什么不收天下英才为贵公司所用？"

"因为我们查了你的信用记录，发现你有三次乘公交车逃票被处罚的记录。"

"我不否认这个，但为了这点小事，你们就放弃了一个多次在学报上发表过论文的人才？"

"小事？我们并不认为这是小事。我们注意到，第一次逃票是在你来我们国家后的第一个星期，检查人员相信了你的解释，因为你说自己还不熟悉自助售票系统，只是给你补了票。但在这之后，你又两次逃票。"

"那时刚好我口袋中没有零钱。"

"不，不，先生。我不同意你这种解释，你在怀疑我的智商。我相信在被查获前，你可能有数百次逃票的经历。"

"那也罪不至死吧？干吗那么认真？以后改还不行吗？"

"不，不，先生。此事证明了两点：一、你不尊重规则，不仅如此，你擅于发现规则中的漏洞并恶意使用；二、你不值得信任，而我们公司的许多工作的进行是必须依靠信任进行的，因为如果你负责了某个地区的市场开发，公司将赋予你许多职权，为了节约成本，我们没有办法设置复杂的监督机构，正如我们的公共交通系统一样。所以我们没有办法雇用你，可以确切地说，在这个国家甚至整个欧盟，你可能找不到雇用你的公司。"

直到此时，他才如梦方醒、懊悔难当。然而，真正让他产生一语惊心之感的，却还是对方最后提到的一句话："道德常常能弥补智慧的缺陷，然而，智慧却永远填补不了道德的空白。"

分析

故事中的小伙子可谓才华横溢、能力超人，可他却因不守规则、道德低下而与心仪公司失之交臂，懊悔难当。俗话说："学习不好是'次品'，身体不好是'废品'，道德不好是'危险品'。"如果让你在三者中选择，你一定宁要"次品""废品"，也不要"危险品"。因为前者最多不起多大作用，但至少构不成威胁。而如果一个人的道德品质恶劣，那么他越有智慧，则潜在的危险越大，越令人找不到安全感。这就不难找到众多公司不录用这位小伙的原因了。作为即将走上工作岗位的我们，一定要引以为戒，加强自身道德修养，把道德作为入行的敲门砖，"不以善小而不为，不以恶小而为之"。要做事先做人，千万不要"聪明反被聪明误"，入行后特别要讲职业道德，用人品增旺人气，弥补知识与能力上的不足，不失为上策。

(资料来源：360doc 个人图书馆. http://www.360doc.com/content/11/1017/22/5691094_157016873.shtml)

【镜头二】用人际关系增强合作力

小玉是家中独生女,自小在父母、邻居、亲戚的疼爱中长大,家虽在农村,但生活上并不拮据,父母对于小玉的要求都尽量满足,滋养了小玉的"自我中心",她总是把别人对她的爱护和帮助当作应该,却很少愿意去帮助别人。从小学到大学再到工作,小玉一直都比较顺利,从没有经历过大的挫折。2010年,小玉大学毕业成为一家公司的实习业务员。同事在洽谈业务需要小玉出力时,小玉总是表现得很不情愿,除个性使然,最主要的是小玉害怕别人比她做得好,有时她还会从中搞点小动作作梗,引来大家对她的抱怨。所以,当小玉向有意向客户商谈业务时,也很难得到别人的指点与帮助。小玉经过三个月的艰苦努力,终于谈下了一个客户。此时却得到消息:假如她这个月再不出业绩,就会被业务总监开除。小玉心急如焚地给客户打电话确定签合约时间,得到的答复却是最快也得下月初。听到这个消息,小玉向部门经理求助,可部门经理却选择了沉默。小玉顿觉愤怒、焦虑、困惑、无助、绝望,开始对总监怨恨、对同事猜疑、对经理失望,最终导致下岗。

分析

小玉下岗,从表面看是因为没有业绩,其根本原因却在于她自私冷漠,妒忌心理作祟,不擅于人际交往、沟通。她认为帮助别人超过了自己是不划算的事,却不知"帮助别人就是帮助自己"的道理。当今社会就是一个合作与竞争的社会,很难找到"孤胆英雄"了,"一根筷子轻轻被折断,众人鼓掌声震天"。如果小玉能认识到这些,那么她在帮助别人的时候,无形中既是一个学习提高的过程,也是积累实战经验的最佳途径,更重要的是当她面临困境的时候,别人也会伸出援助之手,不会让她等到三个月谈不上一个业务。和谐的人际关系不仅能激发人的合作意识,产生 1+1>2 的效果,更能使人在愉悦的状态下迸发出创造力,提高工作实效。

(资料来源: http://max.book118.com/html/2012/0402/1475672.shtm)

【镜头三】用业务技能提升竞争力

小雪是一个温顺乖巧的女孩,不仅外表长得好看,说起话来也让人感觉甜甜的、暖暖的,着实人见人爱。小雪因有一定的家庭背景,一毕业就很轻松地在一家大型企业求得了与自己专业匹配的财务工作。可工作不到两个月,就出现了问题,首先因为小雪业务不硬,许多事情不能独立完成,引来同事们的抱怨,更让同事们不能接受的是小雪常常出现一些低级错误,把数据搞错,害得同事们要重新复核,费时费力。有一次做转账时竟差点给公司造成重大损失。领导批评,同事埋怨,自己感觉无能为力,未等公司辞退,小雪黯然地选择了离开。

分析

小雪先天条件好,但因业务不过硬,老给别人带来麻烦,不仅成了别人的负担,还给公司带来不安全感。尤其搞财务工作,必须做到业务娴熟、精细,带不得一丝含糊、马虎,这就需要我们在入职前必须学好专业知识,练好专业技能,方能使自己在职场中立于不败之地,提升自己的核心竞争力。

(资料来源: http://max.book118.com/html/2012/0402/1475672.shtm)

二、心海导航

职业能力是人们从事某种职业活动所必须具备的,影响职业活动效率的个人心理特征。人的职业能力是由多种能力叠加并复合而成的,它是人们从事某项职业必须具备的多种能力的总和,是择业的基本参照和就业的基本条件,也是胜任职业岗位工作的基本要求。如果说职业兴趣或许能决定一个人的择业方向,以及在该方面所乐于付出努力的程度,那么职业能力则能说明一个人在既定的职业方面是否能够胜任,也能说明一个人在该职业中取得成功的可能性。

职业能力分为一般职业能力、专业能力和综合能力。一般职业能力主要是指一般的学习能力、文字和语言运用能力、数学运用能力、空间判断能力、形体知觉能力、颜色分辨能力、手的灵巧度、手眼协调能力等。专业能力是指人的职业道德、专业素养和职业技能。综合能力则是指人际交往能力、团队协作能力、对环境的适应能力、创新能力以及遇到挫折时良好的心理承受能力等。

1. 用职业生涯规划夯实能力基础

人的能力是有差异的,了解自己的能力倾向及不同职业的能力要求,对合理地进行职业选择具有重要意义。能力不同,对职业选择就有差异。从能力差异的角度来看,在职业选择时应遵循以下原则。

(1) 注意能力类型与职业相吻合

工作的性质、内容和环境不同,对人的能力就有不同的要求,因而我们应注意自身能力类型与职业类型的吻合。在根据能力类型确定了职业类型后,还应根据自己所达到或可能达到的能力水平确定相吻合的职业层次。只有这样,才能使能力与职业的吻合具体化。

充分发挥优势能力的作用。每个人都具有一个由多种能力组成的能力系统,每个人在这个能力系统中,各方面能力的发展是不平衡的,常常是某方面的能力占优势,而另一些能力则不太突出,对职业选择和职业指导而言,应主要考虑其最佳能力,选择最能运用其优势能力的职业。同样,在人事安排中,如能注重一个人的优势能力并分配相应的工作,会更好地发挥一个人的作用。

(2) 注意一般职业能力与职业相吻合

不同的职业对人的一般职业能力的要求不同,有些职业对从业者的智力水平有绝对的要求,有的职业对从业者的操作能力有绝对的要求,如律师要有很强的逻辑思辨与口语表达能力，工程师要有缜密的思维和空间判断及想象力，舞蹈演员要有形体知觉和动作协调能力，纺织女工要有色彩辨别能力及灵巧的手等。

(3) 注意专业能力与职业相吻合

专业能力是指从事某项专业活动的能力，也可称特长，如计算能力、音乐能力、动作协调能力、语言表达能力、事务能力等。要顺利完成某项工作，除要具有一般能力与综合能力外，还要具有该项工作所要求的专业技能，如当管理者就要有管理才能，做公关或营销工作就要有较强的人际交往与沟通能力，搞科学研究就要有严谨细致的工作态度和团结协作的能力，做钢琴演奏家手指就要有灵活度与灵巧度等。

2. 用良好的心态优化职业能力

(1) 培养人际沟通能力

要想成功，仅有专业能力是不够的，还要加强人际沟通，减少不必要的误会带来的麻烦，学会正确处理好与上司、同事及下属的人际关系，这样才能在职场做到如鱼得水、游刃有余。

① 多汇报。最近，管理学又提出了一个新名词"追随力"。它告诉我们，做下属最关键的就是要多请示汇报，让上司随时了解你的工作进度，有了新想法也要及时建议。不知不觉，你就有了"追随力"，上司会越来越了解和信任你，你的发展机遇就会增加，发展空间就会得到提升。

② 勤沟通。团队的力量远远超过个人，而合作顺畅的必要条件就是要勤于沟通，做到同事间无缝对接。虽说人际关系很复杂，但只谈工作，沟通也可以变得简单。真诚沟通，还能在同事面前树立诚实可信的形象，建立良好的群众基础，为未来的职业发展打下基础。一把坚实的大锁挂在铁门上，一根铁杆费了九牛二虎之力，还是无法将它撬开。钥匙来了，它瘦小的身子钻进锁孔，只轻轻一转，那大锁就"啪"的一声打开了。铁杆奇怪地问："为什么我费了那么大力气也打不开，而你却轻而易举地就把它打开了呢？"钥匙说："因为我最了解他的心。"进入心灵的频道！人际沟通的金钥匙！

③ 离是非。有人的地方就会有是非，一旦卷入，无论上司还是同事，都会对你产生看法。因此，要始终关注自己的核心工作，对是非之争保持警觉，更不能制造是非。

(2) 增强抗挫折能力

"人生不如意十之八九"，对于初涉职场的中职生来说，挫折、打击在所难免。关键是首先要有这样的心理准备，并且有信心抗击它，这就需要我们摆正心态，提高应对逆境、抵抗挫折的能力。当挫折一旦来临，我们可以这样思考：这个问题导致的今后两天必然发生的结果是什么？对于这些必然结果，我最有可能改变的(即使部分改变)是哪些？怎样做能防止问题的扩散？有什么迹象表明问题的后果会持续很长时间？这样一份在大脑中形成的清单，可以使我们在问题发生后减少恐慌，并帮助我们确定轻重缓急。以下故事或许会给我们带来启发：

一个女孩毫无道理地被老板炒了鱿鱼。中午，她坐在单位喷泉旁边的一条长椅上黯然神伤，她感到她的生活失去了颜色，变得黯淡无光。这时她发现不远处一个小男孩站在她的身后咯咯地笑，她就好奇地问小男孩："你笑什么呢？""这条长椅的椅背是早晨刚刚漆过的，我想看看你站起来时会是什么样子。"小男孩说话时一脸得意的神情。

女孩一怔，猛地想到：昔日那些刻薄的同事不正和这小家伙一样躲在我的身后想窥探我的失败和落魄吗？我决不能让他们的用心得逞，我决不能丢掉我的志气和尊严！

女孩想了想，指着前面对那个小男孩说："你看那里，那里有很多人在放风筝呢。"等小男孩发觉到自己受骗而恼怒地转过脸时，女孩已经把外套脱了拿在手里，她身上穿的鹅黄的毛线衣让她看起来青春漂亮。小男孩甩甩手，嘟着嘴，失望地走了。

生活中的失意随处可见，真的就如那些油漆未干的椅背在不经意间让你苦恼不已。但是如果已经坐上了，也别沮丧，以一种"猝然临之而不惊，无故加之而不怒"的心态面对，脱掉你脆弱的外套，你会发现，新的生活才刚刚开始！

(3) 提高团结协作能力

大雁有一种合作的本能，它们飞行时都呈 V 型。这些雁飞行时定期变换领导者，因为为首的雁在前面开路，能帮助它两边的雁形成局部的真空。科学家发现，雁以这种形式飞行，要比单独飞行多出 12% 的距离。

合作可以产生一加一大于二的倍增效果。据统计，诺贝尔获奖项目中，因协作获奖的占 2/3 以上。在诺贝尔奖设立的前 25 年，合作奖占 41%，而现在则跃居 80%。

单打独斗、个人英雄的闭门造车工作方式在现今社会是越来越不可取了，因为人们在工作中面临的问题日益复杂，往往涉及多种专业的内容，单靠自己一个人很难胜任，需要人们通力配合，综合多方面的知识才能解决。因此，团队的分工合作方式正逐渐被各用人单位认同，用人单位在招聘时会把是否具有团队合作精神作为重要指标来决定取舍。

3. 用过硬的专业技能提升职业能力

古人有云："不劳而获黄粱梦。"这句话说明了天下没有免费的午餐，没有什么事等着就会到来。"业精于勤，荒于嬉；行成于思，毁于随。"也表明精深的业务技能靠的是勤学苦练，而整天嘻嘻哈哈只顾着玩，学业便如"逆水行舟，不进则退"，一事无成。比如技术能手，靠的是熟能生巧才有今天的如此精深的技术。作为中职生的我们更应习得过硬的专业本领、过强的操作技能，以凸显我们的优势，增强核心竞争力。在平时的学习中，要增加实践的机会，做中学，学中做，做中思，培养自己自学习惯和查阅技术资料的能力，为今后解决工作岗位上遇到的难题和实际困难做好准备，成为职场中的职业能手和技术人才，提高自己的职业价值。要知道，职业能力水平是有高低的，它将决定着你们人生的发展方向，把梳子卖给和尚听起来匪夷所思，但就有人能卖掉，而且有的还能卖掉很多很多，这是为什么呢？这就是专业技能使然了。

三、反观自我

职业能力测验

日常生活和职业活动的观察和研究都证明，人的职业能力各不相同，有人善于言语交谈，有人善于操作，有人善于理论分析，有人善于事务性工作。每个人都有自己独特的能力结构。社会上的职业也是多种多样的，各种职业对从业者的能力要求亦各不同，有的需要言语能力，有的需要计算能力，有的需要动手能力，大多数职业需要几种能力的综合。

评分说明

职业能力的评定采用"五级量表"：强、较强、一般、较弱、弱。每级评定都有相应的权重参数，将评定等级乘以权重参数，然后把六项数值加起来，再除以6，就得到一组评定的等级分数。

例如：第一组

	强	较强	一般	较弱	弱
善于表达自己的观点	(对)	( )	( )	( )	( )
阅读速度快，并能抓住中心内容	( )	( )	(对)	( )	( )
清楚地向别人解释难懂的概念	( )	(对)	( )	( )	( )
对文章中的字、词、段落和篇章的理解、分析和综合的能力	( )	( )	(对)	( )	( )
掌握词汇量的程度	( )	(对)	( )	( )	( )
中学时你的语文成绩	( )	(对)	( )	( )	( )
各等级次数累计	×1	×2	×3	×4	×5

总计次数Σ＝(13)　　　　　　　　　评定等级(2.2)＝总计次数(13)÷6

根据自己的实际情况，对下面的每一种活动做出评定。

第一组

	强	较强	一般	较弱	弱
善于表达自己的观点	( )	( )	( )	( )	( )
阅读速度快，并能抓住中心内容	( )	( )	( )	( )	( )
清楚地向别人解释难懂的概念	( )	( )	( )	( )	( )
对文章中的字、词、段落和篇章的理解、分析和综合的能力					

	(　)　(　)　(　)　(　)　(　)
掌握词汇量的程度	(　)　(　)　(　)　(　)　(　)
中学时你的语言成绩	(　)　(　)　(　)　(　)　(　)
各等级次数累计	×1　×2　×3　×4　×5
总计次数∑＝(　)	评定等级(　)＝总计次数(　)÷6

第二组

	强　较强　一般　较弱　弱
做出精确的测量(如测长、宽、高等)	(　)　(　)　(　)　(　)　(　)
解算术应用题	(　)　(　)　(　)　(　)　(　)
笔算能力	(　)　(　)　(　)　(　)　(　)
心算能力	(　)　(　)　(　)　(　)　(　)
使用工具(如计算器)的计算能力	(　)　(　)　(　)　(　)　(　)
中学时你的数学成绩	(　)　(　)　(　)　(　)　(　)
各等级次数累计	×1　×2　×3　×4　×5
总计次数∑＝(　)	评定等级(　)＝总计次数(　)÷6

第三组

	强　较强　一般　较弱　弱
美术素描画的水平	(　)　(　)　(　)　(　)　(　)
画三维度的立体图形	(　)　(　)　(　)　(　)　(　)
看几何图形的立体感	(　)　(　)　(　)　(　)　(　)
想象盒子展开后平面形状	(　)　(　)　(　)　(　)　(　)
玩拼板(图)游戏	(　)　(　)　(　)　(　)　(　)
各等级次数累计	×1　×2　×3　×4　×5
总计次数∑＝(　)	评定等级(　)＝总计次数(　)÷6

第四组

	强　较强　一般　较弱　弱
发现相似图形中的细微差异	(　)　(　)　(　)　(　)　(　)
识别物体的差异	(　)　(　)　(　)　(　)　(　)
注意到多数人所忽视的物体的细节部分	(　)　(　)　(　)　(　)　(　)

	强	较强	一般	较弱	弱
检查物体的细节	( )	( )	( )	( )	( )
观察图案是否正确	( )	( )	( )	( )	( )
学习时善于找出数学作业的细小错误	( )	( )	( )	( )	( )
各等级次数累计	×1	×2	×3	×4	×5

总计次数Σ＝( )　　　　　　　　评定等级( )＝总计次数( )÷6

第五组

	强	较强	一般	较弱	弱
快而正确地抄写资料(诸如姓名、日期、电话号码等)	( )	( )	( )	( )	( )
阅读中发现错别字	( )	( )	( )	( )	( )
发现计算错误	( )	( )	( )	( )	( )
在图书馆很快地查找编码卡片	( )	( )	( )	( )	( )
发现图表中的细小错误	( )	( )	( )	( )	( )
自我控制能力强(如较长时间地进行抄写资料工作)	( )	( )	( )	( )	( )
各等级次数累计	×1	×2	×3	×4	×5

总计次数Σ＝( )　　　　　　　　评定等级( )＝总计次数( )÷6

第六组

	强	较强	一般	较弱	弱
劳动技术中做操纵机器一类活动	( )	( )	( )	( )	( )
玩电子游戏瞄准打靶	( )	( )	( )	( )	( )
在体操、广播操一类活动中身体的灵活性	( )	( )	( )	( )	( )
打球的姿势的水平度	( )	( )	( )	( )	( )
打字比赛或算盘比赛	( )	( )	( )	( )	( )
闭眼单脚站立的平衡能力	( )	( )	( )	( )	( )
各等级次数累计	×1	×2	×3	×4	×5

总计次数Σ＝( )　　　　　　　　评定等级( )＝总计次数( )÷6

第七组

	强	较强	一般	较弱	弱
灵巧地使用手工工具(如榔头、锤子等)	( )	( )	( )	( )	( )
灵巧地使用很小的工具(如镊子、缝衣针等)	( )	( )	( )	( )	( )

	强	较强	一般	较弱	弱
弹乐器时手指的灵活度	( )	( )	( )	( )	( )
动手做一件小手工品	( )	( )	( )	( )	( )
很快地削水果(如苹果、梨子)	( )	( )	( )	( )	( )
修理、装配、拆卸、纺织、缝补等一类活动	( )	( )	( )	( )	( )
各等级次数累计	×1	×2	×3	×4	×5

总计次数∑＝( )　　　　　　　评定等级( )＝总计次数( )÷6

第八组

	强	较强	一般	较弱	弱
善于在陌生的场合发表自己的意见	( )	( )	( )	( )	( )
善于在新场合结交新朋友	( )	( )	( )	( )	( )
口头表达力	( )	( )	( )	( )	( )
善于与人友好交往，并协同工作	( )	( )	( )	( )	( )
善于帮助别人	( )	( )	( )	( )	( )
擅长做别人的思想工作	( )	( )	( )	( )	( )
各等级次数累计	×1	×2	×3	×4	×5

总计次数∑＝( )　　　　　　　评定等级( )＝总计次数( )÷6

第九组

	强	较强	一般	较弱	弱
善于单位或班级的集体活动	( )	( )	( )	( )	( )
在集体活动或学习中，时常关心他人的情况	( )	( )	( )	( )	( )
日常能经常动脑筋，想出与别人不一样的好点子	( )	( )	( )	( )	( )
冷静果断地处理突然发生的事情	( )	( )	( )	( )	( )
在你曾做过的组织工作中，你认为自己的能力属于哪一水平	( )	( )	( )	( )	( )
善于解决同事或同学之间的矛盾	( )	( )	( )	( )	( )
各等级次数累计	×1	×2	×3	×4	×5

总计次数∑＝( )　　　　　　　评定等级( )＝总计次数( )÷6

统计和确定你的职业能力类型

把每一组的评定等级填入下表。

每组评定等级及其相应的职业能力

组	评定等级	相应的职业能力	组	评定等级	相应的职业能力
第一组	( )	言语能力	第六组	( )	运动协调能力
第二组	( )	数理能力	第七组	( )	动手能力
第三组	( )	空间判断能力	第八组	( )	社会交往能力
第四组	( )	察觉细节能力	第九组	( )	组织管理能力
第五组	( )	书写能力			

五个等级含义：1为强；2为较强；3为一般；4为较弱；5为弱。评定等级可有小数点，例如，等级2.2，表示此种能力水平稍低于较强水平，高于一般水平。

各种职业能力的特点

言语能力：指对词及其含义的理解和使用能力，对词、句子、段落、篇章的理解能力，以及善于清楚正确地表达自己的观念和向别人介绍信息的能力。

数理能力：指迅速而准确地运算以及在准确的同时，能推理、解决应用问题的能力。

空间判断能力：指对立体图形以及平面图形与立体图形之间关系的理解能力，包括能看懂几何图形，对立体图形的三个面的理解力，识别物体在空间运动中的联系，解决几何问题。

察觉细节能力：指对物体或图形的有关细节具有正确的知觉能力，对于图形的明暗、线的宽度和长度做出区别和比较，看出其细微的差异。

书写能力：对词、印刷物、账目、表格等材料的细微部分具有正确知觉的能力，善于发现错字和正确地校对数字的能力。

运动协调能力：指眼、手、脚、身体迅速准确地随活动做出精确的动作和运动反应，手能跟随眼所看到的东西迅速行动，进行正确控制的能力。

动手能力：指手、手指、手腕能迅速而准确地活动和操作小的物体，在拿取、放置、换、翻转物体时手能做出精巧运动和腕的自由运动能力。

社会交往能力：指善于人与人之间的相互交往，相互联系，相互帮助，相互影响，从而协同工作或建立良好的人际关系。

组织管理能力：指擅长组织和安排各种活动，以协调参加活动的人际关系的能力。

各种常见职业与其相应的职业能力要求

职　　业	言语能力	数理能力	空间判断能力	察觉细节能力	书写能力	运动协调能力	动手能力	社会交往能力	组织管理能力
水利工程师	3	3	4	4	3	3	3	3	4
自来水工人	4	3	4	4	4	2	2	4	4
供水工程师	3	2	2	2	3	3	3	3	3
食品饮料工人	4	3	4	4	3	4	2	2	4
食品饮料工程师	3	2	2	2	3	3	3	3	3
服装工人	3	3	3	3	3	3	2	3	4
服装设计师	3	2	2	2	3	3	3	3	3
家具工人	4	2	3	3	3	3	2	4	4
家具设计师	4	2	2	2	3	3	3	3	3
印刷工人	4	3	3	3	3	3	2	4	4
工艺设计师	4	2	2	2	3	3	3	3	3
化学工程师	3	2	2	2	3	3	3	3	3
冶金工程师	4	3	3	3	4	2	2	4	4
机械工程师	3	2	2	2	3	3	3	3	3
电工	3	3	3	3	3	3	2	3	4
电气工程师	3	2	2	2	3	3	3	3	3
仪器仪表工程师	3	2	2	2	3	3	3	3	3
电气安装工人	4	3	3	2	4	2	2	4	4
勘察设计工程师	3	2	2	2	3	3	3	3	3
城建规划工程师	3	2	2	2	3	3	3	3	3
市政管理员	3	2	2	2	3	3	3	3	3
汽车驾驶员	3	2	2	3	3	2	2	3	4
调度员	2	2	4	3	3	3	3	2	1
电信业务员	2	2	3	3	2	3	2	3	3
零售商业从业者	2	2	4	3	2	3	2	3	3
商业经营管理人员	2	2	4	3	2	4	3	3	3
售货员	2	2	4	3	2	3	2	3	2
商业采购员、供销员	2	2	4	3	3	3	3	1	2
外贸职员	1	2	4	3	3	3	3	1	2
厨师	4	3	4	4	4	2	2	3	3
餐厅服务员	2	2	4	4	3	2	2	2	3

(续表)

职　业	言语能力	数理能力	空间判断能力	察觉细节能力	书写能力	运动协调能力	动手能力	社会交往能力	组织管理能力
保管员	3	2	3	3	3	3	2	3	3
房屋维修工	3	3	2	3	3	2	2	3	3
公交服务员	2	2	4	4	3	2	2	2	3
园林绿化工作者	3	3	3	4	4	2	2	4	4
美容、美发师	3	3	4	3	4	2	2	3	3
导游	1	3	4	4	3	2	3	2	1
宾馆服务员	2	3	4	4	3	3	2	2	2
摄影师	3	2	2	2	3	3	2	3	3
服务员	3	3	4	4	4	3	3	3	3
家电维修人员	3	3	2	2	3	3	2	3	3
科技咨询工作者	2	3	3	2	2	3	3	2	3
心理咨询工作者	2	3	3	3	3	4	3	2	3
职业咨询工作者	2	3	3	3	3	4	3	2	3
社会工作者	2	3	4	4	3	3	2	3	2
银行信贷职员	2	1	4	1	3	4	3	2	3
税收员	2	2	4	3	3	4	3	2	2
会计、出纳、统计	3	1	4	1	2	4	3	3	3
保险职员	2	1	4	3	2	4	3	2	3
医生	2	2	3	3	3	2	1	3	3
护士	2	3	3	3	3	2	1	3	3
药剂师	3	2	3	3	3	2	1	3	3
运动员	3	3	3	2	4	1	1	3	3
教练员	2	3	3	2	4	1	1	3	1
演员	1	3	3	3	4	1	2	2	3
导演	1	3	3	3	2	2	2	2	2
编辑	1	2	3	1	2	3	3	1	1
图书管理员	3	2	4	2	2	3	3	3	3
播音员	1	2	3	1	3	3	3	3	3
广播、电视工程师	3	3	2	2	3	3	2	3	2
幼儿园教师	1	3	3	2	2	3	2	2	2
中小学教师	1	2	3	2	1	3	2	2	1

(续表)

职业	言语能力	数理能力	空间判断能力	察觉细节能力	书写能力	运动协调能力	动手能力	社会交往能力	组织管理能力
中小学管理员	2	2	4	3	2	3	3	2	1
教学辅助人员	2	2	4	3	2	3	3	2	1
自然科学家	3	1	2	1	2	3	1	2	3
社会科学家	2	3	2	2	1	3	3	2	3
科技情报人员	2	2	3	2	2	3	3	2	2
气象、地震预报员	2	2	3	2	2	3	3	3	3
业务员	2	2	3	2	1	3	3	2	2
打字员	3	3	4	2	2	3	2	3	4
秘书	2	2	3	2	1	3	3	2	2
警察	2	2	3	3	2	3	3	2	2
律师	1	2	3	2	3	3	3	2	2
审判员	1	3	3	3	3	3	3	2	2

四、心灵鸡汤

厚重自己，永立不倒

一个黑人小孩在他父亲的葡萄酒厂看守橡木桶。每天早上，他用抹布将一个个木桶擦拭干净，然后一排排整齐地摆放好。令他生气的是：往往一夜之间，风就把他排列整齐的木桶吹得东倒西歪。小男孩很委屈地哭了。父亲摸着男孩的头说："孩子，别伤心，我们可以想办法去征服风。"于是小男孩擦干了眼泪坐在木桶边想啊想啊，想了半天终于想出了一个办法，他去井上挑来一桶一桶的清水，然后把它们倒进那些空空的橡木桶里，然后他就忐忑不安地回家睡觉了。第二天，天刚蒙蒙亮，小男孩就匆匆爬了起来，他跑到放桶的地方一看，那些橡木桶一个个排列得整整齐齐，没有一个被风吹倒的，也没有一个被风吹歪。小男孩高兴地笑了，他对父亲说："木桶要想不被风吹倒，就要加重木桶自己的重量。"男孩的父亲赞许地微笑了。

是的，我们可能改变不了风，改变不了这个世界和社会上的许多东西，但是我们可以改变自己，改变自身的重量和自己心灵的重量，这样就可以稳稳地站在这个世界生活了，不被风和其他东西吹倒和打翻。给自我加重，这是身处职场不被淘汰的法宝。

(资料来源：军转网．http://bbs.junzhuan.com/thread-1059815-1-1.html)

龟兔赛跑的多重启示

从前，有一只乌龟和一只兔子在互相争辩谁跑得快。它们决定来一场比赛分高下，选定了路线，就开始跑。兔子带头冲出，奔驰了一阵子，眼看它已遥遥领先乌龟，心想，它可以在树下坐一会儿，放松一下，然后再继续比赛。兔子很快地在树下就睡着了，而一路上笨手笨脚走来的乌龟则超越过它，完成比赛，成为货真价实的冠军。等兔子一觉醒来，才发觉它输了。

这个故事给我们的启示是：缓慢且持续的人会赢得比赛。这是从小伴随我们长大的龟兔赛跑故事的版本。

请读一个更有趣的版本。

兔子当然因输了比赛而备感失望，为此它做了些缺失预防工作。它很清楚，失败是因自己太有信心、大意以及散漫，如果不要自认一切都是理所当然的，乌龟是不可能打败它的。因此，它邀请乌龟再来另一场比赛，而乌龟也同意。这次，兔子全力以赴，从头到尾，一口气跑完，领先乌龟好几公里。

这个故事给我们什么启示？动作快且前后一致的人将可胜过缓慢且持续的人。

如果在你的工作单位有两个人，一个缓慢，按部就班，且可靠，另一个则是动作快，且办事还算牢靠，那么动作快且牢靠的人会在组织中一直往上爬，升迁的速度比那缓慢且按部就班办事的人快。缓慢且持续固然很好，但动作快且牢靠则更胜一筹。

这故事还没完。

这下轮到乌龟好好检讨，它很清楚，按照目前的比赛方法，它不可能击败兔子。它想了一会儿，然后邀请兔子再来另一场比赛，但是是在另一条稍许不同的路线上。兔子同意，然后两者同时出发。为了确保自己立下的承诺，从头到尾要一直快速前进，兔子飞驰而出，极速奔跑，直到碰到一条宽阔的河流，而比赛的终点就在几公里外的河对面。兔子呆坐在那里，一时不知怎么办。这时候，乌龟却一路姗姗而来，跳入河里，游到对岸，继续爬行，完成比赛。

这个故事给我们带来什么启示呢？首先，辨识出你的核心竞争力，然后改变游戏场所以适应（发挥）你的核心竞争力。在工作单位中，如果你是一个能言善道的人，一定要想法创造机会，好好表现自己，以便让高层注意到你；如果你的优势是从事分析工作，那么一定要做一些研究，写一个报告，然后呈送上去。依着自己的优势（专长）工作，不仅会让领导、同事注意到你，也会创造成长和进步的机会。

故事还没结束。

这下子，兔子和乌龟成了惺惺相惜的好朋友。它们一起检讨，两个都很清楚，在上一次的比赛中，它们可以表现得更好。所以，它们决定再赛一场，但这次是同队合作。它们一起出发，这次可是兔子扛着乌龟，直到河边。在那里，乌龟接手，背着兔子过河。到了河对岸，兔子再次扛着乌龟，两个一起抵达终点。比起前次，它们都感受到一种更大的成就感。

这个故事带来的启示是：个人表现优异与拥有坚强的核心竞争力固然不错，但除非你能在一个团队内(与别人)同心协力，并掌控彼此间的核心竞争力，否则你的表现将永远在标准之下，因为总有一些状况下，你技不如人，而别人却干得蛮好的。团队合作主要就是有关情境(权变)领导这档事，让具备处理某一情境能力(核心竞争力)的人当家做主。

从这几个故事，我们可以学到更多：在遭逢失败后，兔子和乌龟都没有就此放弃。兔子决定更拼，并且投入更多的努力。在尽了全力之后，乌龟则选择改变策略。在人的一生中，当失败临头时，有时我们需更加努力；有时则需改变策略，尝试不同的抉择；有时两者要一起来。兔子和乌龟也学到了最关键的一课，当我们不再与竞争对手较力，而开始逐鹿某一情境时，我们会表现得更好。

(资料来源：百度文库. http://wenku.baidu.com/link?url=TPhapg4jxKGz3n60yorFDOkaYUEwDT3eRV9kaulfWEoY5b85W6P8hiJFsPCL1IEoM0Gg_ei7r9LSKDFPD5AxUKPSbCfSSZ0HRUmb3CW6oM7)

五、心灵拓展

系 在 一 起

活动时间
10～15 分钟。

活动人数
如果时间允许的话可以不限人数。通常情况是每个小组不超过 24 人。

活动概述
这个游戏可以打破人际交往的坚冰，培养团队精神，同时使小组充满活力。

活动目的
(1) 使小组充满活力。
(2) 让大家动起来、笑起来。
(3) 增强团队精神。

活动步骤
(1) 大家紧密地围成一圈。
(2) 大家都举起左手，右手指向圆心。等每个队员都摆好了这个姿势以后，让他们用自己的左手抓住同伴的右手。一旦抓住后就不许松开。

(3) 现在要大家在不松手的情况下，把自己从"链子"中解开。解开后仍要保持大家站成一个圆圈，面向哪个方向不限。有时会出现这样的情况，大家都把自己解开了，但是却形成了几个小圆圈，而不是仍保持原来的大圆圈。如果你不希望这种情况发生，可以在完成步骤 2 之后做一个闭环测试。随意在圈中选出一个人，让他用自己的右手捏一下同伴的左手；左手被捏的人接着用自己的右手去捏下一个队友的左手；这样继续下去，直到"捏手信号"返回到第一个人的左手上。如果捏手信号传不回来，你就需要重新开始了。你可以根据实际情况，决定是否需要进行闭环测试。

六、心灵感悟

提升职业能力犹如找到了"职场护身符"，相信本节课的学习会让你有所启发，有所感想，有所收获，有所打算，请赶快拿起笔记录下来吧！

```
我收获，我改进

本节课我懂得了 ……………………………………………………
……………………………………………………………………

为更好步入职场，胜任岗位，我觉得我要：……………………
……………………………………………………………………
……………………………………………………………………
```

第四节　面对就业压力

一、生活链接

镜头一：信心不足，缺乏主动毕业生就业案例

毕业生小刘学习成绩和其他方面条件都不错，在就业的初期满怀信心。但由于专业冷门等原因，找过几家单位都碰了壁，结果产生了自卑感，在后来的择业过程中表现越来越差，陷入恶性循环而不能自拔，以至于到了新的用人单位那里，只能被动地问人家"学某某专业的要不要"，其他什么话都不敢讲，最终未能落实就业单位。

分析：小刘的失败是由于自卑心理在作怪，在择业遭受挫折后，一蹶不振，对自己评价过低，丧失了应有的自信心。择业时缺乏主动争取和利用机遇的心理准备，不敢主动、大胆地与用人单位交谈，也就不能很好地表达自己。越是躲躲闪闪、胆小、畏缩，越不容易获得用人单位的好感。这种心理严重妨碍了一部分毕业生正常的就业竞争，使得那些原本在某些方面比较出色的毕业生也陷入"不战自败"的困惑。

镜头二：被动等待坐失良机

浙江某单位向学校发布了要来校招聘大量人才的信息，校就业指导中心迅速公布并电话通知了各学院。各学院反应不一，有的学院书记亲自打电话与对方联系，推荐自己学院符合条件的毕业生；有的则主动邀请对方到自己学院来选毕业生；有的则用特快专递寄出了自己学院学生的推荐材料。而与此同时，部分同学却在等待面试通知，认为反正该单位要来校招聘，等来了再投材料也不迟。后来，这家单位真的来了，人事部门负责人却非常抱歉地说："真对不起，其实，我们几天前就已到贵校，但刚跨进贵校校门，就被贵校某学院盛情'拦截'而去，晚上住在贵校招待所，闻讯而来的毕业生一拨又一拨，结果我们的计划提前录满了。"在场的毕业生后悔不已，机会就这样在等待中错过了。

分析：在求职择业过程中，机会应该说对每个人都是均等的，就看你如何把握它。各种招聘人才的信息，每时每刻经过各种渠道在发布、在传递，好比一条河流，信息是一朵朵浪花，你抓住了，就归你所有；你错过了，就无法回头。因此，只要你认准这条信息对你有用，你感兴趣，就必须主动以最快捷的方式向发出信息方做出反应，让对方知道你、了解你，才有可能看中你。机会往往就是这样被主动者拥有。

镜头三：对于即将到来的就业

在某校就读的小马说自己一点就业概念也没有。其实从上学一开始，小马就为就业做准备了。看到别人在考这个证书那个资格，他也跟着考；别人出国了，他也考虑过办签证。但是等到自己快毕业了，小马却发现对于未来特别茫然：好像什么都尝试过，却还是不知道自己要干什么。

分析：出现这样的困惑，最关键的问题是没有弄清楚自己想要什么，以至于在择业前后没有明确的方向，往往四面出击却收效甚微。建议在择业之前找专业的咨询师，帮助判断自己的职业取向，还可以多参加学校有关就业的讲座，听取专业职业规划的指导。同时,自己也可以静下心来回想,有没有自己曾经擅长的工作,从这个点切入,相信就可以找到自己的所长,再以此作为判断职业方向的依据。

(资料来源:佳才网聘. http://www.0577job.com/?s=news/article&id=17083)

二、心海导航

随着我国高等教育规模的不断扩大,高校毕业生迅速增加,就业压力随之显现。调查发现,面对严峻的就业形势,毕业生的择业观念趋于理性和务实,但其中也存在不少问题,教育的趋势不仅仅是教会学生一技之长,更要教会学生适应社会的能力。

1. 就业心理定位

(1) 就业期望值过高。部分学生及其家长不能正确认识人才市场对人才的需求形势,其观点仍停留在计划经济时代,认为中职生毕业后应由国家统一安排工作,或当国家干部,或到企业当技术管理人员,不愿到生产第一线和基层工作,造成需求中职生的用人单位招工困难的现象。

(2) 普遍存在自卑心理。造成学生普遍存在自卑心理的因素有以下几个方面:一是一部分学生在中学阶段学习成绩较差,且表现不突出;二是部分学生家庭经济困难;三是受到社会上只有考上大学才是人才的不正确舆论的引导;四是学生在求职时常常被用人单位拒之门外。以上因素致使部分学生认为升学无门,求职无路,从而给其学习和心理上带来了较多不利因素。

(3) 学历偏低,发展后劲不足。造成学生学历偏低、知识面较窄、发展后劲不足的因素有以下几个方面:一是部分学生没有经过高中阶段系统的基础理论知识的学习;二是部分学校的办学条件远比不上大学的办学条件;三是学生学制短,所学理论知识和专业基础知识较少;四是部分学生入学前基础较差;五是学生所在学校的培养目标主要重视实践能力的培养,理论知识学习较少。以上因素决定了学生在工作中发现问题、分析问题及解决问题的能力相对较差。

(4) 部分用人单位用人制度不规范。大部分用人单位认为劳动力市场供大于求,抓住求职者求职心切的心理,在招工用人方面不能较好地遵守国家法规,在用人条件、用工待遇等方面过于苛求,降低了部分学生及其家长对用工单位的信任度。

2. 就业心理调整

(1) 树立自信心。一部分中职生在竞争中认为低人一等,普遍存在自卑感,认为别人比自己的理论知识深厚,各方面素质较高,在竞争中占有绝对优势。但是,亦应看到别人在找工作时普遍存在要求工作条件较好、工资待遇较高的劣势；应认识到无论哪一个用人单位的工作岗位都有层次之分，所需人才的知识结构亦有层次之分；要看到自身在理论和实践的结合上、实际动手能力上及工作务实程度上的优势，抓住机遇，抛开自卑，大胆地向用人单位推荐自己，不要因一两次求职找不到工作就心灰意冷。

(2) 要积累就业资本。中职生的就业竞争对手主要是大学生，学历偏低、知识面较窄、发展后劲不足是中职生在求职过程中遭受冷落的主要原因。针对这一问题，中职生要在充分学好理论课和专业课的基础上，想办法通过各种途径参加一些和自己本专业相关的自学考试和专业技能等级证书考试，从而提高自己的业务水平和竞争力。只有这样，才能为自己积累就业资本，才能在人才竞争中立于不败之地。

(3) 适当降低就业期望值。学生一定要对自己有一个清醒的认识和全面了解，应主动适应市场对人才的需求，找准自己的位置，不可好高骛远，应放下架子，抛弃多数人找工作时"一国营，二集体，实在不行再到私营和个体"及"宁愿在家喝粥，不愿到私营企业吃饭"的观念。在求职时，不要只想着一步求职到位，应找份工作先干着，大胆地迈出第一步，把找到第一份工作当作积累经验、学习业务技能、建立良好人际关系的过程。只有这样，才能为将来的发展及寻求更理想的职业奠定良好的基础。

(4) 抓住机遇，充分展示自己。机遇对每一位就业者来说都是均等的，关键就在于是否能抓住机遇，充分展示自己。学生在就业前，应认真准备就业材料，大胆地向用人单位推荐自己，介绍自己的专长，要增强求职的心理承受能力。

3. 面对就业压力

面对就业压力怎么办？

(1) 要有职业规划。一定要做一个从开始求职算起、长达十年的人生发展规划。做职业生涯规划应考虑三个因素：职业适合性、自己的兴趣、现实性。这三个因素要完全合拍是很难的，需要很大运气。对于毕业生而言，现实性就是在某个职业下，能不能很现实地去做。

(2) 做职业兴趣测量，要知道自己适合于什么职业。喜欢只是一方面，重要的是你适合做什么，因为喜欢是自我认同的一个表现，而适合是社会适应、社会认同的一个表现。所以职业测量的作用，就是帮助发现或了解你适合做什么样的工作。

(3) 在完成上面两项基础工作后，就该做一个现实性的职业选择的清单。我要找什么行业？找什么样的公司？制订一个分为高、中、低三个档次的求职目标，然后有针对性地投放简历和参加招聘会。

(4) 寻找压力释放渠道。最近网上有人总结出一个毕业生就业心理曲线：刚开始时盲目自大、超级乐观，看到周围有人开始行动就有一点慌，看到有些人开始签约就突然之间极度恐慌，等到第二年三四月份很多人都签约了就超级恐慌，等到五六月份回过头来看每个人都有位置了，心态逐渐变得平和。这样一个心理变化曲线比较正常地反映了毕业生在整个求职过程中的心理状态的变化。其实平日里毕业生唉声叹气，喊着郁闷，在某种程度上来说是件好事，把郁闷说出来就不再郁闷了，压抑是更可怕的事情。面试受挫，感觉很沮丧，但是如果能跟你的好朋友说说，把这种情绪宣泄掉，就会舒服得多。所以求职期间同学或朋友间多沟通交流是一件好事，既可以互相借鉴经验，又是一个排解压力的渠道。

三、反观自我

就业心理测试

就业心理测试是多家公司作为对员工心理测试的重要辅助试卷。请各位同学凭第一感觉选择一个答案并将所有的分数加起来。

(1) 你更喜欢吃哪种水果？
    A. 草莓 2 分　　　　B. 苹果 3 分　　　　C. 西瓜 5 分
    D. 菠萝 10 分　　　 E. 橘子 15 分

(2) 你平时休闲经常去的地方在哪儿？
    A. 郊外 2 分　　　　B. 电影院 3 分　　　C. 公园 5 分
    D. 商场 10 分　　　 E. 酒吧 15 分　　　 F. 练歌房 20 分

(3) 你认为容易吸引你的人是谁？
    A. 有才气的人 2 分　B. 依赖你的人 3 分　C. 优雅的人 5 分
    D. 善良的人 10 分　 E. 性情豪放的人 15 分

(4) 如果你可以成为一种动物，你希望自己是哪种？
    A. 猫 2 分　　　　　B. 马 3 分　　　　　C. 大象 5 分
    D. 猴子 10　　　　　E. 狗 15 分　　　　 F. 狮子 20 分

(5) 天气很热，你更愿意选择什么方式解暑？
    A. 游泳 5 分　　　　B. 喝冷饮 10 分　　　C. 开空调 15 分

(6) 如果必须与一个你讨厌的动物或昆虫在一起生活，你能容忍哪一个？
    A. 蛇 2 分　　　　　B. 猪 5 分
    C. 老鼠 10 分　　　 D. 苍蝇 15 分

(7) 你喜欢看哪类电影、电视剧？
    A. 悬疑推理类 2 分　B. 童话神话类 3 分　C. 自然科学类 5 分
    D. 伦理道德类 10 分　E. 战争枪战类 15 分

(8) 以下哪个是你身边必带的物品？
    A. 打火机 2 分　　　B. 口红 2 分　　　　C. 记事本 3 分
    D. 纸巾 5 分　　　　E. 手机 10 分

(9) 你出行时喜欢坐什么交通工具?
    A. 火车 2 分   B. 自行车 3 分   C. 汽车 5 分
    D. 飞机 10 分   E. 步行 15 分

(10) 以下颜色你更喜欢哪种?
    A. 紫 2 分   B. 黑 3 分   C. 蓝 5 分
    D. 白 8 分   E. 黄 12 分   F. 红 15 分

(11) 下列运动中挑选一个你最喜欢的(不一定擅长)?
    A. 瑜伽 2 分   B. 自行车 3 分   C. 乒乓球 5 分
    D. 拳击 8 分   E. 足球 10   F. 蹦极 15 分

(12) 如果你拥有一座别墅,你认为它应当建立在哪里?
    A. 湖边 2 分   B. 草原 3 分   C. 海边 5 分
    D. 森林 10 分   E. 城中区 15 分

(13) 你更喜欢以下哪种天气现象?
    A. 雪 2 分   B. 风 3 分   C. 雨 5 分
    D. 雾 10 分   E. 雷电 15 分

(14) 你希望自己的窗口在一座三十层大楼的第几层?
    A. 七层 2 分   B. 一层 3 分   C. 二十三层 5 分
    D. 十八层 10 分 E. 三十层 15 分

(15) 你认为自己更喜欢在以下哪一个城市中生活?
    A. 丽江 1 分   B. 拉萨 3 分   C. 昆明 5 分
    D. 西安 8 分   E. 杭州 10 分   F. 北京 15 分

答案

180 分及以上:意志力强,头脑冷静,有较强的领导欲,事业心强,不达目的不罢休。外表和善,内心自傲,对有利于自己的人际关系比较看重,有时显得性格急躁,咄咄逼人,得理不饶人,不利于自己时顽强抗争,不轻易认输。思维理性,对爱情和婚姻的看法很现实,对金钱的欲望一般。

140~179 分:聪明,性格活泼,人缘好,善于交朋友,心机较深。事业心强,渴望成功。思维较理性,崇尚爱情,但当爱情与婚姻发生冲突时会选择有利于自己的婚姻。金钱欲望强烈。

100~139 分:爱幻想,思维较感性,以是否与自己投缘为标准选择朋友。性格显得较孤傲,有时较急躁,有时优柔寡断。事业心较强,喜欢有创造性的工作,不喜欢按常规办事。性格倔强,言语犀利,不善于妥协。崇尚浪漫的爱情,但想法往往不切合实际。金钱欲望一般。

70~99 分:好奇心强,喜欢冒险,人缘较好。事业心一般,对待工作,随遇而安,善于妥协。善于发现有趣的事情,但耐心较差,敢于冒险,但有时较胆小。渴望浪漫的爱情，但对婚姻的要求比较现实。不善理财。

40～69分：性情温良，重友谊，性格踏实稳重，但有时也比较狡黠。事业心一般，对本职工作能认真对待，但对自己专业以外事物没有太大兴趣，喜欢有规律的工作和生活，不喜欢冒险，家庭观念强，比较善于理财。

40分以下：散漫，爱玩，富于幻想。聪明机灵，待人热情，爱交朋友，但对朋友没有严格的选择标准。事业心较差，更善于享受生活，意志力和耐心都较差，我行我素。有较好的异性缘，但对爱情不够坚持认真，容易妥协。没有财产观念。

(资料来源：http://max.book118.com/html/2013/0411/3591235.shtm)

四、心灵鸡汤

金子与石子

有一个人整天抱怨生活对他不公平，抱怨自己的才能不被人赏识，终于这件事让上帝知道了。上帝来到这个人的身边，捡起地上的一颗石子扔到了石堆里，说："如果石子就是你，把自己找出来。"那人找了好久也没找到，上帝又往石堆里扔了块金子，说："如果金子就是你，把自己找出来。"结果，那人一眼就认出了代表自己的金子。

做石子还是做金子，选择权在我们自己手中。每个人都要正确认识自己，在石子堆里，金子很容易被发现，要让别人发现自己，就要努力把自己变成金子。每个人就如同一颗石子，当石子想成为金子的时候，它不会惧怕烈火一次次的考验，因为它深知人生的真谛是不断超越。我们都有成为金子的资本，没有什么特别之处，关键是我们是否有想成为金子的信心和勇气。当我们不把自己的付出当作一种施舍的时候，正是光芒涌动之时。

(资料来源：360doc个人图书馆.http://www.360doc.com/content/15/0122/12/181143_442804067.shtml)

鱼竿和鱼

从前，有两个饥饿的人得到了一位长者的恩赐：一根鱼竿和一篓鲜活硕大的鱼。其中，一个人要了一篓鱼，另一个人要了一根鱼竿，于是他们分道扬镳了。得到鱼的人原地就用干柴搭起篝火煮起了鱼，他狼吞虎咽，还没有品出鲜鱼的肉香，转瞬间，连鱼带汤就被他吃了个精光，不久，他便饿死在空空的鱼篓旁。另一个人则提着鱼竿继续忍饥挨饿，一步步艰难地向海边走去，可当他已经看到不远处那片蔚蓝色的海洋时，他浑身的最后一点力气也使完了，他也只能眼巴巴地带着无尽的遗憾撒手人间。

还有两个饥饿的人，他们同样得到了长者恩赐的一根鱼竿和一篓鱼。只是他们并没有各奔东西，而是商定共同去找寻大海，他俩每次只煮一条鱼，他们经过遥远的跋涉，来到了海边，从此，两人开始了捕鱼为生的日子，几年后，他们盖起了房子，有了各自的家庭、子女，有了自己建造的渔船，过上了幸福安康的生活。

一个人只顾眼前的利益，得到的终将是短暂的欢愉；一个人目标高远，但也要面对现实的生活。只有把理想和现实有机结合起来，才有可能成为一个成功之人。有时候，一个简单的道理，却足以给人意味深长的生命启示。

(资料来源：作业帮．http://www.zybang.com/question/5e01585cd1e221bade99785ef7c4939f.html)

换位思考：将脑袋打开 1 毫米

美国有一间生产牙膏的公司，产品优良，包装精美，深受广大消费者的喜爱，每年营业额蒸蒸日上。记录显示，前 10 年每年的营业额增长率为 10%～20%，令董事部雀跃万分。不过，业绩进入第 11 年、第 12 年及第 13 年时，则停滞下来，每个月维持同样的数字。董事部对此三年业绩表现感到不满，便召开全国经理级高层会议，以商讨对策。会议中，有名年轻经理站起来，扬了扬手中的一张纸对董事部说："我有个建议，若您要使用我的建议，必须另付我五万元！"

总裁听了很生气地说："我每个月都支付你薪水，另有红包奖励。现在叫你来开会讨论，你还要另外要求五万元。是否过分？"

"总裁先生，请别误会。若我的建议行不通，您可以将它丢弃，一毛钱也不必付。"年轻的经理解释说。

"好！"总裁接过那张纸后，阅毕，马上签了一张五万元支票给那位年轻经理。那张纸上只写了一句话：将现有的牙膏开口扩大 1 毫米。

总裁马上下令更换新的包装。

试想，每天早上，每个消费者多用 1 毫米的牙膏，每天牙膏的消费量将多出多少倍呢？

这个决定，使该公司第 14 年的营业额增加了 32%。

短评：牙膏的开口扩大 1 毫米，其实是把脑袋的开口扩大 1 毫米。1 毫米的距离，可以让收入成倍增加，而这 1 毫米，只是换了个角度想问题。做事是如此，求职更是如此。

(资料来源：百度知道．http://zhidao.baidu.com/question/172618794.html)

五、心灵拓展

活动一

以下是帮助你在日常生活中减轻压力的 10 种具体方法，简单方便，经常运用可以起到很好的效果：

(1) 早睡早起。在你的家人醒来前一小时起床,做好一天的准备工作。
(2) 同你的家人和同事共同分享工作的快乐。
(3) 一天中要多休息,从而使头脑清醒,呼吸通畅。
(4) 利用空闲时间锻炼身体。
(5) 不要急切地、过多地表现自己。
(6) 提醒自己任何事不可能都是尽善尽美的。
(7) 学会说"不"。
(8) 生活中的顾虑不要太多。
(9) 偶尔可听音乐放松自己。
(10) 培养豁达的心胸。

活动二

盖茨留给职场青年的十句警言:

(1) 社会充满不公平现象。你先不要想去改造它,只能先适应它。(因为你管不了它)

(2) 世界不会在意你的自尊,人们看的只是你的成就。在你没有成就以前,切勿过分强调自尊。(因为你越强调自尊,越对你不利)

(3) 你只是中学毕业,通常不会成为 CEO,直到你把 CEO 职位拿到手为止。(直到此时,人们才不会介意你只是中学毕业)

(4) 当你陷入人为困境时,不要抱怨,你只能默默地吸取教训。(你要悄悄地振作起来,重新奋起)

(5) 你要懂得:在没有你之前,你的父母并不像现在这样"乏味"。你应该想到,这是他们为了抚养你所付出的巨大代价。(你永远要感恩和孝敬他们,才是硬道理)

(6) 在学校里,你考第几已不是那么重要,但进入社会却不然。不管你去哪里,都要分等排名。(社会、公司要排名次,是常见的事,要鼓起勇气竞争才对)

(7) 学校里有节假日,到公司打工则不然,你几乎不能休息,很少能轻松地过节假日。(否则你职业生涯中一起跑就落后了,甚至会让你永远落后)

(8) 在学校,老师会帮助你学习,到公司却不会。如果你认为学校的老师要求你很严格,那是你还没有进入公司打工。因为,如果公司对你不严厉,你就要失业了。(你必须清醒地认识到:公司比学校更要严格要求自己)

(9) 人们都喜欢看电视剧,但你不要看,那并不是你的生活。只要在公司工作,你是无暇看电视剧的。(奉劝你不要看,否则你走上看电视连续剧之路,而且看得津津有味,那你将失去成功的资格)

(10) 永远不要在背后批评别人,尤其不能批评你的老板无知、刻薄和无能。(因为这样的心态,会使你走上坎坷艰难的成长之路)

六、心灵感悟

通过学习、活动和实践应用后，自己的感受与收获是什么？

第五节　创业与创新

一、生活链接

名人堂实录一

人物：史蒂夫·乔布斯，美国天才发明家、企业家，入读大学六个月后退学，高中学历。

关键词：创业　发明　创新　苹果

演讲场景：2005年在斯坦福大学毕业典礼上分享创业心路。

回答内容：

……我从来没有从大学毕业。说实话，今天也许是在我的生命中离大学毕业最近的一天了……

此图用乔布斯发明的产品拼成

当我17岁的时候，我读到了一句话："如果你把每一天都当作生命中最后一天去生活的话，那么有一天你会发现你是正确的。"这句话给我留下了一个印象。从那时开始，过了33年，我在每天早晨都会对着镜子问自己："如果今天是我生命中的最后一天，你会不会完成你今天想做的事情呢？"当答案连续多天是No的时候，我知道自己需要改变某些事情了。

"记住你即将死去"，是我一生中遇到的最重要的箴言。它帮我指明了生命中重要的选择。因为几乎所有的事情，包括所有的荣誉、所有的骄傲、所有对难堪和失败的恐惧，这些在死亡面前都会消失。我看到的是留下的真正重要的东西。你有时候会思考你将会失去某些东西，"记住你即将死去"是我知道的避免这些想法的最好办法。你已经赤身裸体了，你没有理由不去跟随自己内心的声音……

"求知若饥，虚心若愚(Stay hungry, Stay foolish)。"我总是希望自己能够那样，现在，在你们即将毕业，开始新的旅程的时候，我也希望你们能这样："求知若饥，虚心若愚。"

(资料来源：新东方. http://yingyu.xdf.cn/201108/843954.html)

名人堂实录二

人物：史亚飞，常州市武进夏溪花木市场发展有限公司总经理，1990年毕业于江苏武进职高。

关键词：创业 开拓 探索

采访问题：创业心路。

采访自述：

每个人都有自己的梦想。自信的我，从小就有着许许多多的幻想，我曾幻想着，有一天能把我们家种的花木移到北京。在幻想中，我一天天地长大……

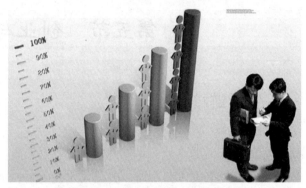

1990年6月，我从武进职高毕业了，终于可以开始工作，可以实现我的梦想了。刚刚跨出校门的我，怀揣着梦想却又疑惑了，我到底该走哪条路呢？由于我学的是建筑会计专业，家里人首先考虑的是让我从事会计工作，于是我就进了本地一家建筑公司从事会计工作，一做就是七年。直至1997年，由于建筑公司不景气，我毅然辞职回家。想想以前自己种植的花木都得求人销售，还不如自己搞销售。但是我还是一直跟着父母去地里，料理那十几亩地的花木，反倒是与花木结下了不解之缘。为了更好地侍弄那些花木，劳作之余，我经常去逛书店，买来书报学习，并总想用学的知识做点事。

过了几年，我怀揣着借来的钱，挂靠了本地唯一一家华夏花木园林集团公司，踏上了征程，可以说历尽千辛万苦，并在许多前辈的帮助指导下，终于陆续接了几张单子，并帮助本地农民销售了一些花木，我开始跻身花木经纪人行列，并进入了华夏花木公司，成为一名供销员。1999年"营口世纪广场"便是我的成名作，只有一些基础知识的我四处搬救兵，从南京理工大学的教授，到华夏花木园林集团公司的技术人员、工程师，帮我完成了标书。由于准备充分，招标那天，现场效果非常好，我又中标了！而且，是700多万元的工程，可以说是当时我们家乡的第一大单体园林工程，130万元预付款到账的那天，轰动了整个夏溪。在之后的一年中，我到处招兵买马，吃住在施工现场。一年后，人变黑了，肉也掉了十几斤。从这一项工程中，我学到了不少东西，使我在花木路上又跨上了一个新台阶。由于我主动帮乡亲们销售花木，于是我逐渐又成了乡亲心目中的"主心骨"。

凭借自身努力和骄人业绩，史亚飞博得了广大干部群众的一致赞扬，连续多次受到表彰奖励。随着花木产业越来越红火，他也成为花海中挺立潮头的弄潮儿。2000年2月，在武进华夏花木园林集团公司经营权公开竞拍中，他和合伙人以230万元的价格中标，并出任总经理。2002年，随着占地100亩的市场二期工程的顺利竣工，市场年交易额首次突破了4亿元。

（资料来源：豆丁网．http://www.docin.com/p-1160048630.html）

二、心海导航

乔布斯身为创业与创新的典例，让很多青少年佩服羡慕，或者你正听着 iPod 或者拿着兜里装的 iPhone 阅读这部分内容吧。当然，也肯定会有同学要说了："偶像是什么？偶像只能是偶像，我们只能羡慕，我们又不能成为他们……"是的，偶像的出现在很大程度上带有一定的偶然性，但是不是也有句话说过，"仰望星空，脚踏实地"吗？在我们提倡实用主义、脚踏实地的今天，我们不要忘了活着的另外一大内容——仰望星空……

如果说乔布斯的例子仅仅能听，那么第二个故事便是发生在我们身边的鲜活个案了。史学长毕业于职业院校，在 10 年的时间里，从建筑公司会计到花木公司总经理，除了他自己最初的梦想外，他凭着努力和坚持，最终实现了创业的梦想，堪称我们的榜样。

这时候我们可能要问了，什么样的人才具有创业的能力？心理专家告诉你，创业需要如下心理素质：

(1) 自信是创业的动力。人的意志可以发挥无限力量，可以把梦想变为现实。对创业者来说，信心就是创业的动力。要对自己有信心，对未来有信心，要坚信成败并非命中注定，而是全靠自己努力，更要坚信自己能战胜一切困难。

(2) 领袖精神是创业的无形资本。企业文化被称作企业灵魂和精神支柱，而企业文化精髓就是创业者的领袖精神，这是凝聚员工的一笔"不可复制"的财富，更是初创企业生存和发展的关键。对创业者来说，注重塑造领袖精神，远比积累财富更重要，因为财富可在瞬间赢得或失去，但领袖精神永远是赢得未来的无形资本。

(3) 敏锐眼光识时务者终为俊杰。生意场上，眼光起决定性作用。很多资金不多的小创业者，都是依靠准确抓住某个不起眼的信息而挖到"第一桶金"的。

(4) 视挫败为成功之基石。失败的结果或许令人难堪，却是取之不尽的活教材，在失败过程中所累积的努力与经验，都是缔造下一次成功的宝贵经验积累，创业的过程就是在不断的失败中跌打滚爬。只有在失败中不断积累经验财富、不断前行，才有可能到达成功彼岸。

(5) 控制的欲望。成功的创业者通常都执意于自己的决策，不习惯听命于人。如果你在公司里是一个唯唯诺诺或者说是一个"虽不喜欢公司的环境，但又没有勇气辞职自创前途的人"，要成为创业者还有一段距离。

(6) 社交能力强。在当今提倡合作双赢的时代，过去那种单枪匹马的创业方式已越来越不适应时代需求。扩大社交圈，通过朋友掌握更多信息，寻求更大发展，日益成为成功创业的捷径。

(7) 创新精神。在竞争激烈的市场中，缺乏创新的企业很难站稳脚跟，改革和创新永远是企业活力与竞争力的源泉，是创业成功的维生素。

(8) 爱心。在竞争日趋激烈的今天，产品和企业的公众形象定位，对创业成功与否起着关键作用。富有爱心,则是构成诚实、良好商业氛围的重要因素。从某种角度看,爱心是创业成功的"催化剂"。

我们仔细核对一下,会发现无论马云,还是乔布斯,甚或我们的史学长等,都是具有了这样的素质,才获得了巨大的成功。

三、反观自我

正如智商一样,创业者也应具有一定的创业心理素质,那么,你是否符合创业的基本条件呢?下面就请进入"反观自我"环节。

测试指导语

创业者需要具备资源、技能、知识、关系网、目标等条件,那你现在已经具备创业者的素质了吗?要想知道答案,请做下面的测试,每题有五个选项,请根据自己的实际情况,选择最符合你的特征的选项,并在十分钟之内完成。

测试题目

(1) 你在以下哪一种条件下,会决定创业?
　　A. 等有了一定工作经验以后
　　B. 等有了一定经济实力以后
　　C. 等找到天使或 VC 投资以后
　　D. 现在就创业,尽管自己口袋里没有几个钱
　　E. 一边工作一边琢磨,等想法成熟了就创业

(2) 你认为创业成功的关键是什么?
　　A. 资金实力　　　　　　　　B. Good idea
　　C. 优秀团队　　　　　　　　D. 政府资源和社会关系
　　E. 专利技术

(3) 以下哪项是创业公司生存的必要因素?
　　A. 高度的灵活性　　　　　　B. 严格的成本控制
　　C. 可复制性　　　　　　　　D. 可扩展性
　　E. 健康的现金流

(4) 开始创业后你立刻做的第一件事情是什么?
　　A. 找钱、找 VC　　　　　　B. 撰写商业计划书
　　C. 物色创业伙伴　　　　　　D. 着手研发产品
　　E. 选择办公地点

(5) 创业公司应该怎么做?
　　A. 低调埋头苦干　　　　　　B. 努力到处自我宣传
　　C. 看情况顺其自然　　　　　D. 借别人的势进行联合推广

(6) 招聘员工时最重要的是什么？
    A. 学历高低   B. 朋友推荐
    C. 成本高低   D. 工作经验

(7) 产品进入市场的最佳策略是什么？
    A. 价格低廉   B. 广告投入
    C. 口碑营销   D. 品质过硬

(8) 和投资人交流最有效的方式是什么？
    A. 出色的现场 PPT 演示   B. 详细的商业计划书和财务预测
    C. 样品当场测试   D. 有朋友的介绍和引荐
    E. 通过财务顾问的代理

(9) 选择投资人的关键因素是什么？
    A. 对方是一个知名投资机构
    B. 投资方和团队不设对赌条款
    C. 谁估值高就拿谁的钱
    D. 谁出钱快就拿谁的钱
    E. 只要能融到钱，谁都一样

(10) 你认为以下哪一项是 VC 投资决策中最重要的因素？
    A. 商业模式   B. 定位
    C. 团队   D. 现金流
    E. 销售合约

(11) 从以下哪句话中可以知道 VC 其实对你的公司并没有实际兴趣？
    A. 我们有兴趣，但是最近太忙，做不了此项目
    B. 你们的项目还偏早一些，我们还要观察一段时间
    C. 你们如果找到领投的 VC，我们可以考虑跟投一些
    D. 我们对这个行业不熟悉，不敢投
    E. 上面任何一句话

(12) 创业团队拥有 51% 的股份就绝对控制了公司吗？
    A. 正确   B. 错误

(13) 创业公司的 CEO，首要的工作责任是什么？
    A. 制订公司的远景规划   B. 销售
    C. 人性化的管理   D. 领导研发团队
    E. 搞进投资人的钱

(14) 凝聚创业团队的最好办法是什么？
    A. 期权   B. 公司文化
    C. CEO 的魅力   D. 工资和福利

E. 团队的激情

(15) 创业公司的财务预测中最重要的是什么？
　　A. 销售增长　　　　　　　B. 毛利率
　　C. 成本分析　　　　　　　D. 资产负债表

(16) 创业公司的日常运营中，以下哪项工作是最重要的？
　　A. 会议记录的及时存档　　B. 业绩指标的合理安排和及时跟踪
　　C. 团队的经常性培训　　　D. 奖惩制度
　　E. 管理流程的 ISO 9000 认证

(17) 创业公司的日常运营中，最棘手的问题是什么？
　　A. 人的管理　　　　　　　B. 销售增长
　　C. 研发的速度　　　　　　D. 资金到位情况
　　E. 扩张力度

(18) 创业公司产品市场推广效果的衡量标准是什么？
　　A. 广告投入量和覆盖面　　B. 营销推广的精准程度
　　C. 产品出色的品质保证　　D. 广告投入和产出比例
　　E. 产品价格的打折力度　　F. 品牌的市场渗透率

(19) 防止竞争的最有效手段是什么？
　　A. 专利　　　　　　　　　B. 产品包装
　　C. 质量检查　　　　　　　D. 不断研发新产品
　　E. 比竞争对手更快地占领市场

(20) 创业公司的第一个大客户竟然是个"土财主"，你会怎么做？
　　A. 一视同仁地对他提供你公司的标准服务
　　B. 指导他如何积极配合你的工作
　　C. 修理他、给他些颜色看看是为了他的提高
　　D. 提供全面服务+免费成长辅导

(21) 你认为创业公司中的最大风险是什么？
　　A. 市场的变化　　　　　　B. 融资的成败
　　C. 产品研发的速度　　　　D. CEO 的个人能力和素质
　　E. 决策机制的合理性

(22) 当创业公司账上的现金低于三个月的时候，应该采取哪项措施？
　　A. 立刻启动股权融资
　　B. 通知现有公司股东追加投资
　　C. 立刻大幅削减运营成本，包括裁员
　　D. 打电话给银行请求贷款
　　E. 把自己的存折和密码交给公司会计

(23) 创始人之间发生矛盾时，你会怎么做？
    A. 坚持原则，据理力争　　　　B. 决定离开，另起炉灶
    C. 委曲求全，弃异求同　　　　D. 引入新人，控制局势
(24) 投资创业公司的理想退出方式是什么？
    A. 上市　　　　　　　　　　　B. 被收购
    C. 团队回购　　　　　　　　　D. 高额分红
    E. 以上都是

测试答案

1. D	2. C	3. E	4. D	5. D	6. D	7. D	8. C
9. E	10. C	11. E	12. B	13. B	14. B	15. A	16. B
17. A	18. D	19. E	20. D	21. D	22. C	23. C	24. E

测试解析

(1) 如果你的得分是 1~8 分：还不具备创业的基本知识，不要贸然创业哦。
(2) 如果你的得分是 9~16 分：游走在创业的梦想和现实之间，继续打磨打磨吧。
(3) 如果你的得分是 17~24 分：已经做好了创业的基本准备，大胆往前走喽！

四、心灵鸡汤

如何把梳子卖给和尚

  身为创业者，很多时候要打破常规，并且努力做到能创造新的格局，这就与创造力(也可以称为创新力)有关。下面就请欣赏一个和商业、创新有关的例子。
  N 个人去参加一个招聘，主考官出了一道实践题目：把梳子卖给和尚。
  众多应聘者认为这是开玩笑，最后只剩下甲、乙、丙三个人。
  主试者交代：以十日为限，向我报告销售情况。
  十天一到。主试者问甲："卖出多少把？"答："一把。""怎么卖的？"
  甲讲述了他历尽的辛苦，游说和尚应当买把梳子，无甚效果，还惨遭和尚的责骂，好在下山途中遇到一个小和尚一边晒太阳，一边使劲挠着头皮。甲灵机一动，递上木梳，小和尚用后满心欢喜，于是买下一把。
  主试者问乙："卖出多少把？"答："十把。""怎么卖的？"
  乙说他去了一座名山古寺，由于山高风大，进香者的头发都被吹乱了，他找到寺院的住持说："蓬头垢面是对佛的不敬。应在每座庙的香案前放把木梳，供善男信女梳理鬓发。"住持采纳了他的建议。那山有十座庙，于是买下了十把木梳。
  主试者问丙："卖出多少把？"答："一千把。"

主试者惊问:"怎么卖的?"

丙说他到一个颇具盛名、香火极旺的深山宝刹,朝圣者、施主络绎不绝。丙对住持说:"凡来进香参观者,多有一颗虔诚之心,宝刹应有所回赠,以做纪念,保佑其平安吉祥,鼓励其多做善事。我有一批木梳,您的书法超群,可刻上'积善梳'三个字,便可做赠品。"住持大喜,立即买下一千把木梳。得到"积善梳"的施主与香客也很是高兴,一传十、十传百,朝圣者更多,香火更旺。

然而故事并没有结束。一挑战者——丁,找到主试者说,卖给和尚一千把梳子算什么?我可以让和尚源源不断地买我的梳子,至少也得上千万把,以一年为限。许多人都认为他在开玩笑。

他还是找到了那个住持,问他:"您这边每天大概能赠出多少把梳子呢?"

住持回答:"差不多五十把。"

他继续问:"您觉得这与您所获得的香火钱相比是不是也是成本呢?"

住持回答:"是的,虽然是赠,但是也是钱啊。佛门本来就没有什么钱。"

他又问:"你有没有想过收费呢?"

住持回答:"怎么收费?"

他说:"到您这来的人有达官贵人,也有平民百姓,总之是什么样的人都有吧。您可以在梳子上下点工夫,让您的梳子在价格上有价值的区别,卖给不同的人。您再准备几把梳子,取名为'开光梳',千金不卖,只赠送有缘人。然后把您的梳子再命名为'智慧梳''姻缘梳''流年梳''功名梳'。一方面您的收入增加了,另一方面您的寺庙的档次也就体现出来了。"

这个住持一听,觉得有点道理,于是就说:"好,这事就交给你来办吧。"

丁很快就请了几个记者来宣传了一下这家寺院,然后造了一批梳子,举行了一个盛大的"开光梳"仪式,当地的政府要人、各界明星都来了。当天就卖出了一万把梳子,寺院的名气一下子上去了。

丁又请人给这个寺院杜撰了一些历史故事。很快,这个寺院成了当地的历史文物。来的香客越来越多,梳子的销量越来越好。丁又出了一个策略:有的梳子掏钱也不卖,有的梳子必须掏钱才卖。

这样过了一段时间,寺院挣了不少钱。住持很佩服丁。这个时候,丁找到住持说：“你有没有发现前来的香客您都没有记录。据我观察，有的香客都来了好几次了。您是不是应该对经常来的香客提供一些纪念性的梳子呢？”

住持一听，觉得也是，于是很快就让小和尚开始记录前来拜佛的香客。很快，小和尚发现，前来的人太多了，毛笔根本记不住。住持又找到丁，问他有什么办法？

丁说：“我可以给你解决这个问题，但是从今以后你必须听我的。我保证你的住持能够当得比现在还风光，寺院的香客更多。”住持想了一想，还是相信了他。

丁购买了一些电脑，在寺院内很隐蔽地架构了一个局域网，连接到外部的Internet，并安装了一套CRM系统，又设置了硬件设备。在梳子里面植入了FIRD芯片。只要香客一进入寺院，关于这个香客的详细记录就全部在CRM系统里面展现出来。

住持看到这么个东西大吃一惊。丁开始用CRM分析寺院香客的详细资料。经常有香客刚来到寺院，就被突然告之今天是他生日，香客们非常感动，香火钱更多了。

从那以后，香客们逢年过节的时候总能收到寺院寄的小礼品。梳子已经成为人们心中神圣的礼物。只要去那家寺院的至少要为自己和家人带几把梳子，给远方的亲人、朋友带几把梳子。一旦梳子用坏了，就自然想到了那家寺院……

分析：在营销中，这个故事远远没有算完，但是相信大家每个人，都收获了或少或多的启发，我们不难看出，思路的开阔对于创业是多么重要！

(资料来源：道客巴巴. http://www.doc88.com/p-7807715277307.html)

五、心灵拓展

传 球 夺 秒

活动目的

(1) 让学生体验到团队合作能够提高效率。

(2) 在实践探索中培养学生的创新意识，开发创新智慧。

活动时间

大约需要二十分钟。

活动道具

彩色小球若干个，秒表一支，一位计时员。

活动场地

室内、室外均可。

活动程序

(1) 将全班分成若干个八人组，推荐一名组长，每个小组向主持人领取彩色小球一只。

(2) 主持人宣布游戏规则：每个组员都要接(接触)球，但前后接(接触)球人不可以是相邻者，以每个成员均接(接触)过球时间最短的组为胜。

(3) 计时员用秒表为各个组计时，完成一轮计时后，请各小组做演示。

(4) 主持人要启发大家用更快、更好的方法取胜，最后请用时最少的前三个小组同学做全班分享。

注意事项

(1) 开始各小组均采用"传"的方法，因为配合不好，所以速度不快，所以第一步要体验合作提高效率。

(2) 要学会主动分析原因、总结经验、吸取经验，在训练合作的基础上，不断开拓，尝试改变方法的优越性。

(3) 主持人应及时宣布不断被刷新的用时新记录，提示改变方法以提高速度，不断宣布产生的新方法。要注重过程而不是结果，所以主持人不要急于公布最佳方法，对新思路、新方法要质疑、验证，在探索的基础上获得成功。

六、心灵感悟

最初的梦想，如果我们坚持实践它，一定能引领我们到达成功的彼岸！

梦想清单

我的十大梦想

1. _____
2. _____
3. _____
4. _____
5. _____
6. _____
7. _____
8. _____
9. _____
10. _____

第十一章

危机干预——未雨绸缪

第一节 直面危机 守住阳光

一、生活链接

近年来全球重大地震灾害

2010 年

1 月 12 日,海地发生 7.3 级地震,海地政府统计的数据显示,海地地震造成 27 万人死亡,48 万多人流离失所,370 多万人受灾。

2 月 27 日,智利发生 8.8 级特大地震,并引发海啸,802 人死亡,近 200 万人受灾,经济损失达 300 亿美元。

4 月 14 日,中国青海省玉树藏族自治州玉树县发生两次地震,最高震级 7.1 级,造成 2698 人遇难。

2011 年

2 月 22 日,新西兰克赖斯特彻奇发生里氏 6.3 级地震,造成上百人的重大人员伤亡,大量建筑物受损,城市遭受重创。

3 月 11 日,日本发生里氏 9.0 级强震,并引发强烈海啸,造成重大人员伤亡和财产损失。截至同年 4 月,官方确认 14063 人死亡、13691 人失踪。

2013 年

4 月 16 日,伊朗与巴基斯坦交界处发生 7.8 级地震,有至少 41 名巴基斯坦人被报遇难。

2014 年

8 月 3 日,中国云南省鲁甸发生 6.5 级强震,导致 617 人丧生、1800 人受伤。

2015年

4月25日，尼泊尔中部地区突发7.9级(中国地震台网测定为8.1级)强烈地震。地震已经造成尼境内至少8000人遇难，另有数千人受伤。

(资料来源：搜狐新闻．http://news.sohu.com/20151026/n424180343.shtml)

二、心海导航

看着一幕幕地震后种种惨烈的场景，不知道同学们有什么样的感受？我想我们更多感受到的是地震的无情，生命的可贵。近年来，好像我们耳边听到有关地震、海啸、火山爆发、干旱的频率增加了很多，人们关注的也越来越多。这种种带给我们不舒服体验的灾难就是危机。

我们每个人都在不断努力保持一种内心的稳定状态，保持自身与环境的平衡与协调。当重大问题或变化发生使个体感到难以解决、难以把握时，平衡就会被打破，内心的紧张不断积蓄，继而出现无所适从，甚至思维和行为的紊乱，即进入一种失衡状态，这也就是危机状态。汶川发生地震后，人们安详的生活状态遭到了破坏，原先的平衡与协调不复存在，他们直面的就是如何应对这一危机。

当然，人们面对的危机不仅仅是自然灾害，还有一些大的生活事件，如遭遇车祸、亲人的离去等也同样属于危机。这个时候人们通常处于紧迫状态，意识到某一事务和情景跨越了自己的应付能力。当发生了危机时，应该如何面对？害怕？逃避？失去信心？还是……

三、反观自我

俗话说："天有不测风云，人有旦夕祸福。"生活中有许多危机存在，你想知道自己的危机应变能力吗？当你的学业、生活、人际关系存在危机时，你会如何处理？下面来做一个小小的测试。

一头小牛正从牛舍里出来吃草，请你凭直觉判断，它将走至哪一处觅食？____

A. 山脚下　　　　B. 大树下　　　　C. 河流旁　　　　D. 农舍旁

评析

A. 你的危机意识很强，甚至有点杞人忧天。也许很容易的事，被你天天惦念着，久而久之也变成困难的事情。放开心胸，天塌下来有高个子顶着呢。

B. 你是属于高唱快乐得不得了的人，一天到晚无忧无虑，你认为船到桥头自然直，没啥好怕的。唉，如此乐天知命，天底下恐怕像你这么乐观的人已经不多了。

C. 你成天迷迷糊糊的，记性又不好，总是要人家提醒，你才会有危机意识。但是，一会儿之后，又完全不记得危机意识是什么东西。

D. 你的确很有危机意识,连跟你在一块的人,也被你强迫着一起提高危机意识。不过,你所担心的事的确有担心的价值。也就是说,虽然你没事瞎紧张,但反而常常因未雨绸缪而有所得益。

通过上面的小测试,相信大家对面对危机时的态度一定有所了解,但是因为它只是一个小的测试,所以期望大家不要迷信于这个结果。最重要的是树立一个危机意识。

(资料来源:乐驼网. http://www.51camel.com/survey/su_platform/joinsurvey/118835)

四、心灵鸡汤

危机是人生的必修课,强者视它为垫脚石,视它为财富,他们的成绩是优秀的;弱者视它为绊脚石、万丈深渊,被它压垮,他们的成绩是不及格的。积极的解决办法有助于自我的加强,因而有助于形成较好的顺应能力。消极的解决办法削弱了自我,阻碍了顺应能力的形成。下面就来看看面对危机时,积极的态度带给我们的力量。

兄弟俩背断腿母亲逃生

地震发生后,北川王正兴和弟弟不敢有丝毫怠慢,他们背着母亲走了13个小时,轮换了上千次,终于把左腿受伤的母亲背出险境。

地震发生时,王正兴的母亲正在为孩子们削水果。突然,房子剧烈摇晃,玻璃纷纷爆裂,母亲大声吼道"地震了,快跑",全家人拼命跑出家门。15分钟后,王正兴突然听到母亲的呼叫,找到后发现老人左腿已骨折,鲜血如注。弟媳立刻找来一张布把母亲伤口紧紧绑住后,他二话不说背起母亲就往外跑。

"丢下我吧,你们快跑,你们一定要活下去。"母亲在王正兴的耳边说道。王正兴疯了一般地摇头拒绝了。就这样,他和弟弟每走一段就轮换一次,背着母亲一步一步地艰难前行。

2008年5月13日凌晨3点,前后辗转七公里,兄弟俩终于把母亲背回了县政府广场,两人才稍微放下心来。至此,兄弟俩已花了整整13个小时。13日清晨,救援部队把母亲送到绵阳404医院救治。

在他们身上,我们分明感受到了一种永不屈服的民族精神,感受到了一种顶天立地的英雄气概。自古以来,我们历经了无数的灾难,然正因为有了这种临危不惧、坚韧不拔的毅力,才战胜了一次又一次的艰难险阻。

在他们身上,我们深深地懂得,人的血肉之躯远远不如钢筋混凝土坚硬,但我们的心比什么都坚强。我们因为坚强而喊出了"中国不哭""汶川不哭"的口号,这是信心,这是希望。

他们的坚强，让我们感受到了民族不屈的脊梁。

(资料来源：百度知道. http://zhidao.baidu.com/link?url=2b9hXwNm1JuV4orD5_XtQUGL84qEbsRvUBBBmA8at9ATeB-P2JEJJwyPLWiTkFP2wOs2EyGHgslEs3FbBEwNMa)

五、心灵拓展

洞口余生

刚刚我们已经了解了积极面对危机的重要性，接下来就来体验一下，做一个团体活动游戏——洞口余生。

操作

把成员分成5～6个人一组。每组围圈坐下，相互距离较近，留一个出口，为增强气氛可以拉上窗帘，关上灯，出口处最好靠近门或窗。然后指导者说明：有一群学生到郊外旅游，不巧遇到泥石流倾泻，全部被困在几米的地下，只有一个出口，只可以过一个人，而出口随时有倒塌的危险，谁先出去就有生的希望，请每个人依次说出自己求生的目的及将来可能对社会做出的贡献，然后大家协商；看谁可以最先逃出，排出次序。然后，全体一起讨论活动过程及自己的感受。

指导者引导大家把讨论的重点集中到：自己能否说出将来生活的指向？听了别人意见后自己是否修正原有的想法？小组内依什么为标准决定逃生者的次序？

(资料来源：豆丁网. http://www.docin.com/p-461443108.html)

六、心灵感悟

记录通过学习、活动和实践应用后自己的感受与收获。

_____

_____

_____

_____

第二节　危机干预的方法和手段

一、生活链接

心理干预勿忘目击者

某高校出现自杀事件后的几天时间里，一切善后事情都已经处理完毕。不过，事发班级的老师和学生都出现了不同程度的精神不振。一开始，相关领导认为这是可以理解的，毕竟是自己朝夕相处的同学，学生这样突然地离开了，总会有一些情感上的负担。然而，一个星期、两个星期……一个月过去了，老师和学生的情绪并没有明显好转，担子似乎要比想象中重得多。

学校请来了危机干预专家，分别和一些情况较重的人谈心。开始时，很多人都不愿开口。咨询师于是采用眼动治疗法，借助暗示手段帮助来访者说出心里积压已久的悲哀。结果发现，相当部分学生的内心都挤压了很深的痛苦，向咨询师哭诉，认为死者之所以选择自杀都和自己有关，因此终日生活在内疚和自责之中；也有一些男生表示，死者最初在课堂上就流露出轻生的念头，如果自己能及时地阻止，悲剧就不会发生了。

日常社会生活中出现危机事件，现场目击或者经历过类似事件的人都可能在很长一段时间内发生一些心理上的变化，即便发生新的伤害事件，也很可能会被人忽略掉是这起危机带来的隐患。危机后的心理干预，也逐渐地被人们所重视。汶川地震、北京大兴发生连续杀人事件等相关危机出现后，有关部门都有意识地组织心理工作者到案件发生的社区进行宣传和咨询，有效地进行心理干预和支持。

(资料来源：新京报网．http://www.bjnews.com.cn/opinion/2010/03/28/21007.html)

二、心海导航

心理危机干预是指由于突然遭受严重灾难、重大生活事件或精神压力，使生活状况发生明显的变化，尤其是出现了用现有的生活条件和经验难以克服的困难，以致使当事人陷于痛苦、不安状态，常伴有绝望、麻木不仁、焦虑，以及症状和行为障碍。主要是针对处于心理危机状态的个人及时给予适当的心理援助，使之尽快摆脱困难。

上述生活链接仅仅是学校危机最常见的形式之一——自杀。及时有效地对所有目击的师生和同班同学及任课教师做危机干预，以防止师生群体中产生模仿性自杀行为，以及对师生可能产生的心理创伤进行心理修复。

心理危机干预的主要目的如下:

(1) 防止过激行为,如自杀、自伤或攻击行为等。

(2) 促进交流与沟通,鼓励当事者充分表达自己的思想和情感,鼓励其自信和正确自我评价。

(3) 提供适当建议,促使问题解决。

(4) 提供适当医疗帮助,处理昏厥、情感休克或激惹状态。

心理危机干预的原则如下:

(1) 迅速确定要干预的问题,强调以目前的问题为主,并立即采取相应措施。

(2) 必须由其家人或朋友参加危机干预。

(3) 鼓励自信,不要让当事人产生依赖心。

(4) 把心理危机作为心理问题处理,而不要作为疾病进行处理。

一般性危机干预的方法和步骤如下:

(1) 倾听当事人的倾诉,从情绪情感上提供安慰、支持。

(2) 直接鼓励当事人表现出有效的应付行为。

(3) 一般性地支持鼓励,提高当事人处理危机事件的决心和信心。

(4) 提醒当事人看到危机中有利的一面。

(5) 对当事人周围的环境进行影响或操纵。

(6) 对当事人进行预期性的指导。

这些方法不需要太多的专业知识,一般社会人员都可以进行,所以比较容易使用。

三、反观自我

在漫长的人生之旅中,同学们已经走了十几年的路程。在这短暂的十几年中,我们已拥有了许许多多的回忆,有些回忆甚至终生难忘,有时轻松,有时感动,全都装在我们每个人的心里,形成永久的记忆。过去的一切是不可改变的,最重要的是把握现在,超越今天,展望明天,因为我们是明天的太阳,有着无穷的希望。

以下学生生活应激问卷共 51 道陈述题,由被试者根据自己近三个月的情况,对每道陈述题进行选择。每道题有五个选择:1 表示从来没有;2 表示很少;3 表示偶尔;4 表示经常;5 表示总是。

这 51 道题分为两个维度:应激源和应激反应。这两个维度由九个因子组成:挫折:1～7 题;冲突:8～10 题;压力:11～14 题;变化:15～17 题;自我强加:18～23 题;生理反应:24～37 题;情绪反应:38～41 题;行为反应:42～49 题;认知反应:50～51 题。

学生生活应激问卷

题目	1	2	3	4	5
作为一名学生：					
1. 我曾因迟迟达不到我的目标而体验过挫折感					
2. 我曾因日常争吵影响我达到目标而体验过挫折感					
3. 我曾因缺乏经济来源(生活费用、买书等)体验过挫折感					
4. 在实现自己确定的目标上，我曾失败过					
5. 我是一个被社会排斥的人					
6. 在与异性约会时，我感到不知所措					
7. 尽管我够资格，我也曾被机会拒绝					
我曾体验过：					
8. 由于面对两个或两个以上都渴望得到的对象而产生的冲突					
9. 由于面对两个或两个以上不想得到的对象而产生的冲突					
10. 当选择一个既有利又有弊的目标时而产生的冲突					
我曾因如下原因而感到压力：					
11. 竞争(在学业、工作、与朋友的关系方面)					
12. 最后期限(交作业等)					
13. 试图同时承担很多事情					
14. 人际关系(家庭、朋友、期望和工作责任)					
我曾经历过如下变化：					
15. 突然发生的不愉快变化					
16. 同时面对太多变化					
17. 影响我的生活或妨碍我达到目标的变化					
作为一个人：					
18. 我喜欢竞争，并希望取胜					
19. 我喜欢得到所有人的关注和爱					
20. 我对任何人和任何事都很担心					
21. 我办事拖拉					
22. 我认为：我必须完美解决我所面临的问题					
23. 考试时，我感到焦虑、担心					

(续表)

题目	1	2	3	4	5
在紧张情况下，我有过如下生理反应：					
24. 两手出汗					
25. 说话结巴					
26. 发抖、咬指甲等					
27. 快速来回走动					
28. 疲劳					
29. 肠胃反应、消化性溃疡					
30. 气喘、支气管痉挛、呼吸急促					
31. 背疼、肌肉紧张、磨牙					
32. 皮疹、皮肤瘙痒、过敏的症状					
33. 周期性偏头痛、血压高、心跳过速					
34. 关节炎、全身疼					
35. 病毒性感染、感冒、流感					
36. 由于不能进食，体重减轻					
37. 由于过度进食，体重增加					
在紧张状态下，我有过以下情感方面的体验					
38. 害怕、焦虑、烦恼					
39. 愤怒					
40. 内疚					
41. 忧伤、抑郁					
在紧张状态下，我曾有以下行为：					
42. 哭闹					
43. 欺辱他人(骂人或打人)					
44. 自虐					
45. 大量吸烟					
46. 迁怒于他人					
47. 企图自杀					
48. 使用自我心理防御机制					
49. 与他人隔绝					
对于紧张状态我曾：					
50. 思考并分析我所处紧张状态的情况					
51. 思考并分析我所使用的策略是否很有效					

记分方法与注意事项

前八个因子中各题目都是正向记分，即 1=1 分，2=2 分……最后一个认知反应因子为倒记分，即 1=5 分，2=4 分……总分为九个因子各题目的总和。总分得分越高，被试者所面临的生活应激源及其产生的应激反应越大。

评定标准

可以根据 $\bar{X} \pm S$ 为界定应激状态的高、中和低水平的标准，即总分大于 $\bar{X} + S$ 为高应激水平；总分在 $\bar{X} \pm S$ 之间为中等应激水平；总分小于 $\bar{X} - S$ 为低应激水平。（$\bar{X}$ 为平均数）

(资料来源：百度文库. http://wenku.baidu.com/view/e03d22da240c844769eaee64.html)

四、心灵鸡汤

生命只有一次

一个漂亮的女孩子，觉得自己过得很不幸，终于有一天她决定跳楼自杀。身体慢慢往下坠，她看到：十楼以恩爱著称的夫妇正在互殴；九楼平常坚强的 Peter 正在偷偷哭泣；八楼的阿妹发现未婚夫跟最好的朋友在床上；七楼一向自信的丹丹在吃她的抗忧郁症药；六楼失业的阿喜还是每天买七份报纸找工作；五楼一直受人尊敬的王老师正在偷穿老婆的内衣；四楼的 Rose 又要和男友闹分手；三楼有六个孩子的阿伯每天盼望有人拜访他；二楼的莉莉还在看她那结婚半年就失踪的老公的照片……"在我跳下之前，我以为我是世上最倒霉的人，现在我才知道，每个人都有不为人知的困境。"女孩看完他们之后发现原来自己过得还不错，但她已经再无力睁开自己的眼睛……

(资料来源：搜狐博客. http://blooming-tree-87.i.sohu.com/blog/view/129763679.htm)

扼住命运的咽喉

伟大的音乐家贝多芬一生中创作了大量流传千古的交响乐，被后人称为"交响乐之王"。然而，贝多芬的一生充满了痛苦：父亲的酗酒和母亲的早逝，使他从小失去了童年的幸福。在别的孩子无忧无虑地享受欢乐和爱抚的时候，他却得像成人一样承担起整个家庭的重任，并且成功地维持了这个差点陷入破灭的家庭。

正当贝多芬处于青春年华时，他失意孤独；正当贝多芬创作力鼎盛时，他又患耳疾，双耳失聪。对于一个音乐家来说，还有比突然耳聋的打击更沉重的吗？贝多芬一生中几次濒于崩溃的境地，他在 32 岁时就写下了令人心碎的遗嘱。然而，他顽强地战胜了命运的打击，他大声呼喊："我要扼住命运的咽喉，它决不能把我完全打倒。"即使是在最痛苦的时候，他还是凭着自己的顽强斗志创作出《第五交响曲——命运交响曲》。

贝多芬一生历经无数挫折磨难，但是，每一次痛苦和哀伤在经过他的搏击和战斗后，都化为欢乐的音符，谱写成壮丽的乐章。一个饱经沧桑和不幸的人，却终生讴歌欢乐，鼓舞人们勇敢向上，这是何等超人的勇气，何等坚毅的精神，何等伟大的人格！在贝多芬的日记里，永远记着一句话，那就是："谁想收获欢乐，那就得播种眼泪。"的确，贝多芬的一生，本身就是一部同世界、同命运、同自己的灵魂进行不懈斗争的雄浑宏伟的交响曲。

贝多芬的成功，对于我们有什么启示？

在生活中人们经常会遇到难题，在困难面前会感到压力，这就是心理应激，应激能调动体内的能量，对生命活动有积极意义。但强烈而持久的应激反应，往往使人心力交瘁，对心身健康起干扰破坏作用。所以我们需要在日常生活中能够换个角度思考问题，不断地完善自我。

(资料来源：中小学心理健康教育网. http://www.njxljy.com/Article_66/20067694019767-1.html)

五、心灵拓展

心理剧《我是谁》

剧情简介

学生颂遇到了问题，急切地想成为成功人士，出人头地，受人尊重，被人吹捧，想象成为有钱人，有车接送，浑身名牌。可是现实却打破了他所有的想象。在迷乱的现实中，他找不到自己是谁。黑暗中，他混乱了，他企图从钱开始，抓住机会，实现梦想。可当他狠心地跟父母要下对他家来讲的一大笔钱后，却不知从何开始，后来选择了最快的方式让自己体验成功人士和有钱人的感觉。归途，他看到了现在的自我……

一个小女孩的声音，唤起了他童年的亲子记忆。记忆中，他感到了母亲的温暖和支持，看到了一直在自己身上的潜在力量。他开始惊醒，开始寻找，开始思索。在思索中，他听到了社会的声音，感受到了来自社会的力量。渐渐地，他感觉自己有力了，有希望了！不再迷失于表面的浮华，坚定地朝向光明，寻找属于自己的天空！

主要角色

颂：学生，主角
　　黑暗：消极的自我力量
　　母亲：善良的农村妇女
　　同学
　　镜中的颂

小女孩：无意中从颂身边经过，她的童稚唤起颂的回忆

饭店服务员

社会声音

第一幕：黑暗

(音乐起，颂出现在舞台中央)

(黑暗中，颂点起手中的香烟)

黑暗1：香烟不能解决你的问题，只能麻痹你的神经。

颂：你是谁？

黑暗1：怎么？恐慌了？躁动了？彷徨了？迷茫了？

颂：你到底是谁？不要在黑暗中说话，你出来！(黑暗齐声笑)

黑暗(和声)：哈哈，我是谁？难道你不知道吗？(黑暗出现在颂身边)

颂：(瘫坐在椅子上)是我。

黑暗1：一个连自己都认不出来的人该怎么去实现自己的追求？

颂：你真的是我？

黑暗2：你在想什么我都知道！

黑暗3：你想光宗耀祖，出人头地！

黑暗4：你想被人吹捧，受人尊崇！

黑暗1：你在想他，他为什么每天上学回家都有车接送。

黑暗2：你在想他一年为什么换了三部手机。

黑暗3：你在想他为什么浑身上下都是名牌儿，连内裤都是CK的？！

颂：我……你们怎么什么都知道？算了，没什么，都是空想。

黑暗4：不是空想，不用灰心丧气。

黑暗1：你比他们聪明多了，你少的就是机会，机会。

颂：机会？可是我没有钱，怎么赢得机会？

黑暗4：没钱，没钱可以向家里要啊。

颂：学费都是妈妈借的，他们真的没有钱。

黑暗1、黑暗2(按下颂)：没钱！？

黑暗1：家里不是还有牛吗？

颂：卖牛？

黑暗2：卖了牛家里不是还有房子吗？

颂：房子？

黑暗4：卖了房子身上不是还有血吗？

颂(猛地站起来)：卖血？！不不不，我做不到。

黑暗3：人不为己，天诛地灭！为了成功，为了理想，心要狠。

颂：我说不出口！

黑暗1：退缩是永远不会成功的呀！

颂：妈知道了会伤心的啊！

黑暗2：儿子花老子的钱，天经地义！

黑暗4：你要知道你的荣耀是给他们争脸！

颂：想想！让我再想想！(神情痛苦，双手抓头发)

黑暗1：你为了成功，为了改变必须这样做！

【黑暗退场，舞台暗下来】

第二幕：迷失

(场景：颂独自一人，打电话问父亲要钱)

颂：爸，我没有钱了，给我寄500！(黑暗1生气地推了他一把)

颂：爸，给我2000！(黑暗2生气地推了他一把)

颂：爸，我要……(黑暗齐声道"说")10000！

颂：没有？我要！你们要是不给我，我就和你们闹！我要活得像个人一样，不像你们那样窝囊，你们这辈子是完了，你们得指望我，你们得指望我！我是你们唯一的儿子，你们不为我，你们为谁？为谁？

黑暗4：成了，他们给钱了！去实现你的梦想吧？

颂：钱到手了。10000，我可从没有摸到这么多钱啊！我的梦就要从此开始了。我要用这个钱去赢得机会！我少的就是机会啊！机会，机会，机会！机会在哪里啊？

黑暗：机会，机会就是叫人瞧得起，就是受人尊重！机会就要从自身形象开始，从搞好人际关系开始！

颂：自身形象，人际关系？难道……

黑暗：对了！哈哈，你现在知道该怎么做了吧？

颂(男替声)：朋友们，今天是我生日，晚上我请客，赏脸的跟我去"天上人间"！

第三幕：寻找

(场景：颂的同学高调出场)

(天上人间的包厢里，颂和同学开心地聊天，服务员上场)

同学们：啊！我从来没有来过这么高档的酒店。这桌子，这椅子，这包厢，太舒服了，太爽了！谢谢啊，颂哥！咱长见识了！颂哥，你实在是太帅了！太帅了！

(同学们高兴地吃着、喝着。不断地对颂投来羡慕的眼光，说出恭维的话。颂此时露出了找到自我的感觉。感到被人尊重，被人吹捧，被人欣赏。)

(吃完后，服务员上场。)

服务员：你们谁买单？(递上账单)

颂：多少钱？四……四……

服务员：4000元。

颂：啊！(面有难色，马上伪装平静)没事儿，没事儿，小钱，小钱，给你4200，多给你200元小费。

服务员：谢谢，谢谢！

(服务员准备离开)

颂：哎，你们这有鲍鱼、鱼翅吗？

服务员：我们这是高档场所，别的没有，高档的东西都有。

颂：下次颂哥再带你们来享受享受鲍鱼和鱼翅。好不好？！(拉高声音，得意)

同学(齐声)：好啊，还是颂哥大方！颂哥，你太帅了！

画外音(不同的同学说多次，渐远)：太帅了！太帅了！太帅了！……

第四幕：归路

(颂在回来的路上，不停地想起那4000元钱，很是心疼。又不断地想起同学说他太帅了。于是他拿出镜子和梳子，对着镜子，问自己)

颂：我很帅吗，我真的很帅吗？帅吗？帅吗？帅吗？……

(照镜子时，他的眼睛越来越直，突然他看到了自己。镜中的颂(替身)上台。开始跟他的动作眼神一致，渐远。后看到了镜中的颂向母亲要钱的样子)

镜中的颂：把钱给我！我是你们唯一的颂，你们所有的一切都是我的！什么？没有？没钱卖牛卖血卖房子啊！

(后面，他又看到了镜中的颂请同学吃饭时得意的、暂时满足的样子)

镜中的颂：啊！(面有难色，马上伪装平静)没事儿，没事儿，小钱，小钱，给你4200，多给你200元小费！

镜中的颂：下次颂哥再带你们来享受享受鲍鱼和鱼翅。好不好？！(拉高声音，得意)

(镜头转到颂)

颂：我都做了些什么啊？什么啊？这是我吗？是我吗？我是谁啊，我到底是谁？！……

(在这种震动下，颂惊了，手中的梳子滑落。)

画外音：颂有过有钱感觉，也潇洒过，还被人吹捧过，但颂还是找不到自己，不知道我是谁！

第五幕：力量

(一个10岁小女孩走过来，看到地上一个梳子，帮颂捡了起来，并对他说)

小女孩：哥哥，哥哥，哥哥，这是不是你的东西？妈妈说了，乱扔东西可不好，我们要做妈妈的乖宝宝(小女孩把东西给他，蹦蹦跳跳地走了)

画外音：乖宝宝、乖宝宝……

(画面接到颂10岁的时候和妈妈一起的情景，舞台中出现一对母子，母亲坐在椅子上，颂(替身)趴在妈妈的大腿上，要睡觉)

母亲：乖宝宝、乖宝宝……好好睡觉，快快长！妈妈给你新衣裳。(同时不断抚

摸，并吻他)

(听到新衣裳，颂突然抬起头来，摸着妈妈的旧衣服，并按在妈妈衣袖上的一个补丁上，对妈妈说)

10岁的颂(替身)：妈妈，给我买了这么漂亮的衣服，为什么自己不买呢？你穿上新衣服会更漂亮啊！

母亲：我的宝宝真乖！这么小就懂得关心妈妈，为妈妈着想。妈妈不需要新衣服。只要宝宝穿得帅，妈妈比什么都高兴！你看，妈妈的宝宝懂得关心人，学习努力，又会做家务，不说假话，真是妈妈的乖宝宝！将来啊，宝宝一定会有出息的！(坚定的样子，又一次亲吻)

(画面回到现实颂，颂看到了、听到了妈妈的话，非常感动。马上站起来，不由自主地说)

颂：妈！妈！妈妈！妈妈！

(黑暗倒下。颂下垂的双手开始有力量了，开始看到了光明和希望。)

第六幕：光明

(颂迈开双腿，慢慢寻找光明和希望)

【音乐起，男女上场朗诵】

(场景：舞台分切，男女朗诵，颂和声)

社会声音女：我们在熙熙攘攘的人群里，独自为了理想，而闯荡。

社会声音男：离开我们美丽的家乡，每颗心，都向往远方。

社会声音女：总有人说有梦就可以飞翔，有梦就不怕沮丧。

社会声音男：每一次出发，带着坚强。

颂：每一次出发带着坚强，坚强……

(资料来源：道客巴巴．http://www.doc88.com/p-0721918957664.html)

六、心灵感悟

据说，佛出生时一手指天，一手指地说："天上地下，唯我独尊。"这句话其实也可以用在每一个人身上。每一个人要自尊、自重，肯定自己的价值和生命的意义，做自己生命的主人。如果别人肯定你，而你自己认为生命没有意义，有用吗？谁能替你过你的生命呢？我们生活在无限的时空里，每个人在自己独特的环境中有无限的自由去抉择自己的行动，每个行动会产生无限的影响。好比在湖面上投下一颗石子，那波动会影响到整个湖。

我们常常念于生活的压力和琐碎，而忘了生活的奥妙和创造的玄机。

参 考 文 献

[1] 郝若平. 青少年心理教育导航[M]. 北京：长征出版社，2003.
[2] 黄希庭. 时间与人格心理学探索[M]. 北京：北京师范大学出版社，2006.
[3] 黄希庭. 消费心理学[M]. 上海：华东师范大学出版社，2007.
[4] 罗子明. 消费者心理学[M]. 北京：清华大学出版社，2007.
[5] 冯丽华. 消费心理[M]. 北京：中国电力出版社，2010.
[6] 刘长林. 中国系统思维[M]. 北京：中国社会科学出版社，1997.
[7] 袁方. 社会学百科辞典[M]. 北京：中国广播电视出版社，1999.
[8] 袁章奎. 心理制胜[M]. 广东：广东省出版集团，2010.
[9] 沃建中. 中学生心理导向[M]. 北京：科学出版社，1999.
[10] 赵红瑾. 时间管理与学习能力提升[M]. 北京：中国时代经济出版社，2010.
[11] 郑日昌. 心理健康自助读本[M]. 北京：人民教育出版社，2005.
[12] 臧良运. 消费心理学[M]. 北京：电子工业出版，2007.
[13] 张文新. 儿童社会性发展[M]. 北京：北京师范大学出版社，1999.
[14] 朱智贤. 心理学大词典[M]. 北京：北京师范大学出版社，1989.
[15] 陈琦，刘儒德. 当代教育心理学[M]. 北京：北京师范大学出版社，2007.
[16] 林崇德，杨治良，黄希庭. 心理学大辞典[M]. 上海：上海教育出版社，2003.
[17] 彭聃龄. 普通心理学[M]. 北京：北京师范大学出版社，2012.
[18] 隋岩. 心理学与生活[M]. 北京：中国法制出版社，2015.
[19] 郑日昌. 沟通心理学[M]. 北京：北京师范大学出版社，2015.
[20] 李百珍. 青少年心理咨询[M]. 北京：北京师范大学出版社，2015.
[21] 莫雷. 心理学[M]. 北京：北京师范大学出版社，2014.
[22] 黄静. 心理学改变你：青少年心理健康辅导手册[M]. 北京：北京师范大学出版社，2013.
[23] 石林. 健康心理学[M]. 北京：北京师范大学出版社，2013.